Bahr

Den Tod denken

Hans-Dieter Bahr

Den Tod denken

Wilhelm Fink Verlag

Umschlagabbildung:
S. Renard de Saint-André (1613–1677), Vanité,
Privatsammlung

Die Deutsche Bibliothek – CIP-Einheitsaufnahme

Bahr, Hans-Dieter:
Den Tod denken / Hans-Dieter Bahr. –
München: Fink, 2002
ISBN 3-7705-3651-7

Herstellung: Ferdinand Schöningh GmbH, Paderborn
ISBN 3-7705-3651-7

Inhaltsverzeichnis

0 Welcher Tod?

Den Tod denken – sollte in diesem Titel eine Aufforderung mit anklingen, dann spräche diese wohl mehr aus als das, was jeder Titel verspricht: Einladung zu einem Gespräch über ein bestimmtes Thema zu sein. Denn der Tod – so hört man seit langem von allen Seiten – gehe uns alle an, ausnahmslos und unausweichlich. Er betreffe unser Wesen als Sterbliche. Man möge, man solle an den Tod denken! So wird man ermahnt, sich selbst zu mahnen: memento mori.

Sehen wir einmal ab vom Glauben, der Tod sei nur der Übergang zu einer anderen Seinsweise, die vielleicht schon ihre mahnenden Schatten auf das Leben vorauswerfe, etwa in der Weise einer zu erwartenden Verwandlung oder eines Gerichts – und wenden wir uns dem Glauben zu, mit dem Tod sei dieses Leben zu Ende: in welchem Sinne wäre die Mahnung dann zu verstehen? Manchmal ist sie noch in dem alten Sinn gemeint, wenn auch eher trotzig als asketisch: Da du nun einmal alles verlieren wirst müssen, verzichte darauf! Nimm selber Abschied vom Leben, ehe du gehen mußt! Doch zumeist versteht man sie heute wieder als Aufforderung: Begrüße das Leben und genieße es, so lange es möglich ist! Und diese Aufforderung geschieht im Medium des Paradoxes: Rechne ständig mit dem Tod und vergiß ihn!

Doch irgendwie hat in den letzten Jahren das memento mori selber einen gewissen Modergeruch angenommen. Medizin und Biotechnik zeichnen uns ein Szenarium vor, durch welches die letzte Gewißheit, die der Lebensweise der Moderne einen Halt und eine Orientierung gegeben hatte, zerbricht: die *Todesgewißheit*, die als einzige den fraglosen Status eines unbedingten Apriori hatte bewahren können, nachdem die Gewißheit des *Ich*-denke an der ‚Entdeckung' des Unbewußten und seiner Pathologien ebenso irre geworden war wie zuvor die kirchliche Offenbarungsgewißheit an der ‚Entdeckung' der Vernunft.

Überlassen wir also den Titel *Den Tod denken* vorerst seiner unfertigen, infinitiven Form. Und obwohl von einer bestimmten Tätigkeit, dem Denken, die Rede ist, die sich auf einen bestimmten Sachverhalt, den Tod, richtet, mag vorerst die Person dieses Tuns unbestimmt bleiben. Autorschaft kann sich so zu den ungeheuren Experimenten zählen, den Tod zu denken – ohne Gewißheit, ihn zu begreifen.

Leben, das man im 20. Jahrhundert zum Ersatzgott erhoben und ebenso angebetet wie aufgeopfert hat, gilt in Ansätzen heute schon nur mehr als eine von vielen spontanen Selbstorganisationen in der Natur, und man schließt nicht mehr grundsätzlich aus, daß es komplexere Formen als das uns heute bekannte und von uns selbst gelebte Leben geben könnte. Die Möglichkeiten, nicht nur durch Prothesen und Transplantationen, sondern künftig vor allem über den Einsatz eigener embryonaler Stammzellen und durch Eingriffe in die Genstruktur das biologische Programm des irreversiblen Absterbens zu kippen und den Tod – wenn schon nicht überhaupt ‚abzuschaffen', so doch – letztlich unbegrenzt – aufzuschieben und zu vertagen: diese Möglichkeiten beginnen unsere Sichtweisen des Todes grundlegend zu verändern. Der Tod, wie wir ihn noch als natürliches und metaphysisches Problem zu kennen glauben, ist auf dem Wege, zu einer geschichtlichen Besonderheit zu werden.

Wir leben heute zweifellos das Dilemma, daß die biogenetischen Eingriffe, die dazu dienen sollen, einen bestimmten Menschentyp, dem wir angehören, zu erhalten und zu verbessern, diesen zugleich ‚veralten' lassen. – Aber es geht mir hier nicht um den möglichen ‚Tod' der eigenen Spezies, sondern um den Tod, der uns als einzelne betrifft – was mitnichten bedeuten wird, ihn durch Abstraktion zu einem isolierten ‚Phänomen' zu machen. Den Tod denken – das heißt allemal auch: bestimmte geschichtlich-kulturell geprägte Verhaltensweisen und Gedanken zum Tod denken.

In ihrem mythischen Denken kannte auch die europäische Antike keinen Tod, der nicht irgendwie zuvor *beschlossen* worden war und als Tötung vollzogen wurde: der Tod der Helden geschieht durch Entscheidung und Tat der Götter, der Tod aller ist vom Schicksal vorherbestimmt, und der Lebensfaden wird von einer der Schicksalsgöttinnen abgeschnitten; oder der Tod gilt als Strafe für ein Vergehen gegen ein göttliches Gebot. In diese Vorsehung des Todes hatte der Arzt und Mediziner in keiner Weise einzugreifen.

Im Eid des Hippokrates wird festgehalten, daß der Arzt niemals über Leben und Tod zu entscheiden habe. Ein solches ‚Recht' behielt sich die Staatsmacht vor, die beanspruchte, mit Führer, Vaterland und Volk die Stelle einer Gottheit zu vertreten.

Und so wie letztlich nur ein Gott den Tod bringt, kann auch nur ein Gott den Sterblichen heilen. Der Arzt hat den Erkrankten nur zu pflegen. Sogar ein Gottessohn, nämlich der Arzt Asklepios, wurde von Zeus erschlagen, weil er sich angemaßt hatte, Todkranke zu heilen und vor dem Tod zu bewahren und sogar Tote zum Leben zurückzubringen.

Das Auftauchen von Philosophie und Wissenschaft markiert einen gewaltigen Riß, der die mythischen Weltbilder sich selbst entzweite in eine Geisterwelt, die sich nur durch Zeichen offenbart, und eine sich von sich selbst her zeigende, offensichtliche Physis und Natur. Man kann in diesem Bruch die eigentliche Geburtsstunde eines Todes sehen, der zum Scharnier zwischen Diesseits und Jenseits wurde und auf dessen ‚Überwindung' alle mythischen, religiösen, philosophischen Anstrengungen gehen. Denn nun konnte es nicht mehr als selbstverständlich gelten, daß der Tod nur der Aufbruch zu einer anderen Daseinsweise ist.

Man begann das Sterben zu beobachten und die Todesarten zu klassifizieren. Aristoteles unterschied einen *natürlichen* Tod, der durch die eigene, alternde und schließlich absterbende Natur geschehe, die darin ihr Ziel erreicht, vom *gewaltsamen* Tod. Dieser konnte absichtlich herbeigeführt werden, sei es durch Götter und Dämonen oder durch Menschen und Tiere, und er konnte gerechtfertigt sein oder als böse Tat verurteilt werden. Oder er geschah unabsichtlich und zufällig, etwa durch Unfälle und Katastrophen. Wie aber verhielt es sich mit dem gewaltsamen Tod, etwa dem Verhungern, soweit man ihn als Folge sozialer Ausbeutung und Unterdrückung verstehen konnte? Auch blieb, im Unterschied zum Tod durch Verletzungen oder durch Mangel an Lebensmitteln, der Status tödlicher Krankheiten ungeklärt, wenn man sie nicht, wie es lange populär blieb, als Strafen Gottes oder als Auswirkungen dämonischer oder magischer Praktiken hielt. Allerdings galt weiterhin analog zum älteren mythischen Denken: so wie wir natürlicherweise nur an unserer eigenen Natur sterben, so vermag uns auch nur die Natur zu heilen und vor einem ‚vorzeitigen' Tod zu bewahren: medicus curat, natura sanat. – Aber nicht mehr jeder Tod ist vorhergesehen und vorherbestimmt; der Tod kann erstmals zur Unzeit kommen, zu früh, aber auch zu spät.

Ein nächster großer Einschnitt war, als man zu Beginn der Neuzeit dem Arzt, dem Mediziner und Chirurgen generell zuzumuten begann, Menschen zu heilen und vor einem ‚unnatürlichen', zu frühen Tod zu retten, während man der Natur allenfalls noch zutraute, sich selbst durch Schonung zu kurieren. Der Kranke ist zum *Patienten*, zum Erduldenden geworden.

Setzte das mittelalterliche Denken dem Natürlichen das Unnatürliche, Widernatürliche, Monstruöse, Verwesende entgegen, so daß dem guten und schönen Tod ein böser und häßlicher gegenüberstand, wird dem Denken der Neuzeit alles zur Natur, sofern es nicht Spuren des ‚Übernatürlichen' an sich hat, nämlich die eines erfinderischen Menschengeistes – ob von Gott inspiriert oder nicht. Dem Natürlichen wurde so einzig noch das Künstliche entgegengesetzt. Doch unter dieser Voraussetzung mußten die ersten Versuche, die Sterblichkeit künstlich in Frage zu stellen, noch mißraten, wie man an Gestalten von Homunculus bis Frankenstein ablesen kann. Erst mit der Naturalisierung auch des Geistes als einer Aktivität des Gehirns ließ sich schließlich ebenso von den ‚Techniken der Natur' wie von der ‚Natürlichkeit menschlicher Techniken' sprechen. Die Universalisierung der Natur findet ihren Abschluß im Technischsein schlechthin.

Damit war der nächste Bruch vorgezeichnet: der Bruch mit der Vorstellung eines ‚natürlichen' Todes als Abschluß des Alterns. Schon die neuen Redeweisen von Biologen über das Altern als Vorgang eines Verbrauches und Verschleißes – ein Vorgang, der, über wachsende Störungen, schließlich zum Kollaps des Systems führe –, sie rückten das Altern nicht nur in die Nähe des Maschinellen, sondern auch in die Nähe der ebenso technisch verstandenen Krankheit, von der geheilt zu werden man erwartet. Es gibt keinen natürlichen Tod mehr, nur einen Tod, der selten rechtzeitig oder zu spät, meist aber zu früh kommt.

Doch die scheinbar restlose Universalisierung der Natur brachte den letzten großen Mythos der Moderne hervor, der sich unter dem Titel *Nihilismus* verbirgt und sich im wachsenden Glauben manifestiert, mit dem Tod sei für uns alles aus und mit dem Lebensende vergingen wir unwiderruflich zu Nichts. Dieser Mythos kann sich um so mehr vor sich selbst verhüllen, als er sich gegen alle jene Mythen und Metaphysiken wendet, die irgendeine Weise des Fortbestehens nach dem Tode annehmen. Er scheint die Vernunft und Erfahrung auf seiner Seite zu haben. – Zweifellos wird man die Wucht der biotechnischen Anstrengungen, den Tod aufzuschieben, ganz erst von diesem Nihilismus her verstehen.

Was aber hat es mit einem Tod auf sich, der doch – als absoluter – nach den Prämissen eines universalisierten Naturverständnisses bereits abgeschafft ist? Denn kein Seiendes kann diesen Prämissen zufolge aus Nichts entstehen und in Nichts vergehen. Diese Natur kennt weder Erzeugung noch Vernichtung, sondern nur Veränderungen, zu denen auch das Erhalten des Bewahrten zählt. Nach menschlichen Maßstäben mag es nur eine äußerst geringe Wahrscheinlichkeit geben, daß sich der Prozeß dieses Lebens am Ende umkehren oder nach seiner Auflösung wiederholen könnte. Deutet man aber diese (Un-)Wahrscheinlichkeit um in ein apodiktisches Naturgesetz der Irreversibilität, dann kommt man gar nicht umhin, eben das ‚Nichts', zu dem kein Seiendes vergehen könne, wieder einzuführen. Denn man will damit sagen: Dieses eine und einzelne Lebewesen in seiner unersetzbaren Einzigkeit und unwiederholbaren Einmaligkeit sei endgültig vergangen – zu Nichts geworden.

Was aber will man unter einem ‚Nichts' verstehen, zu dem man angeblich ‚werden' kann? Heißt ‚das Nichts verstehen' nicht nur ‚nichts verstehen'? Die Kapitulation des Verstehens vor einem Nichts, das nicht ist? – Doch der Nihilismus verneint nicht das *Sein* des Nichts. Er spricht von ihm in der äußersten Weise des Mythischen, das im Wesen der Vernunft selbst haust: Das Nichts, der Tod ist der *Letzte Gott* – kein lebendiger, sondern der tote Gott, der *absolute Mangel.* Daher kann es der Moderne nicht mehr um eine Wiederauferstehung von den Toten gehen, nur noch um den Aufschub des Todes. – Wie aber, wenn bereits die Entgegensetzung von Sein und Nichts den Sinn beider verfehlt? Wie, wenn der Tod weder nur eine Passage noch nur unüberschreitbare, letzte Grenze wäre? Von welchem Tod sprechen wir?

Ich werde mich im Folgenden diesen Fragen in drei Schritten zu nähern versuchen, wobei das eben skizzierte Schema einer Verständnisgeschichte mehr einer Orientierung bezüglich der Abweichungen von ihm dient.

Im ersten Abschnitt *Der verfehlte Tod* werde ich einen Bogen spannen zwischen Homers Auffassung des Todes und der Franz Kafkas in seiner Erzählung ‚Der Jäger Gracchus'. Denn beide beziehen sich auf ein Sterben, das kein Ende zu nehmen scheint und das selbst mit dem ‚Tod' keinen Abschluß mehr findet. Es ist ein zwischen Diesseits und Jenseits unentschiedener Tod, der durch die klaren, eindeutigen Gliederungen geistert, Schatten eines Lebens, das als unentwegtes Jagen und Gejagtwerden verstanden war und von dem ein zielloses Dahingetriebenwerden zurückblieb.

Aus dieser Unentschiedenheit und Unfähigkeit anzukommen wird erst die Wucht der Entscheidung deutlich, welche die Moderne traf mit der Auffassung, der Tod sei das absolute Ende. – Im zweiten Abschnitt *Gevatter Tod* gehe ich von dem gleichnamigen Märchen der Brüder Grimm aus, in welchem erstmals Gott und Teufel definitiv verabschiedet werden, um den Tod an ihre Stelle zu setzen. Im Getümmel der mythischen Relikte, die das Märchen noch zitiert, spricht sich, inmitten der Auflösung der alten Mächte, das neue Paradigma aus. Mit dem Tod verschwinden wir in Nichts, aber der Arzt wird nun zum Meister, ihn zu vertagen und aufzuschieben. Nach altem Verständnis gilt das Leben als ein leuchtendes und abbrennendes Licht, und der Tod ist ein Dunkel- und Kaltwerden aus dem Leben heraus. Doch nun gibt es keinen

Gott mehr, der das Lebenslicht entzündet und ausbläst. Das Leben verzehrt sich selbst – und nur bis zu diesem Wissen erleuchtet es sich selbst. – Gleichwohl begegnen wir hier schon den Spuren eines Todes, der nicht mehr vom Leben her zu verstehen ist.

Im letzten Abschnitt *Der Tod und das Nichts* wird es darum gehen, sich im Medium der metaphysischen Diskurse einem Verständnis von Tod und Nichts anzunähern, das mit dem nihilistischen Mythos bricht, ohne den Tod nur zu leugnen, indem er zu irgendeinem Durchgang herabgewürdigt wird, zu etwas, das es nur zu ‚überwinden' gälte. Entscheidend dafür ist, ob es gelingt, die hartnäckig überlieferte Auslegung des Nichts durch das Nein, seine Unterwerfung unter die Verneinung, zu durchbrechen. Es gilt, die Verwerfung des Nichts, das dieser zufolge nicht ist und daher umgedeutet wurde in ‚leeres Sein' und ‚absoluten Mangel', in Frage zu stellen. Dabei geht es nicht – was ja ohnehin schon längst geschehen – um eine bloße ‚Umwertung' des Todes, als solle er nun bejaht statt verneint werden. Solches bleibt nur im alten Bann der Entgegensetzungen. Es wird um ein Verständnis von Endlichkeit gehen, das nicht mehr dem Ziehen oder Überschreiten von Grenzen unterworfen werden kann.

1 Der verfehlte Tod

1.1 Die Ordnung der Toten

Stets war für die Lebenden die ‚Welt der Toten', der sie einst selbst angehören würden, nicht nur mysteriös, sondern – angesichts der wirren Botschaften aus dem Jenseits – zumal chaotisch, und es war die Aufgabe der großen Mythen, eine Ordnung in deren Welt zu bringen und ihr – gegen alle dämonische Unberechenbarkeit – möglichst den Charakter eines *Reiches* zu verleihen. Und dieses Reich wurde gegliedert in düstere Orte und heitere Gefilde, in Ober- und Unterwelten, in Himmel, Hölle und Purgatorien, manchmal so komplex und hierarisch untergliedert wie in den Visionen Vergils oder Dantes. So gaben diese Totenreiche zugleich dem Reich der Lebenden, gegen das sie sich abgrenzten, einerseits klare und berechenbare Konturen; andrerseits aber schürte die Ungewißheit darüber, welchem der Gebiete man selber nach dem Tode angehören würde, mehr Unruhe als der vermeintlich so illusionslose Glaube, mit dem Tod sei alles aus.

Ob nun die Toten im Jenseits zur Ruhe kommen oder nicht, ob sie glückselig oder zu Qualen verdammt sein werden, ob sie endgültig verweilen, weiterwandern, zurückkehren, ob sie dieselben bleiben oder Verwandlungen durchmachen: für die Sterbenden und für die Sterblichen überhaupt bedeutete das allemal, daß es *Wege* und *Orte* gebe, an denen sie sich orientieren konnten. Das Sterben jedenfalls würde ein Ende haben, damit etwas anderes beginnen kann. Der Tod ist nur ein Augenblick, der nicht währt. So wenigstens schien es bisher …

Das abendländische Denken des Todes sowie die Vorstellung, was Totsein bedeute und wie es sich darstelle: sie sind geprägt von einigen grundlegenden Entwürfen, die wir mit solchen Namen wie Homer und Platon, Vergil und Paulus verbinden können. Am Ende einer langen Geschichte aber bricht für uns plötzlich jede Ordnung der Toten und des Todes selbst zusammen, und ich denke, daß Franz Kafka in *Der Jäger Gracchus* diesen Zusammenbruch thematisierte. Der Einschnitt liegt aber nicht – wie es herrschende Meinung ist – zwischen der überlieferten Vorstellung, der Tod sei nur *Passage* zu einem Jenseits, und dem vermeintlich neuen Glauben, der Tod sei schlechthin das Letzte, auf welches nichts folge. Noch bevor biotechnische Spekulationen darüber zu wuchern begannen, ob sich nicht alle abgenutzten Teile und störungsanfälligen Funktionen des Organismus derart ersetzen oder erneuern ließen, daß man das ‚Leben' eines Körpers wird endlos verlängern können, spürte Kafka, daß sich die Bestimmung des Todes, eine endgültige oder überschreitbare Grenze zu sein, abzuschwächen und aufzulösen beginnt. In der endlosen Aufschiebbarkeit des Todes scheint das Sterben nicht mehr zu Ende kommen zu können. Ist überhaupt noch Verlaß auf den Tod?

1.2 Das entkräftete und das übermächtige Leben

In der *Ilias* (23,V.72) erscheint dem Achilles im Traum der erschlagene Freund Patroklos, der ihn ermahnt: so wie als Lebenden möge er ihn auch als Toten nicht vergessen und ihm ein Grab geben, damit er die Tore des Hades durchwandeln könne. Denn unbestattet ließen ihn die Seelen nicht über den Strom und scheuchten ihn, so daß er unstet umherirren müsse. Als Achill den Freund, der auch ihm den nahen Tod verkündet, umarmen will, greift er ins Leere, denn wie dampfender Rauch sinkt dessen Seele in die Erde hinab.

Der Tod ist hier nicht etwas, das ebenso gut hätte früher oder später sich ereignen können; er geschieht als Folge einer Entscheidung und ist göttliches Geschick. Hermes geleitet die Totenseelen bis ans Ufer des ‚verhaßten' Unterweltflusses Styx, von wo aus sie – gemäß manchen Mythen – vom Fährmann Charon nach Entrichtung eines Fährlohns übergesetzt werden. Der Eingang zum Reich des Hades wird vom Unterwelthund Kerberos bewacht, der die Seelen hinein, aber nicht mehr heraus läßt. Nach Homers Vorstellungen in der *Odyssee* (11.V.1 f.) gibt es einen Eingang zur Unterwelt an den Grenzen des Okeanos, im äußersten Westen, an einem von Dunst und Wolken eingehüllten Ort, auf den niemals die Sonne herabblicke. Vor dem eigentlichen Tor des Hadesreiches, in dessen Innerem jeder Lebende vom versteinernden Blick der Gorgo getroffen würde, breitet sich eine Wiese mit Asphodelusblumen aus, auf der die Totenseelen zusammenlaufen.

Als Odysseus der Totenseele Achills begegnet und meint, dieser brauche auch im Tode nicht betrübt sein, da er sicher groß unter den

Toten herrsche, erwidert der bekanntlich, er würde lieber als Ackerknecht dienen denn über Tote Herr sein (11,V.480).

Die letzte Behausung der Seelen ist also nach Homer ein düsterer, jammervoller Ort. Die Totenseelen aber, die in den Augenblick ihres bestimmten Sterbens gebannt zu sein scheinen und als Gekränkte, Gequälte, Verletzte ziellos umhergehen, sie müssen vom Blut des eben geopferten Lebens trinken, um so weit gestärkt zu werden, daß sie mit den Lebenden auch nur ein Gespräch führen können. Ohne solche Wiederholung des gewaltsamen Sterbens herrscht unter den Toten nur ‚unaussprechliches Geschrei'. Ob wir dieses Geschrei nun als Ausdruck eines sprachlosen Jammers deuten oder als das Durcheinander der gleichzeitigen Erzählungen aller: in dieser Unterwelt herrscht Chaos. Zwar gelten der Zeusbruder Hades und die von ihm geraubte Persephone als Herrscher der Unterwelt. Doch sie herrschen über fast nichts. Keiner der Toten hat irgendeine Aufgabe zu erfüllen, keiner beschäftigt sich mit irgend etwas. Wieso also sollte das Reich des Hades eine begehrenswerte Alternative zum Umherirren derjenigen Totenseelen sein, die unbeerdigt blieben? – Geht es nicht vielmehr um das Begehren der Lebenden, welche die Toten versammelt an einem Ort wissen wollen? Man will sie aufsuchen können, aber nicht von ihnen heimgesucht werden. Daher die Initiierung einer Reise mit klarem Ankunftsziel woanders, um die Toten von den Lebenden abzusondern.

Was aber sind diese Toten? – Nach Homer sind sie keine Phantasmen oder Trugbilder, sondern Erscheinungen, die er mit Schattengebilden vergleicht. Soll durch diese so etwas wie eine an sich selbst unsichtbare ‚Seele' oder ein ‚Geist' zum Ausdruck kommen?

Umgangssprachlich verstehen wir heute unter ‚Seele' und ‚Geist' eher Besonderheiten eines leibhaftigen Lebewesens, wobei wir erstes mehr dem Gefühls- und Triebleben, letztes mehr der Gedankensphäre zuschreiben. Ich bezweifle, daß wir heute noch nachzuvollziehen vermögen, Seele und Geist als eigene Wesenheiten zu verstehen, die unabhängig vom Organismus einen eigenen Bestand haben könnten. Wir können nur versuchen, die Funktionen solcher Darstellungen zu beschreiben.

Die Toten, von denen Homer spricht, lassen ihren Leib (soma) als Leiche, als vergehenden Körper zurück, und insofern scheinen sie selbst ‚immateriell' zu werden; dennoch besitzen sie eine schattenartige Leiblichkeit, eine zumindest imaginativ sichtbare und hörbare Gestalt, die allerdings keiner Berührung Widerstand entgegensetzt. Dennoch ist diese Schattengestalt – ähnlich wie auch in der griechischen, aber nicht in der homerischen Vorstellung der Seele als Hauch (pneuma, anima, spiritus) – an sich schon dabei, sich zu entindividualisieren. Gewöhnlich verstehen wir zwar unter ‚Schatten' die selbst licht- und körperlose, ungreifbare, aber umrissene Gestalt, die ein Körper auf seiner der Lichtquelle abgewandten Seite wirft und die ihn begleitet. Doch die homerische Totenseele ist, im Unterschied zur Silhouette, gerade das, was sich ebenso von der begrenzten festen Körperlichkeit wie fast vollständig vom Licht abgelöst hat. In einem schlechthin sonnenlosen, nebelhaften Dunkel weiß man nicht mehr, vor welchem Hintergrund die Totenseelen noch schemenhaft ins Bild kommen könnten. Obwohl kein ständiger Begleiter mehr, bleibt dieser Konturen verlierende Schatten irgendwie in karger Ähnlichkeit bezogen auf das, was in Auflösung begriffen ist: auf den Leib des Verstorbenen.

Dieses Verschwimmen oder *Verschatten noch des Schattenbildes* selbst greift auch über auf die Aspekte des vergangenen Lebens, die sich der äußeren Wahrnehmung entzogen. Die Totenseelen verfügen über keine Lebenskraft (thymos) mehr, und doch treibt sie noch der Schatten einer Kraft umher. Sie entbehren weitgehend der Fähigkeit psychischen Erlebens, und doch scheinen sie noch leiden zu können. Und da sie weder erkennend noch sonst tätig handeln, durchzieht sie allenfalls der Schatten einer ‚schwachsinnigen' Vernunft, und man kann sich fragen, ob es sich bei der Totenseele überhaupt noch um dieselbe Person wie die des Lebenden handelt. Oder setzt da nur der Eigenname schattenhaft die Identität des vergangenen Individuums fort?

Walter F. Otto hat in *Die Manen* (1958) einleuchtend dargelegt, daß sich der Homerische Begriff von ‚Seele' mit dem von ‚Lebewesen' deckt und nicht dessen mysteriösen Doppelgänger meint. Man kann also weder sagen, die homerischen Totenseelen lebten anderswo ihr früheres Leben weiter, noch, sie führten ein Scheinleben in den Erinnerungen, Einbildungen, Träumen der sie Überlebenden. Sie sind nicht nur Spuren, die sie an anderen hinterließen, während sie selbst abwesend sind oder gar aufgehört hätten zu sein. Es sind *an sich selbst* neblige Spuren eines in jeder Hinsicht *entkräfteten* Lebens. In diesem anhaltenden Sterben steigt keiner die Reihe der Vorfahren hinauf, um sich mit den Ahnengeistern zu versammeln oder selbst ‚Urmutter', ‚Großer Vater' oder Gott zu werden. Und ebensowenig kennt Homer umherspukende Totengespenster, die ruhigzustellen wären, bis sie – schließlich in Nichts aufgelöst – vergessen sind.

Ganz anders die *Geister:* anstatt aus einem erschöpften Leben hervorzugehen, werden sie vielmehr als der äußerste Gegensatz der Totenseelen qua Schatten und entkräftetes Leben verstanden. Im Sinne erzeugender wie zerstörender Kräfte mächtiger zumeist als die sterblich

Lebenden, verfügen sie nicht nur über magische, übernatürliche Kräfte. Sie haben die Fähigkeit sich zu verkörpern, um auf diese Weise zu wirken als Elementargeister, als Berg-, Fluß- oder Baumgötter, in Gestalt von Tieren, Mischwesen oder Menschen. Sie sind selbst ins Ungeheuere *gesteigerte Lebenskräfte*, die sich in Feuer und Blitz, Sturm, Beben oder Flut manifestieren, aber auch in Ereignissen wie Heilung, Fruchtbarkeit, Vermehrung. Ihre Intelligenz und Weitsichtigkeit, ihr Zorn oder ihre Gunst überschreiten zumeist alle menschlichen Maße.

Was jedoch die homerische Auffassung von lebendiger Leiblichkeit grundlegend zu verändern begann, ist die Annahme, die sich mit den Orphikern und Pythagoreern durchzusetzen begann, die Annahme, auch der menschliche Leib sei das Ergebnis einer *Verkörperung* oder *Inkarnation des Geistes.* Körper sind nun nicht mehr durch ihre Herkunft und an ihnen selbst mit Leib und Seele lebendig; sie sind zu an sich *leblosen Hüllen* geworden, die sich wie Masken an- und ablegen lassen. Immer verbirgt ein Geist hinter seiner körperlichen Erscheinung sein wahres Wesen, auf das er verweist oder von dem er ablenkt. So offenbaren die Körper stets nur ‚Halbwahrheiten', über welche die Menschen sich endlos zu täuschen vermögen.

Der Körper – als bloßer Zeichen*träger* eines Geistes – wird nun von der *Leiche* her gedeutet als ein toter Stoff, der seine äußere Form und seine innere Formkraft stets von woanders her empfängt: von einer ‚Seele', die man in einen Geist verkehrt hat, in ein übernatürliches Leben. Um zu irdischem Leben zu kommen, muß die Leiche ‚beseelt' werden, ob nun dadurch, daß eine wandernde Totenseele in den Körper einkehrt oder dadurch, daß ein Gott ihm von seinem Geist einhaucht. Nur die Kraft des Geistes vermag das Tote zu ergreifen, zu erregen, zum Leben zu erwecken. Erst die Lebensgeister verleihen dem Körper Lebenskraft, die sie im Tod ihm wieder entziehen.

Im *Timaios* (V,141 f.) bezeichnete Platon die Einzelseele als einen Ausfluß aus der göttlichen Weltseele, dem Geist schlechthin, während er im *Phaidon* (III,81a) schildert, wie diese gereinigte, von Übeln befreite Geistseele zum Göttlichen, Unsterblichen, Vernünftigen zurückkehre. Habe sie sich dagegen von den leiblichen Begierden bezaubern lassen, zeige sie sich auch noch nach dem Tode unrein, befleckt und derart schwerfällig, daß sie zum leiblich irdischen Dasein zurückgezogen werde. Gerade als Schattengebilde hätten sich solche Seelen nicht rein abgelöst, sondern blieben an das Sichtbare gebunden. Als Strafe für ihre frühere Lebensweise umschlichen sie die Gräber und Denkmäler, bis sie in einen neuen Körper wiedergeboren würden. – Homers Totenseelen sind zu Gespenstern geworden, die wahren Geister aber zu gänzlich immateriellen Wesenheiten, die ein *metaphysisches* Leben führen.

So wurde die Homerische Vorstellung von der Totenseele als entkräftetes Leben verworfen. Man kehrte zu der älteren Auffassung zurück, wonach die Totenseelen teilweise mächtige, entfesselte Geister seien, denen zu opfern ist, um sie zu beschwichtigen. Zumal wenn sie weder auf Reise gehen noch ins Totenreich einkehren, sondern in der Nähe der Lebenden bleiben und keine Ruhe finden, können sie als Gespenster und spukende Untote, als Lemuren und Larven von Gier, Schuld oder Wahn umhergetrieben sein und den Menschen Übles tun, oder sie können – zumal gemäß dem Glauben der Römer – als Manen und Laren durch Opfer bewegt werden, Gutes zu tun. – Doch damit verschwimmen oft die Grenzen, und es ist nicht mehr klar, ob ein Totengeist auf eine Person, die gelebt hat, zurückverweist oder ein entindividualisierter Dämon ist. Zumeist jedoch bleiben die Totenseelen so kleine Geister, wie sie es schon als Lebende waren, und mehr und mehr wird ein Kult um die Seele getrieben, die sich schon zu ihren Lebzeiten um ihren Zustand nach dem Tode zu kümmern habe.

Vergil (2000, VI,702), in der Tradition der Pythagoreer und der Stoa, vollzog die Entleiblichung der Geistseelen nicht so restlos wie Platon. Als Aeneas in Begleitung der Sibylle seinen toten Vater Anchises in der Unterwelt aufsucht, bemüht auch er sich vergeblich, den zu umarmen, der sich ihm ‚wie ein wehender Hauch oder flüchtiger Traum‘ entzieht. Gleichwohl bleibt der Tote eine sichtbare und hörbare Gestalt, mit der sich kommunizieren läßt. Diesen Hauch aber deutet Vergil als eine vormals ‚feurige Lebenskraft‘, die erst durch eine verfinsternde Verkörperung und kerkerartige leibliche Einhüllung derart abgeschwächt wurde (VI,730). Denn anfangs seien die menschlichen und tierischen Seelen Ausflüsse des Einen Geistes gewesen, der als Weltseele den mächtigen Leib von Himmel und Erde, Wasser, Mond und Sonne eint und bewegt. Dieser Auffassung läßt sich auch die Bedeutung der Feuerbestattung entnehmen: es geht gleichsam darum, die Toten von schwerer Körperlichkeit zu befreien (VI,189).

Der Orkus wird von Vergil geschildert als gähnender Schlund, abgründige Tiefe, offene Kluft, als ‚Chaos‘ (VI,265). In Vorhof der Unterwelt lagern die Sorgen und Übel, die Mischwesen und Ungeheuer. Vor dem grundlosen Strudel des Acheron warten voller Ungeduld zumal die unbestatteten Totenseelen darauf, von Charon übergesetzt zu werden. Denn sie wollen wenigstens im Tod Ruhe und Frieden finden (VI,371). Das aber scheint, wenn überhaupt, nur wenigen vergönnt. Jenseits des Flusses liegen die stygischen Sümpfe, an deren davorliegenden Fluren die jammernden Seelen der Kinder und Selbstmörder, der tödlich verletzten und verstümmelten Helden sich aufhalten. Dann teilt sich der Weg. Der eine endet vor den selbst Göttern unzugänglichen Kerkermauern, die den Tartarus umschließen. Und diesem wird auch das Christentum die Höllenbilder entnehmen, nicht ohne den Titanen die antiken Götter als Teufel beizugesellen. Der andere Weg aber führt zu den Orten der Freude, nach Elysium, wo in glücklichen Wäldern und Fluren, in duftenden Hainen und an erfrischenden Bächen die Seelen zumal von Priestern, Dichtern, Erfindern und Wohltätern der Menschen unüberdacht in ätherischem Purpurlicht schmausen und singen, sich an Spielen, Tänzen und Künsten erfreuen. Im Hintergrund aber drängen sich jene Seelen am Ufer des Vergessen bringenden Letheflusses, denen das Schicksal neue Körper bestimmt habe (VI,713). Nur wenige ruhen in den Wonnegefilden und scheinen dem Kreislauf der Wiedergeburt entronnen zu sein (VI,743).

Vergil kann nicht, wie Platon, die Wiedergeburt eindeutig als Fortsetzung von Strafe und Buße für eine sinnliche und böse Lebensweise darstellen, weil zum einen die Reinigung und Läuterung durch Strafen, die das Unterweltgericht verhängt, im Orkus selbst vollzogen, zum andern ein glückseliges Leben im Jenseits durch die Ästhetisierung, nicht durch restlose Entkörperlichung erreicht wird. Für Sokrates, der im Gefängnis auf seine Hinrichtung wartet, ist nach Platon das leibhaftige Leben schon Hölle genug; zwar scheint es für ihn ein himmlisches Jenseits zu geben, aber keine Unterwelt ewiger Pein.

Doch vergessen wir nicht, daß Vergil seine Unterweltvisionen mit der Bemerkung beschließt: „Siehe, da sind zwei Tore des Traumes, von Horne das eine, Sagt man, wo leicht hindurch die wahren Träume entschweben; Aber von glänzendem Elfenbein das andere gebildet, Hier versenden die Manen zur Welt die falschen Gesichte. Dorthin geleitet Anchises den Sohn und zugleich die Sibylle, Immer noch redend, entläßt er durchs elfenbeinerne Tor sie“ (VI,893).

Platon ging es zwar um die Seele als immateriellen reinen Geist im Gegensatz zum sinnlichen Körper; doch erkannte er die Existenz leibhaftig und zumal auditiv und visuell erscheinender Seelen an. Diese Gespenster mußten erst von der neuzeitlichen Aufklärung restlos vertrieben werden, ehe – im Anschluß an Aristoteles – sich der einfache cartesische Dualismus von Leib und Seele, von Materialität und Immaterialität durchsetzen konnte. Allerdings blieb der reine Dualismus eher ein Philosophenglaube. Schon die kirchlichen Lehren des Christentums sorgten dafür, daß der populäre Glaube an leibhaftige Seelen nie verschwand. – In der Wende gegen Platons ‚immaterielle Geistseele‘ – die nun allein dem Einen Gott und erst später auch den Engeln und Teufeln zugeschrieben wurde – kehrte Paulus nicht nur zu den ‚poetischen' Bildern leibhafter Seelen zurück; er versuchte vielmehr – in Anknüpfung an die Gestalt des leibhaftigen, gekreuzigten und wiederauferstandenen Gottessohnes – Leib und Seele untrennbar zu verschmelzen. Die Lehre von der leiblichen Wiederauferstehung der Toten, die zunächst wohl das Gelächter nicht nur der Athener ausgelöst haben wird, kommt allerdings ohne eine mysteriöse *Verdopplung der Leiblichkeit* nicht aus: da gibt es einen *irdischen*, durch Sünde verderbten Leib, der im Tod zugrunde gehen soll, aber gleichwohl zum Jüngsten Gericht wieder auferstehen kann, wohl um ihn den ewigen Höllenqualen ausliefern zu können; und einen *himmlischen* Leib, der sich zum irdischen Körper, aus dem heraus er sich durch das Erlösungswerk verwandle, verhalte wie der Glanz der Sonne zu dem des Mondes: „Denn dies Verwesliche muß anziehen die Unverweslichkeit, und dies Sterbliche muß anziehen die Unsterblichkeit" (1. Kor. 15,53). Denn, so begründet Paulus seine Lehre, ‚wir wollen [durch den Tod, H.-D. B.] nicht *ent*kleidet, sondern *über*kleidet werden, nämlich mit einer Behausung, die im Himmel ist, auf daß das Sterbliche würde verschlungen von dem Leben' (2. Kor., 5,1 f.). Der Kreislauf der Wiedergeburten mußte gebrochen werden: dem Menschen sei gesetzt, nur *einmal* zu sterben, danach aber das Gericht, so wie Christus sich zur Erlösung von den Sünden nur einmal geopfert habe (Hebr. 9,27). Und das schien nur möglich durch eine Verklärung der Leiblichkeit, die nicht mehr nur an- und ablegbare Maske und Hülle einer Geistseele war – eine Verklärung, welche die elysischen Phantasien um dem Preis hinter sich ließ, den himmlischen Körper in ein materielles Mysterium verwandelt zu haben. Denn was könnte der wiederauferstandene, himmlisch gewordene Leib sein, der nach Augustinus (1991,II,595) ohne Stoffwechsel, Wachstum, Alterung oder Fortpflanzung sei, weder Bedarf oder Mangel noch Sättigung oder Genuß kenne, weder Sorgen noch Aufgaben, sieht man von der Verehrung Gottes durch Lobsingen ab. Ein ästhetisch-ätherischer Astralleib, der doch zumindest in einer seelischen Glückseligkeit leben soll?

Nun mußte nur noch, wie in der nihilistischen Moderne, der Weg ins Jenseits durch einen endgültigen Tod abgeschnitten werden, damit sich der gigantische, industrielle *Kult* um den Leib, aber auch seine umstandslose massenhafte Vernichtung, in Szene setzen konnte. Denn nach moderner Devise stirbt man nicht nur einmal, man lebt auch nur einmal ...

Die Gespenster hatte man weitgehend vertrieben, aber das mechanische Weltbild des 18. Jahrhunderts setzte insofern noch den alten

Geisterglauben fort, als man alle Körper als von ‚äußeren' Kräften angetrieben sah, deren eigentlicher Geist zurückgedrängt wurde auf eine erste göttliche Ursache. Der Vitalismus und seine rassistische Ausprägung im 19. und 20. Jahrhundert versuchte nun, dem animalischen Körper die angeblich verwehrte oder geraubte *eigene Lebenskraft* zurückzuerstatten. Das gelang jedoch nur, indem nun *der Geist entkräftet* wurde, bis schließlich alle Lebens- und Totengeister entwichen und nur noch der tote Gott zurückblieb. Die Gespenster schienen noch einmal zurückzukehren, um die Leichenhaftigkeit der Körper durch einen konkurrierenden Triebwillen und eine sich organisierende Lebenskraft zu beleben. Schließlich erklärt die biologische Systemtheorie und Genetik auch noch diese gespenstischen Lebenskräfte für tot und ersetzt sie durch eine Art entropische Maschine, durch ein Autophago. Und jenseits des Lebens gibt es nur noch *sterbliche Überreste* …

1.3 Zwischen Leben und Tod

Dem abendländischen Denken war es nie gelungen, ein wie auch gefährdetes Gleichgewicht zu wahren zwischen den kraftlosen Totenseelen und den machtvollen Totengeistern. Diese trieben vielmehr einer unversöhnlichen metaphysischen Antinomie zu. Die Totengeister – am Ende aufgehend in *einem* Lebensgeist – steigerten sich empor zu einem unzerstörbaren Sein, auf das bezogen der Tod nur noch als Wende von einer zur anderen Daseinsweise gilt: die absolute Ohnmacht des Todes im ewigen Entstehen und Vergehen. Die Totenseelen dagegen erschöpften sich schließlich zu Nichts, um darin die absolute Macht des Todes zu erweisen, der das Leben restlos zu vernichten vermag: die Macht des gestorbenen Gottes.

In diese Antinomie ließ Franz Kafka den *Jäger Gracchus* (1983, 75) geraten.

In den Hafen des italienischen Städtchens Riva schwebte leise eine Barke, als würde sie über dem Wasser getragen. Bootsmänner trugen eine Bahre, auf der offensichtlich ein Mensch lag, an Land, dann in ein Haus, vor dem sich Tauben niedergelassen und Knaben ein Spalier gebildet hatten. Der eintreffende Bürgermeister wurde vom Bootsführer in einen größeren Raum des Gebäudes geführt, in welchem die Träger dabei waren, lange Kerzen an der Bahre aufzustellen und anzuzünden, Kerzen, die weniger Licht brachten als vielmehr nur Schatten aufscheuchten. Auf der Bahre lag ein Mann mit wild durcheinander gewachsenem Haar und Bart, bewegungslos und atemlos mit geschlossenen Augen. Gleichwohl deutete nur die Umgebung an, ‚daß es vielleicht ein Toter war'. – Als der Bürgermeister gebetet, dann die anderen Anwesenden weggeschickt hatte, schlug der Mann auf der Bahre die Augen auf und fragte jenen, wer er sei. Nachdem der Bürgermeister sich vorgestellt hatte, erwiderte der Mann, er wisse das ja, nur im ersten Augenblick habe er immer alles vergessen. Der Bürgermeister bestätigte seinerseits, er wisse, daß jener der tote Jäger Gracchus sei. Sein Kommen sei ihm die Nacht zuvor von einer großen Taube verkündet worden. Auf die Frage, ob er tot sei, erwiderte der Jäger, er sei vor vielen Jahren, vor Jahrhunderten, im Schwarzwald von einem Felsen abgestürzt, als er eine Gemse verfolgte. Aber gewissermaßen lebe er auch ...

Ich werde das Gespräch zwischen dem Bürgermeister und dem Jäger Gracchus für Augenblicke unterbrechen – nicht so sehr, um all den mythischen Bruchstücken nachzugehen – etwa der ‚Taube' als Botin ebenso des alt- und neutestamentarischen Gottes wie der Aphrodite, ohne deren Hilfe ihr Sohn Aeneas nicht in die Unterwelt gelangt wäre, oder des ‚Steuermanns', der den Toten als Fährmann *hinüber*, als eine Art Todesengel aber zugleich *hinauf* ins Jenseits hätte führen sollen. All diese mythischen Fetzen arrangieren sich in einer paradoxen Unentschiedenheit: der Jäger Gracchus – irgendwo steckengeblieben zwischen Leben und Tod, umhergetrieben zwischen Über- und Unterwelt, fern seiner Bergwelt in den Küstenbereichen zwischen Land und Wasser.

Trifft da nicht schon in der Bezeichnung – *Der große Jäger Gracchus* – auf unvereinbare Weise das Mythische auf das Historische, ohne sich nur im Legendären zu vermischen?

Allen voran galt *Orion* als der große Jäger, der derart an den überlieferten Ordnungen festhält, daß man sich an seinem ‚Sternbild' weithin orientieren wird. Und ihm steht als unversöhnlicher Widersacher *Gracchus der Volkstribun* gegenüber, der die herrschende Ordnung umzuwälzen gedachte und der nach Vergil (VI, 842) bereits im Orkus für sein künftiges Leben bestimmt war. Liegt das, was Orion und Gracchus verbindet, nur darin, daß keiner von ihnen eines natürlichen Todes starb? – Den einen aus dem berühmten römischen Geschlecht, Tiberius Gracchus, ließ der Pontifex Maximus ermorden und seine Leiche in den Tiber werfen; der andere, sein Bruder Gajus Gracchus, ließ sich töten, um seinen Mördern zuvorzukommen. (Und noch Babeuf, der sich den Beinamen Gracchus gegeben hatte, wurde seiner kommunistischen Ideen wegen guillotiniert.) – Wie aber sollte dieser Name in die Einsamkeit und Wildnis einer mitteleuropäischen Gebirgswelt gelangen? Die Anspielung an den mythischen Griechen – *Graecus* – ‚Orion', der dem bergumhangenen Böotien entstammen soll, reicht wohl kaum hin für eine Antwort.

Orion kam durch die Pfeile der Artemis zu Tode, wofür verschiedenste Gründe genannt wurden: er soll versucht haben, sich an ihr, an ihren Priesterinnen, an den Plejaden zu vergehen; überheblich habe er Artemis zum Wettkampf herausgefordert, sich gebrüstet, er sei fähig, die ganze Tierwelt auszurotten. Oder auf Apollons Wunsch hin habe sie ihn getötet, weil er mit Eos, der Göttin der Morgenröte, auf der heiligen Insel Delos geschlafen habe (Appolodor, 1997, I,25). Kalypso schreibt seinen Tod dem Neid der Götter zu, die nicht ertrügen, daß Göttinnen Sterbliche liebten (Homer, Od.V,119). Aber es gibt auch Stimmen, die meinen, Artemis habe – getäuscht von Apollon – den Jagdgefährten ohne Absicht getötet und ihn aus Trauer darüber als Bild unter die Sterne versetzt.

Was könnten die Gracchen mit Orion gemeinsam haben? Daß sie auf bestimmte Weise ganz dem *Irdischen* zugewandt waren? Erstere scheiterten mit ihren Sozialreformen an der Priestermacht; dem Leben Orions wird durch die Götter selbst Einhalt geboten, und es ist wohl nicht ohne eine gewisse Logik, daß Orion auf doppelte Weise jener Sphäre von Gewässern und Ländern zugehört, wo das Derbe und Ungezähmte, das Wilde, Umherschweifende, Triebhafte, Unkultivierte, Schonungslose haust, ohne in die Unterwelten abgedrängt worden zu sein: sein Vater ist weder, wie Hades, Herr der Unterwelt noch, wie Zeus, Herr des Himmels; er ist der Erderschütterer Poseidon, von dem er die Fähigkeit erhalten habe, auf dem Wasser zu gehen. Und seine Mutter, die Gorgone Euryale, ist eine Tochter des Meergottes Phorkys, zu dessen Kindern einige der Ungeheuer gezählt werden. – Als Jäger ist Orion allemal Grenzgänger zwischen Kultur und Unkultur.

Kafka schildert den Jäger Gracchus als Gestalt mit gebräunter Haut und wild durcheinandergewachsenem Haar und Bart, und darin erinnert er an den nordischen Mythos vom Wilden Jäger, dem ein tosendes Totenheer folgt. Andrerseits aber heißt es, er sei als Jäger ‚aufgestellt' worden. Nun war im Gegensatz zur griechisch-römischen Tradition die Jagd – zumal auf Hochwild – nördlich der Alpen schon im Mittelalter zum ausschließlichen Privileg jagdliebhabender Fürsten geworden. Der Jäger Gracchus, mag er sich auch der Jagdleidenschaft hingeben, ist zunächst Berufsjäger, wie er aus dem feudalen Herrendienst hervorgegangen war (Sälzle, 1957). Und als zugleich Heger des Wildbestandes steht er schon irgendwo zwischen dem wilden Jäger und dem Hirten.

Auf der Jagd nach einer Gemse stürzte der Jäger Gracchus in den

Tod. – Nicht undenkbar wäre, daß Kafka einen Holzschnitt von Hans Burgkmair gekannt hatte – Gemsjagd –, mit dem um 1514 das Buch *Weißkunig*, entworfen von Kaiser Maximilian I., illustriert worden war (Burckhardt, 1964, 52). Die Bildmitte ist von einer tiefen Gebirgsschlucht durchschnitten, die ausgefüllt wird von einem reißenden Wildbach. Auf der linken Seite stehen zwei Jäger, von denen der eine gerade dabei ist, seine Armbrust zu senken. Über ihnen stürzt eine getroffene Gemse die Felsen hinunter. Übrigens hatte Maximilian vermerkt, kein Fürst solle Felswände besteigen; das sei zu gefährlich (56). Solches überließen die Herren den Jägern, wie Gracchus einer ist. Dieser allerdings, der an Stelle der Gemse in den tödlichen Abgrund stürzt, wird weiterhin im Irdischen umhergetrieben, im ausufernden Grenzgebiet zwischen unbehausbaren Gewässern und den Ansiedlungen der Menschen – anstatt die Schwelle zum Jenseits überschritten zu haben …

Nichts gibt es, das sich – gemäß unserem Sprachgebrauch – nicht *erjagen* ließe: Frauen oder erklärte Feinde, Geld oder Glück, Tugend oder Wissen, Sensationen und Bilder, Anerkennung und Ruhm, den Himmel und natürlich die Tiere – mit einer Ausnahme: man jagt nicht dem nach, was einfach und ohne weiteres zu haben ist. Andrerseits: ging es dem Jäger nur um den Erfolg, wäre die Jagd nicht mehr als eine bestimmte Arbeit. Daß die leidenschaftliche Jagd auf die Tötung des Tieres ziele, um sich dieses als Beute anzueignen, ist ein Vorwand oder Phantasma; denn das würde das Erlegen des Wildes nur wenig vom Schlachten des Viehs unterscheiden. In der Jagd geht es darum, einen *bestimmten Aufwand zu inszenieren*, damit das abschließende Töten erst durch Aufschübe und Umwege geschehen wird. Und dieser Aufwand wird sogar dann künstlich erzeugt, wenn er nicht von den gegebenen Umständen erzwungen wird, wenn sich das Resultat zu rasch und zu leicht einstellen würde. Eine Trophäe, die dem Jäger wie durch ein Los zufiele, würde noch nachträglich jede Jagdlust wie einen Nebel auflösen.

Seit Jahrtausenden schon ist die Jagd auf wilde Tier allgemein kein überlebensnotwendiges Tun mehr, um sich mit Nahrung und Werkstoffen durch möglichst geringen Aufwand zu versorgen. Mehr und mehr ging es um das Jagen selbst, das sich so grundlegend vom gegenseitigen Kämpfen, vom einseitigen Arbeiten, vom risikolosen Ermorden unterscheidet, auch wenn dies alles auch zu Momenten einer Jagd werden kann – vor allem aber von einem Lieben, in welchem sich der Liebende, anstatt nur zu Ruhe und Frieden kommen zu wollen, sich in einer Art ekstatischer Muße ins Geliebte ‚versenkt'. In der Jagd geht es um die Herausforderung durch eine gewisse Erschwernis und der damit verbundenen, manchmal auch lebensgefährlichen Risiken, denen man sich stellt durch erhöhte Aufmerksamkeit, Geistesgegenwart und zumal durch zunehmende Geschicklichkeit und verfeinertes Gespür, was als gesteigertes Lebensgefühl erlebt werden kann. Zudem muß man sich in das, was man jagt, versetzen können, gleichsam selbst zum gejagten Tier werden, um sich ganz nach dessen Verhalten richten zu können.

Schon zu Platons Zeiten allerdings wurde die Jagd in ein Mittel der Kriegsertüchtigung adliger Jugend abgewandelt, ehe sie durch die Entwicklung der Waffen zum plebejschen und fürstlichem Mordspektakel und schließlich zum beliebten Tötungssport verkam. Zu den alten ökonomischen Mitteln der Jagd – dem massenhaften Treiben, dem Fallenstellen, Vergiften, der Verwendung von Pferden und Hunden, dem Einzäunen ganzer Waldgebiete und anderem – waren nun Gewehre und Ferngläser hinzugekommen, durch welche der Jäger von vornherein dem Gejagten derart überlegen war, daß nur durch zahlreiche Selbstbeschränkungen wie Verzicht auf Fallen oder Schnellfeuerwaffen, Einführung von ‚Schonzeiten' und anderem der Charakter des Jagens bewahrt werden konnte. Es gibt einen abgründigen Selbstbetrug, ohne welchen die Gestalt eines Jägers aus Leidenschaft wohl nicht existieren könnte. Obwohl der Jäger – wie sogar ein Apologet der Jagd wie Ortega y Gasset (1957, 26 f.) nicht verhehlte – weder den jagt, der ihm überlegen oder auch nur ebenbürtig, noch den, der ihm allzu unterlegen ist, wird die Jagd zumeist dargestellt, als sei sie eine Art Kampf, in welchem beide, Jagender wie Gejagter, die gleiche Chance hätten zu ‚gewinnen': der erste durch Überwältigung und Tötung seines Opfers, der letzte durch seine ‚Kunst' des Ausweichens und Entwischens. Abgesehen davon, daß die Jagd auf bestimmte Tiere in einen Kampf mit ihnen umschlagen kann, riskiert der Jäger nie ernsthaft, zum Unterlegenen und Besiegten eines Tieres zu werden. Doch nicht in der ausgemachten Rangordnung zwischen dem überlegenen Jäger und dem unterlegenen Gejagten liegt die (geschichtlich erst entstandene) ‚Verlogenheit' der Jagd, sondern darin, daß der Jäger sich absichtlich die Jagd erschwert, indem er auf einen Teil seiner überlegenen Mittel verzichtet, um sich den ‚Erfolg' nicht zu leicht zu machen. Um nicht zum bloßen Schlächter zu werden, stellt er Spielregeln des Tötens auf, durch die er seine ziemlich weitgehenden Möglichkeiten künstlich beschränkt. Indem er aus dem Jagen eine aufwendige Verausgabung macht und die Ökonomisierung verhindert, erhebt er das Töten zu einer Kunst, die der ‚Künstler' in seiner Jagdlust zugleich selber genießt. Im Unterschied und doch ähnlich zur Lust am Quälen oder zur reinen Mordlust ist für die Jagd kennzeichnend, daß der Tod aufgeschoben und nicht zu einfach zu erzielen sein soll.

Zweifellos hat ein umfassendes Tötungsverbot, das legalerweise nur durch staatliche Autorität in ein Tötungsgebot oder eine Tötungserlaubnis abgewandelt wird, mit dazu beigetragen, daß – wie Ortega y Gasset sich mildernd ausdrückt – ‚zum guten Jäger eine Unruhe des Gewissens angesichts des Todes, den er dem bezaubernden Tier bringe, gehöre' (57). Der Jäger macht sich schuldig, und er lebt in dieser Schuld, mag er sie noch so verdrängen und leugnen. Und wenn der Jäger Gracchus dem Bürgermeister gegenüber betont, er sei nicht schuld daran, daß er steuerlos über die öden Gewässer treibe, ist darin nicht ein stilles Einbekenntnis mitzuhören, daß er Schuld am Tod habe, am Tod der erlegten Tiere, den er mit dem eigenen Tod bezahlte?

Es ist ein alter Topos des Meinens, daß der Jagende selbst zugleich der Gejagte, daß das strebende Begehren seinerseits getrieben sei (Vgl. S. Freud 1972, XIII und J. Lacan, 1980, II). Und noch bevor die schicksalhaften Verstrickungen zur Kunst der Tragödie erhoben waren, schilderten griechische Mythen jene gewaltige, schreckliche Umkehrung, in welcher der Jäger selbst zum Gejagten wird: *Aktaion*, *Narzissos*, *Orion* …

In der Geschichte Orions allerdings deutet sich eine merkwürdige Läuterung des Jagens und Gejagtwerdens an.

Er machte sich auf zur Insel Chios, da er sich um Merope, eine Tochter des Dionysos-Sohnes Oinopione, bewarb. Der Vater verspricht sie ihm, wenn er zuvor die Insel von gefährlichen wilden Tiere befreie. Jeden Abend bringt Orion ihm die Felle der erlegten Tiere, doch Oinopione verweigert ihm die Tochter. Schließlich betrinkt sich Orion mit Wein und verführt Merope, worauf Dionysos ihn in den Schlaf berauschte, Oinopione ihn blendete und an die Meeresküste werfen ließ. Ein Orakel verkündete Orion, er werde sein Augenlicht wiedergewinnen, wenn er sich Helios zuwende. Einen Knaben als Führer auf seinen Schultern, gelangt er an die Grenze des Okeanos, wo ihm Helios des Augenlicht zurückgibt und dessen Schwester Eos sich mit ihm in Liebe vereint. Als ob er noch in einem Rausch befangen wäre, schläft er mit ihr auf der heiligen Insel Delos und zieht sich damit den Zorn Apollons auf sich, der einen großen Skorpion auf ihn hetzt. Dem entkam Orion zwar immer wieder, nicht aber den Pfeilen der Artemis. – Orion, als Sternbild ebenso tot wie ewig daseiend, begleitet vom Hundsstern Sirius, die Pleijaden verfolgend und verfolgt vom Skorpion, ist schließlich Teil jener reinen Bewegung der Jahreszeiten geworden, an deren ‚Jagdzyklus' alles Tun der Lebenden sich orientiert (Hesiod, Erga 1970, 609) – Teil einer *reinen Abfolge* und des Nacheinanders einer Weltordnung, die sich in der Unterwelt zugleich als ein zielloses, irrsinniges Schattenspiel reflektiert: Odysseus gewahrte dort den ‚ungeheuren Orion, wie er wilde Tiere zusammentrieb auf der Asphodeloswiese, die er selbst auf einsamen Bergen getötet hatte, und er hielt eine Keule in den Händen, ganz von Erz, unzerbrechlich immer' (Homer, Od. XI,570).

Was wird in dieser Geschichte dargestellt? – Jean-Pierrre Vernant (1995, 17 f.) schildert an der Gestalt der Jagdgöttin Artemis die ständig gefährdete Situation des Jägers: indem dieser wilde Tiere verfolge und töte, rücke er vor in eine Wildnis, in welcher er Gefahr läuft, selber zu verwildern und bestialisch zu werden. – Und scheint uns der ‚Schwarzwald' nicht *mehr* Wildnis als selbst die Wälder in der Umgebung Thebens? – Artemis, so Vernant, wache über die Grenze zwischen Kultiviertheit und Wildheit, deren äußerste Verletzlichkeit ständig durch die Jagd unterstrichen werde: „Elle fait en sorte qu'entre le sauvage et le civilisé les frontières soient en quelque façon perméables, puisque la chasse nous fait passer de l'un à l'autre, mais qu'elles restent en même temps parfaitement distinctes" (18). – Ständig diese Grenzen verletzend, steigt Orion doch zugleich *empor:* erst dem Wild, dann dem Weib, schließlich dem Licht nachjagend, bis er eingegliedert wird in eine ewige Weltordnung der *Folge*, in welcher zugleich irrsinnigerweise ein allgemeiner *Schuld*zusammenhang herrscht, dem kein Sterblicher zu entrinnen vermag. Und gleichwohl scheint doch der Aufstieg motiviert zu sein vom Begehren nach Erlösung. – Waren nicht in diesem Sinne auch die Gracchen, die soziale Gerechtigkeit erstrebten, ‚Jäger'? So wie nach Platon der Philosoph ein Jäger ist, welcher dem Verstehen und der Weisheit nachjage; so wie Ortega y Gasset von sich sagte, er habe Jagd auf die Jagd gemacht (89). Wer aber außer dem ‚Tragiker' gestünde sich ein, daß kein Jagen nach welchem Gut auch immer ohne Verletzungen und Brutalisierungen möglich ist?

Kafkas Jäger Gracchus erzählt dem Bürgermeister, daß er tödlich von einem Felsen gestürzt sei, als er eine Gemse verfolgt hätte. Ein simpler Absturz nach einem Aufstieg, und das hat nichts mehr mit dem doppelten Geschick Orions zu tun, der die Jagd einerseits am Himmel, andrerseits in der Unterwelt fortsetzen wird. Für den Jäger Gracchus ist mit seinem Sturz die Jagd ein für allemal zu Ende. – Läßt sich verstehen, was hier abgebrochen ist?

Plinius hatte in seiner *Naturkunde* (1976, LXXIX,213) die Gemse (rubicapra; wobei ‚rubicundus = feurigrot') als die wilde Spielart der

Ziege bestimmt, deren Schnelligkeit und Geschicklichkeit im Springen bewundernswert und deren heißer Atem auffallend sei. Und noch Conrad Gesner beschreibt in seinem *Thierbuch* von 1669 (1983, 140) nicht nur, daß die Gemse, wenn man ihr nachjage, von einem zum anderen Felsen springe bis zur allerhöchsten Spitze, von der sie sich eher herabstürze als umkehre; er bemerkt auch, sie habe wie die zahme Geiß ein scharfes Gesicht und rote Augen. Man brachte sie bekanntlich mit dem Teufel in Verbindung.

Schon in der Antike galt die Ziege, im Gegensatz zum zahmen Schaf, als ungestüm, frech, wild, böse (agrios), zugleich als überaus klug. Die Wildheit der Gemse aber entzieht sich noch der Widersetzung gegen die Zähmung. Ihr folgt der Jäger in die stets menschenferneren Höhen der Wildnis, ins Unkultivierte und ‚Gottlose' schlechthin ... in den Tod, der von keinem Gott, keiner Göttin mehr bewirkt ist. Doch noch nicht ganz sind alle Spuren zum Ungeheuerlichen und zum kultischen Umgang mit diesem getilgt: zur *Chimäre* (chimaira = die weibliche Ziege) und zur *Tragödie* (tragos = der Ziegenbock)

Wie ungezähmt und hemmungslos auch die Ziege und wie urwüchsig natürlich auch die Gemse gelten mochten: im Gegensatz zur Chimaira präsentieren sie sich als eindeutig bestimmbare, *reine* Gestalten. Die Chimaira aber ist jenes ungeheuerliche, feuerspeiende, Menschen hinraffende *Misch*wesen, welches das Moment hemmungsloser, unzähmbarer Wildheit (der Ziege) mit der grausamen, aber beschränkten Wildheit (des ‚gewalttätigen' Löwen und der ‚hinterhältigen' Schlange) zu einer maßlos ausschweifenden und alles verwüstenden Wildheit verschmelzt. Nur ein *Heros* vermochte sie zu töten, und doch geistert sie weiter umher als sinnwidriges Trugbild und Traumgebilde, als Hirngespinst und Phantasma und narrt die Vernunft – auch oder gerade die Vernunft des siegreichen Helden Bellerephon, der später auf dem geflügelten Roß Pegasos den Olymp zu erreichen suchte und auf Geheiß von Zeus zur Erde zurückgeworfen wurde, wo er verkrüppelt weiterzuleben hatte.

Jagt der Jäger Gracchus noch einer Chimäre nach? Die Gemse, die sich dem Jäger zu entziehen sucht, scheint vielmehr eine Wildheit jenseits alles Wilden zu sein, welche alles überschreiten und jede Transzendenz zurück auf sich selbst verweist, zurück ins diesseitig *Irdische.* Jagt der Jäger Gracchus dem ‚Nichts' nach, um in die Unfähigkeit, *ganz* zu leben und *ganz* zu sterben, zurückgeworfen zu werden? Ist das seine Tragik?

Der Jäger Gracchus, so erzählt Kafka, stürzt, verblutet, streckt sich fröhlich auf die Pritsche in der Barke, die ihn ins Jenseits tragen sollte, und er berichtet dem Bürgermeister, niemals hätten die Berge von ihm solche *Gesänge* gehört wie nun diese Bootswände. – Klingen darin nicht ferne und fremd gewordene Spuren des ‚Bocksgesangs' (trag-oidia) an? – Als sei sein Aufstieg und Sturz inszeniert im Rahmen einer dionysischen Kulthandlung, in welcher es um ein Überschreiten durch Steigerungen, um Über-Treibungen geht.

Anders als gängige Vorstellungen nahelegen, geht es im Dionysischen ganz sicher nicht um die Wiederkehr einer durch Triebverzichte verdrängten animalischen Wildheit, die sich im Rausch, im Exzeß, in Orgien enthemme und ausschweife. Noch geht es wie in den Satyrspielen, die man im Anschluß an die Tragödien aufgeführt hatte, um trunksüchtige, lüsterne, grobschlächtige Gestalten, die zum Inbegriff des Unsittlichen, Unzivilisierten, Unkultivierten wurden. Dionysos wurde vielmehr als Kulturbringer im ausgezeichneten Sinne gefeiert. In solchen kulturellen Erzeugnissen wie Wein und Tanz, Opferriten und Dichtung, Gesang und Aufführungen zeigt sich vielmehr *eine dem Kulturellen überhaupt eigene Wildheit*, vor der nicht nur Platon so erschrak. Wenn dabei die gesetzten Grenzen zwischen Gott, Mensch und Tier, zwischen Männlichem und Weiblichem, Werk und Zerstörung, Erleiden wie Zufügen von Lust wie von Schmerz, zwischen Raserei und Verklärung überschritten wurden, dann nicht, um sie zu verwischen und zu nivellieren, sondern um jede Position mit Macht durch Gegenpositionen durchdringen und über sich hinaustreiben zu lassen, um die steril gewordenen Ordnungen des nur Auseinandergesetzten zu durchbrechen. Mögen die Satyrn in Gefolge des Dionysos, so wie er selbst bezüglich des Pan, auch noch auf bestimmte Wald- und Quellgottheiten zurückverweisen; mögen die mit Attributen des Ziegenbocks maskierten Chormitglieder, welche die Opferung des Tieres mit Gesängen und Tänzen begleiteten, noch auf ländliche Hirtenkulturen verweisen (Aristoteles, 1961, 4): die Spuren der Herkunft werden belanglos angesichts eines Gottes, der – manchmal selbst in Gestalt des zu opfernden Ziegenbocks – unter den Gesängen und Tänzen der Totenklage getötet und zerstückelt wird, um wieder zum Leben, zum ‚Jenseits im Diesseits', aufzuerstehen. – Hatte der Jäger Gracchus nicht Ähnliches erwartet?

Doch anstatt vom Medium des Wassers auch nur *hinüber* getragen zu werden, wird er nun end- und ziellos umhergetrieben. Anstatt aus einem übertriebenen Sterben in ein übertriebenes Aufleben gejagt zu werden, bleibt der Jäger Gracchus in einem ‚öden Gewässer' zwischen Leben und Tod stecken. Und dem Bürgermeister von Riva klagt er: „Mein Todeskahn verfehlte die Fahrt, eine falsche Drehung des

Steuers, ein Augenblick der Unaufmerksamkeit des Führers, eine Ablenkung durch meine wunderschöne Heimat, ich weiß nicht, was es war, nur das weiß ich, daß ich auf der Erde blieb und daß mein Kahn seither die irdischen Gewässer befährt. So reise ich, der nur in seinen Bergen leben wollte, nach meinem Tode durch alle Länder der Erde" (Kafka, 77). – Ob er denn keinen Teil am Jenseits habe? Der Jäger Gracchus antwortete, immer in Bewegung treibe er sich auf der großen Freitreppe herum, die hinaufführe. Aus ihm, dem Jäger, sei ein Schmetterling geworden. Und wenn er den größten Aufschwung nehme und oben das Tor schon leuchte, erwache er in seinem alten Kahn, der öde in irgendeinem Gewässer stecke. „Der Grundfehler meines einstmaligen Sterbens umgrinst mich in meiner Kajüte" (78). So liege er seit damals, als er abstürzte. Dabei sei alles zunächst der Ordnung nach gegangen: der Sturz, das Verbluten in der Schlucht, er war tot, und diese Barke sollte ihn ins Jenseits tragen. Er habe gerne gelebt und sei gerne gestorben, ja glücklich, und wie in ein Hochzeitskleid wäre er in das Totenhemd geschlüpft. Doch dann geschah das Unglück. Seine Schuld sei es nicht gewesen, sondern die des Bootsmanns. Aber niemand werde lesen, was er hier schreibe, und keiner werde ihm helfen können. Auf die Frage des Bürgermeisters, ob er nun in Riva zu bleiben gedenke, erwiderte der Jäger, er sei hier, mehr wisse er nicht, mehr könne er nicht tun: „Mein Kahn ist ohne Steuer, er fährt mit dem Wind, der in den untersten Regionen des Todes bläst" (79).

Der Jäger Gracchus wurde von keinem Gott mehr seines hybriden Aufstiegs wegen gejagt und getötet, um unten als ein irrer Schatten zu geistern und oben als Sternbild mit klarem Fahrtauftrag zu gleiten. Noch wurde er – wie die Gracchen – mit der niedrigen Absicht gejagt und erschlagen, den Weg zu mehr Gerechtigkeit abzuschneiden, doch mit der Wirkung, daß deren Ideale weiterleben. Wohl glaubte er selbst von der Höhe der Jagd in die Unterwelt zu stürzen, um zur Überwelt aufzusteigen. Aber wie der Berufsjäger, der nur seine Arbeit des Tötens verrichtet, geriet er auf die Fläche zwischen beiden, auf eine *oberflächliche Mitte,* die ihn trägt, aber nicht überträgt.

Aus ihm unbegreiflichen Gründen hörte sein Sterben auf, ein Geschehnis zu sein, das auf etwas hin geschieht und endet, sei es dort, wo eine andere Daseinsweise beginnen kann, sei es im Nichts. Als Lebloser und Untoter zugleich wird er nicht einmal mehr gejagt und verjagt, und anstatt wenigstens leicht geworden zu sein – wenn schon nicht als himmlisch-ätherischer, klangvoller Lichtkörper, so doch wenigstens als Hauch und Schatten –, bleibt der Jäger Gracchus seinem schweren, *gewichtigen* Leib verhaftet, den er selber nicht mehr fortbewegen kann, der in seiner Lage verharrt und getragen werden muß, zu schwach und zu bleiern, um sich aufschwingen zu können, das Tor zum Jenseits zu erreichen: ein ewig kranker, un-sterblicher, zum Sterben unfähiger Leib, der nicht mehr zu verwesen und zu Staub zu werden vermag. Der Schmetterling – *psyche* –, als den er sich noch zu sehen versuchte, ist längst nicht mehr die gelungene Metamorphose eines Erdenwurms, dessen Puppenhülle zu Staub verwehen wird: ohne Auftrieb torkelt er umher. Wäre nicht dies sein *richtiges Sterben* gewesen: ein irdischer Leib, der sich als Hülle erweist und auflöst, damit er als ein himmlischer, beflügelter Seelenleib wiederersteht?

Die Geschichte des Jägers Gracchus hat kein Ende mehr und somit auch keine Aussicht, erneut beginnen zu können. Etwas Unbegreifliches hat sich ereignet, der Grundfehler seines Sterbens: er hat seinen *Tod verfehlt* – sei es als Ende, sei es als Übergang. Dieses Enden selbst hört nicht mehr auf.

Liegt darin der Grund, warum die ‚Berufsjäger' unseres Zeitalters nicht mehr aufhören können, durch endloses Töten und endloses Am-Leben-Erhalten einer Chimäre der Entschiedenheit nachzujagen: dem entschiedenen Gegensatz von Leben und Tod? Gibt es schon kein Jenseits mehr, dann soll nur Diesseits und sonst Nichts sein …

2 Gevatter Tod

2.1 ‚Es ist aus mit dir'

So wird der Tod seinem Patenkind verkünden. – In diesem Märchen geht es nicht um den Tod als Abschied, nicht um die Trennung geisternder Schatten oder unsterblicher Seelen oder energetischer Flüsse von einem vergänglichen Leib, der sich allgemein in Staub oder Rauch oder andere Elemente auflösen wird. Es geht nicht um das Überschreiten einer Schwelle, nicht um den Aufbruch zu einer Reise in eine andere Welt oder zurück in diese. Der Tod ist hier kein Einschlafen zu einem späteren Erwachen, und wenn er noch in einer verschwindenden Spur als Einlösung einer untilgbaren Schuld verstanden wird, so doch im Gestus einer Verwerfung erhoffter Erlösung oder befürchteter Verdammnis. Der Tod in diesem Märchen steht schlechthin für das Ende, und zwar auch für das Ende der Erzählung über ihn. Mit dem Tod des Protagonisten verstummt die Geschichte.

Gewiß, dieses Märchen versammelt noch die verschiedensten mythischen Fragmente, wenn auch zu einer seltsam abgewandelten Montage – aber nur, um den großen, diskurslosen Mythos der Moderne zur Geltung zu bringen: mit dem Tod sei alles aus. Es ist, als suchte man im passagenlosen Nichts des Todes eine letzte Gewißheit – die letzte große Glaubensgewißheit angesichts des langen, des zu langen Wartens auf die Wiederauferstehung des toten Gottes. Nachträglich kann man vielleicht sagen, daß die mythischen Kulte und Erzählungen immer schon von einem ‚Nichts' lebten, das seine Vergänglichkeit schon hinter sich habe, indem jene Mythen den Tod mit Vorstellungen maskierten, die alle Grenzen zu überschreiten schienen, und die doch nur vor sie zurückfielen. Aber kein früheres Zeitalter redete kompromißloser, entschiedener, gewaltsamer vom Tod als Ende, von jenem spurlosen Verschwinden, in welches auch jede aufschiebende Erinnerung an Vergangenes gerissen werde, so daß einst nichts gewesen sein wird. Diese Endgültigkeit des Todes, der man sich scheinbar illusionslos stellt, tilgt – mit der möglichen Wiederkehr eines Anfangs – jeden Beginn. Und das ‚Es war einmal' des Märchens klingt wie eine letzte Ironie

2.2 Das Märchen

„Es hatte ein armer Mann zwölf Kinder und mußte Tag und Nacht arbeiten, damit er ihnen nur Brot geben konnte. Als nun das dreizehnte zur Welt kam, wußte er sich in seiner Not nicht zu helfen, lief hinaus auf die große Landstraße und wollte den ersten, der ihm begegnete, zu Gevatter bitten. Der erste, der ihm begegnete, das war der liebe Gott, der wußte schon, was er auf dem Herzen hatte, und sprach zu ihm: ‚Armer Mann, du dauerst mich, ich will dein Kind aus der Taufe heben, will für es sorgen und es glücklich machen auf Erden.' Der Mann sprach: ‚Wer bist du?' – ‚Ich bin der liebe Gott.' – ‚So begehr ich dich nicht zu Gevatter', sagte der Mann, ‚du gibst dem Reichen und lässest den Armen hungern.' Das sprach der Mann, weil er nicht wußte, wie weislich Gott Reichtum und Armut verteilt. Also wendete er sich von dem Herrn und ging weiter. Da trat der Teufel zu ihm und sprach: ‚Was suchst du? Willst du mich zum Paten deines Kindes nehmen, so will ich ihm Gold die Hülle und Fülle und alle Lust der Welt dazu geben.' Der Mann fragte: ‚Wer bist du?' - ‚Ich bin der Teufel.' - ‚So begehr ich dich nicht zum Gevatter', sprach der Mann, ‚du betrügst und verführst die Menschen.' Er ging weiter, da kam der dürrbeinige Tod auf ihn zugeschritten und sprach: ‚Nimm mich zu Gevatter.' Der Mann fragte: ‚Wer bist du?' - ‚Ich bin der Tod, der alle gleich macht.' Da sprach der Mann: ‚Du bist der Rechte, du holst den Reichen wie den Armen ohne Unterschied, du sollst mein Gevattersmann sein.' Der Tod antwortete. ‚Ich will dein Kind reich und berühmt machen, denn wer mich zum Freunde hat, dem kann's nicht fehlen.' Der Mann sprach: ‚Künftigen Sonntag ist die Taufe, da stelle dich zu rechter Zeit ein.' Der Tod erschien, wie er versprochen hatte, und stand ganz ordentlich Gevatter.

Als der Knabe zu Jahren gekommen war, trat zu einer Zeit der Pate ein und hieß ihn mitgehen. Er führte ihn hinaus in den Wald, zeigte ihm ein Kraut, das da wuchs, und sprach: ‚Jetzt sollst du dein Patengeschenk empfangen. Ich mache dich zu einem berühmten Arzt. Wenn du zu einem Kranken gerufen wirst, so will ich dir jedesmal erscheinen: steh ich zu Häupten des Kranken, so kannst du keck sprechen, du wolltest ihn wieder gesund machen, und gibst du ihm dann von jenem Kraut ein, so wird er genesen; steh ich aber zu Füßen des Kranken, so ist er mein, und du mußt sagen, alle Hilfe sei umsonst und kein Arzt in der Welt könne ihn retten. Aber hüte dich, daß du das Kraut nicht gegen meinen Willen gebrauchst, es könnte dir schlimm ergehen.'

Es dauerte nicht lange, so war der Jüngling der berühmteste Arzt auf der ganzen Welt. ‚Er braucht nur den Kranken anzusehen, so weiß er schon, wie es steht, ob er wieder gesund wird oder ob er sterben muß', so hieß es von ihm, und weit und breit kamen die Leute herbei, holten ihn zu den Kranken und gaben ihm so viel Gold, daß er bald ein reicher Mann war. Nun trug es sich zu, daß der König erkrankte: der Arzt ward berufen und sollte sagen, ob Genesung möglich wäre. Wie er aber zu dem Bette trat, so stand der Tod zu den Füßen des Kranken, und da war für ihn kein Kraut mehr gewachsen. Wenn ich doch einmal den Tod überlisten könnte, dachte der Arzt, er wird's freilich übelnehmen, aber da ich sein Pate bin, so drückt er wohl ein Auge zu: ich will's wagen. Er faßte also den Kranken und legte ihn verkehrt, so daß der Tod zu Häupten desselben zu stehen kam. Dann gab er ihm von dem Kraute ein, und der König erholte sich und ward wieder gesund. Der Tod aber kam zu dem Arzte, machte ein böses und finsteres Gesicht, drohte mit dem Finger und sagte: ‚Du hast mich hinter das Licht geführt: diesmal will ich dir's nachsehen, weil du mein Pate bist; aber wagst du das noch einmal, so geht dir's an den Kragen, und ich nehme dich selbst mit fort.'

Bald hernach fiel die Tochter des Königs in eine schwere Krankheit. Sie war sein einziges Kind, er weinte Tag und Nacht, daß ihm die Augen erblindeten, und ließ bekanntmachen, wer sie vom Tode errettete, der sollte ihr Gemahl werden und die Krone erben. Der Arzt, als er zu dem Bett der Kranken kam, erblickte den Tod zu ihren Füßen. Er hätte sich der Warnung seines Paten erinnern sollen, aber die große Schönheit der Königstochter und das Glück, ihr Gemahl zu werden, betörten ihn so, daß er alle Gedanken in den Wind schlug. Er sah nicht, daß der Tod ihm zornige Blicke zuwarf, die Hand in die Höhe hob und mit der dürren Faust drohte; er hob die Kranke auf und legte ihr Haupt dahin, wo die Füße gelegen hatten. Dann gab er ihr das Kraut ein, und alsbald röteten sich ihre Wangen, und das Leben regte sich von neuem.

Der Tod, als er sich zum zweitenmal um sein Eigentum betrogen sah, ging mit langen Schritten auf den Arzt zu und sprach: ‚Es ist aus mit dir, und die Reihe kommt nun an dich', packte ihn mit seiner eiskalten Hand so hart, daß er nicht widerstehen konnte, und führte ihn in eine unterirdische Höhle. Da sah er, wie tausend und tausend Lichter in unübersehbaren Reihen brannten, einige groß, andere halbgroß, andere klein. Jeden Augenblick verloschen einige, und andere brannten wieder auf, also daß die Flämmchen in beständigem Wechsel hin und her zu hüpfen schienen. ‚Siehst du', sprach der Tod, ‚das sind die Lebenslichter der Menschen. Die großen gehören Kindern, die halbgroßen Eheleuten in ihren besten Jahren, die kleinen gehören Greisen. Doch auch

Kinder und junge Leute haben oft nur ein kleines Lichtchen.' – ,Zeige mir mein Lebenslicht', sagte der Arzt und meinte, es wäre noch recht groß. Der Tod deutete auf ein kleines Endchen, das eben auszugehen drohte, und sagte: ,Siehst du, da ist es.' – ,Ach, lieber Pate', sagte der erschrockene Arzt, ,zündet mir ein neues an, tut mir's zuliebe, damit ich meines Lebens genießen kann, König werde und Gemahl der schönen Königstochter.' - ,Ich kann nicht', antwortete der Tod, ,erst muß eins verlöschen, eh ein neues anbrennt.' - ,So setzt das alte auf ein neues, das gleich fortbrennt, wenn jenes zu Ende ist', bat der Arzt. Der Tod stellte sich, als ob er seinen Wunsch erfüllen wollte, langte ein frisches großes Licht herbei: aber weil er sich rächen wollte, versah er's beim Umstekken absichtlich, und das Stückchen fiel um und verlosch. Alsbald sank der Arzt zu Boden und war nun selbst in die Hand des Todes geraten."

2.3 Montage

Anders als die Brüder Grimm gerne glauben machen wollten, entstammen die von ihnen gesammelten Märchen nicht einem namenlosen, raunenden Geist des einfachen Volkes. Sie wurden ihnen zumeist von Frauen eines literarisch und fremdsprachig gebildeten Bürgertums erzählt (Rölleke, 2000, 10 f.). Nun versuchte man dasjenige, was die Romantik unter dem Titel *Märchen* zusammenfaßte, abzugrenzen gegenüber Sage und Legende, Fabel und Parabel und durch Merkmale zu bestimmen wie die Selbstverständlichkeit des Wunderbaren oder die Wunscherfüllung durch prüfende Bewährungen hindurch. Angesichts ihrer Artenvielfalt scheint mir jedoch eines besonders bedeutsam: Die Märchen sind von keiner Treueverpflichtung beherrscht, weder gegenüber den Erzählfiguren einer ehrwürdigen Überlieferung, gar gegenüber deren schulmäßigen Gattungen, noch gegenüber einzelnen Urhebern und ihren Schriftwerken. Ohne sich rechtfertigen zu müssen, kann jeder Erzähler in die geschilderten Geschehnisse eingreifen und sie abwandeln – mag das auch nicht sehr oft und wohl selten sehr radikal geschehen. *Gevatter Tod* endete in der ersten Ausgabe von 1812 nur mit der Warnung des Todes ,Hüte dich!', während in der zweiten Ausgabe von 1819 das Motiv des umstürzenden Lebenslichts einfach der Schrift eines Zeitgenossen der Brüder Grimm entnommen wurde. In der nachrevolutionären Epoche der Restauration schien ihnen offensichtlich der Affront gegenüber Gott, der sich als Gevatter anbot und abgelehnt wird, derart heftig, daß dieser Affront 1819 mit dem Kommentar abgeschwächt wurde, der Mann habe nicht gewußt, wie weislich Gott Reichtum und Armut verteile. (1845 im *Deutsches Märchenbuch* von Ludwig Bechstein (1996, 135), ist es dann nicht mehr der Arme, der sich von Gott abwendet, sondern Gott verläßt ihn!) – Bleiben wir noch einen Augenblick im Umkreis dieses Motivs

Die wohl einflußreichste Vorlage ist das um 1600 entstandene Fastnachtspiel *Der Bauer mit seim Gefatter Tod* von Jakob Ayrer, in der Nachfolge von Hans Sachs. Der Bauer sucht für seinen eben geborenen ersten Sohn einen Gevatter, und als sich ihm Jesus anbietet, weist er ihn mit den Worten zurück: „Nein, auff mein Seel, ich mag dich nit, Dann du handelst so gar ungleich, Du machst ein arm, den andern reich" (1865, 2469). Dieses – zumindest scheinbar – sozialkritische Motiv konnte später einfach verkehrt werden. Bubenheimer (1982, 82) zitiert aus einer Osterpredigt von Andreas Strobl, 1695, wonach der Bauer Gott mit den Worten der Bescheidenheit ablehnt, er sei ein sündiger Mensch und Gottes nicht würdig. Das konnte durchaus an die von Ayrer dargestellte Unwürdigkeit anknüpfen, denn der Bauer weist auch den Teufel mit dem Argument zurück, er mache ihn nicht schnell genug reich, wogegen er den Tod als Gevatter annimmt, als dieser ihm anbietet, einen reichen Arzt aus ihm zu machen, der allein den Tod am Krankenbett zu sehen vermag: stünd er zu Füßen des Kranken, müsse dieser sterben, sähe er ihn zu Haupten, könne er ihn – ohne Kräuter und Salben – mit Apfelkernen und einem Stück Brot gesund machen. – Nach wenig Zeit kommt der Tod den Bauern holen – mit einer ähnlich zwiespältigen Begründung wie in Grimms Märchen: einerseits scheint die Entscheidung in der Macht des Todes zu liegen – er wolle mit dem Stolz und dem Hochmut des Bauern abrechnen und ihn holen –, andrerseits vollzieht er nur den Willen Gottes, der jedem seine Zeit gesetzt habe. Er, der Tod, sei nur ein Durchgang zu des ewigen Lebens Anfang (2489).

Über dieses Stück von Ayrer hinaus verweisen die Märchenforscher auf die Erzählung eines isländischen Bischoffs namens Jón Halldorsson *Der Königsohn und der Tod*, die fast dreihundert Jahre früher niedergeschrieben worden sei (Bubenheimer 1982, 83; Hark, 1986, 68; Rölleke, 2000, 10). Ein König sucht einen weisen Lehrer für seinen Sohn und erwählt den Tod, der dem Sohn im Wald das Schweigen lehrt. Als Lohn dafür erhält dieser die Gabe, Kranke heilen zu können, wenn er den Tod am Fußende stehen sehe. Ein Vogel saugt dann die Krankheit weg und läßt sie von der Sonne verbrennen. – Evidenterweise handelt es sich hier nicht um ein Motiv aus der christlichen Dogmatik, in welcher der Tod auch dann als der ‚grimmige‘ gilt, der zu überwinden sei, wenn er als Passage zum Himmelreich angesehen wird (Hans Sachs, 1953, 223). Das Motiv weist, wie mir scheint, zurück auf die Antike, etwa auf den Mythenkreis um den tötenden und heilenden Gott Apollon und seinen Arzt Asklepios. Gleichzeitig war der Gedanke des Todes als Freund im 18. Jahrhundert neu verstanden worden. Matthias Claudius widmete die Gesamtausgabe des *Wandsbecker Bothen* 1775 dem ‚Freund Hain‘, der als Knochenmann mit der Sense im Titel abgebildet wurde (1990, 14). Er ist nicht mehr der Erlöser vom irdischen Elend, sondern der Freund, der uns zur letzten Ruhe geleitet. Im Unterschied zu den ‚Jederman‘-Stücken, wie sie sich im 17. Jahrhundert verbreiteten, sind es nicht einzig die eigenen guten Werke, die den von allen Freunden verlassenen Sterbenden begleiten, sondern die Person des Todes ist es, die als Freund uns nicht allein und einsam verenden läßt.

Mit diesen Andeutungen möchte ich sagen, daß ich Märchen nicht für archaische Gebilde halte, die ihre mythische Bedeutsamkeit eingebüßt hätten, sondern für Anzeichen einer Moderne, deren Eigenart in der Montage, nicht im Stil, liegt. Bedeutsame Topoi wie die Taufe, der heilkundige Totengott, der Psychopompos, der Todesengel, die Mysteriengrotte, die Lebenslichter – sie haben sich zu zitierbaren Archaismen erst verdichtet, um das Spiel der Verschiebungen zu ermöglichen. Eine ständig *um*schreibbare Montage ermöglicht, sich den Einflüssen der Zeit, in welcher sie erstellt wird, zu öffnen und sich, wie hier, zu einer völlig neuen Grundaussage über den Tod und die Rolle des Arztes zu fügen.

Ich werde im Folgenden den Spuren nachgehen, welche diese Montage ermöglichten. Es geht mir dabei nicht um den Versuch einer philologisch-historischen Rekonstruktion von Einflüssen, sondern um Bedeutungsfragmente, die in der Montage ihre Heterogenität bewahren.

2.4 Der Dreizehnte

Das Märchen begann mit den Worten: „Es hatte ein armer Mann zwölf Kinder und mußte Tag und Nacht arbeiten, damit er ihnen nur Brot geben konnte. Als nun das dreizehnte zur Welt kam, wußte er sich in seiner Not nicht zu helfen, lief hinaus auf die große Landstraße und wollte den ersten, der ihm begegnete, zu Gevatter bitten.“

Mit dem zwölften Kind scheint der Mangel die Grenze des Ertragbaren erreicht zu haben. Das Maß ist voll. Mit dem dreizehnten Kind aber ist das Maß überschrittten. Armut schlägt um in Not und Elend mit Tod am Horizont.

Anstatt daß sich, wie in so vielen Fällen, mit dem Zwölften ein Zyklus vollendet, um ihn wieder zu beginnen, hat es nun *dreizehn* geschlagen.

Bereits die Zahl Zwölf spiegelt in diesem Märchen keine vollkommenen himmlischen und irdischen Verhältnisse mehr ineinander, sondern nur noch den Schatten, den ihr Fehlen wirft. Fern sind die zwölf Monde und Tierkreiszeichen sowie deren Spiegelung in den Stunden des Tages oder der Nacht. Fern auch die zwölf Propheten, Stämme Israels oder Apostel Christi, hinten denen bereits die zwölf olympischen Götter verschwunden sind. Und wer denkt hier noch an die zwölf Könige eines Reiches, an die zwölf Schöffen eines Gerichts, an die zwölf heroischen Arbeiten eines Herakles? – Die Zahl des Heils und der Erfüllung sank hier zurück zur Zahl des Mangels.

Doch mit dem dreizehnten Kind ist selbst das Maß des Mangels überschritten. Aber ist damit die Wende zur Not gemeint oder die Wende zum Glück oder die Wende zum Tod?

Schon seit langem sprach man von einer göttlichen, einer glückenden Überschreitung der Zwölf: die Sonne, die einzige Gottheit, Jesus von Nazareth, der Richter, selbst die die Erlösung bringende Schwester der zwölf in Tiere verhexten Brüder – sie waren jenes Dreizehnte, welches die Zwölf Einzelnen allererst zur Einheit umfaßte, vollendete und führte.

In der babylonischen Zeitrechnung mußte bekanntlich nach einigen Jahren ein dreizehnter Monat dazwischengeschaltet werden, damit Jahreszeiten und Mondphasen wieder in ein gerades, *harmonisches* Verhältnis gelangten. Dieser überschreitenden Dreizehn wurde ein eigenes Haus im Horoskop errichtet, welches *Rabe* genannt wurde. (Endres/Schimmel, 223). Und der Rabe konnte als Bote eines Gottes, eines Heils oder als Bote von Unheil und Tod aufgefaßt werden.

Das Dreizehnte übernimmt also eine er-*gänzende* Funktion, ohne welche die Zwölf nur eine Menge, eine Summe von Einzelheiten bliebe: zwölf und eins – das heißt: *zwölf als eins*. Doch diese Überschreitung zum Ganzen kann ein trügerischer Schein sein. Anstatt zur sym-bolischen Einheit zu führen, kann eine selbst überhebliche Anmaßung des Dreizehnten eine dia-bolische Entzweiung auslösen. Der dreizehnte Platz am Tisch eines Gastmahls kann dem Messias freigehalten sein. Wer sich daher selbst an dessen Stelle setzt, begeht einen Frevel und weiht sich und die Gemeinschaft einem unheilvollen Untergang. Dieser

Dreizehnte gehört zur Zahl der höllischen Dämonen. So stempelte man den vermeintlichen Verräter Judas Ischariot nachträglich noch zum dreizehnten Jünger; in *Dornröschen* ist die dreizehnte der weisen Frauen die böse Hexe; in *Marienkind* wird dieses aus dem Himmel verstoßen, weil es gewagt hatte, die verbotene dreizehnte Kammer zu öffnen, in welcher es die dreifaltige Gottheit erblickte …

Das Dreizehnte wird im Augenblick der Unentschiedenheit, ob es Ergänzung oder Zerfall bedeutet, unheimlich. Dann kann das Offenbaren seines Mysteriums ebenso Heil oder Unheil bringen. Manche Märchen sprechen von dem Verbot, das grausige Geheimnis des dreizehnten Zimmers zu ergründen, *damit* es übertreten wird und Tod sich zur Wiederauferstehung wendet. Der *Tod*, die dreizehnte Arkana-Karte im Tarot, bringt diese Zweideutigkeit ins Spiel – und sie nur bleibt im Spiel: in diesem Märchen.

2.5 Patenschaft

Mit *Gevatter* ist schon im Mittelalter das Wort ‚compater', also ‚Mitvater', übersetzt worden. Erst als sich in der Neuzeit das einfache ‚pater, Pate' durchsetzte, nahm ‚Gevatter' auch die Bedeutung von ‚Freund der Familie' an. Anfänglich galt der Pate als ein Bürge für die redliche Absicht derer, die sich christlich taufen lassen wollten. Als Taufzeuge hatte er später die an das Kind gerichteten Abschwörungs- und Bekenntnisfragen zu beantworten, und er hatte für dessen christliche Erziehung zu sorgen. Patengeschenke und die Übernahme von Sorgepflichten, sofern die eigenen Verwandten ihnen nicht nachkommen konnten, tauchten erst Ende des Mittelalters auf. – Nach dem katholischen Kirchenrecht stiftet die Patenschaft eine ‚geistliche Verwandtschaft', die sogar wie die Blutsverwandtschaft die Ehe zwischen Paten und Patenkinder verbot.

Die geistliche Verwandtschaft beruht also zum einen auf einem Bruch gegenüber der natürlichen Abstammung. Nicht der leibliche Vater, aber auch noch nicht eindeutig ein geistiger Vater oder Lehrmeister steht an der Schwelle zum neuen, von Erbsünde rein gewaschenen Leben. Das Geistliche ist gegen das Weltliche und insofern auch gegen das Leibliche abgesetzt, darüber hinaus aber auch gegen das Geistige. Wie noch der Ausdruck ‚Verwandtschaft' andeutet, kommen mit dem ‚Spirituellen' die Geister der verstorbenen Ahnen ins Spiel, die Totenseelen, mit welchen eine Blutsverwandtschaft nur noch ‚vergeistigt' besteht. Die ursprünglichen ‚Mitväter' waren die Toten. – Zwar bricht die Kirche mit dieser Verwandtschaft, indem sie die Ahnen – als Väter der Väter – in zeitgleiche Mitväter abwandelt. Doch der geistliche Mitvater sorgt sich – gänzlich parallel zur leiblich-weltlichen Erziehung durch den Vater – um die Einübung in Glaubenslehre und Kult.

Nichts davon ist in diesem Märchen angedeutet. Es kehrt einerseits zurück zu den Toten als ursprünglichen Mitvätern, wandelt sie aber ab zum – geistigen – Begriff des Todes, der jedem zu Beginn des Lebens schon Pate steht.

2.6 Die Taufe

Es mutet zunächst seltsam an, daß der Arme Gott als Paten ablehnt, gleichwohl an einer Taufe festhält, die doch wohl christlich im Namen des Vater, des Sohnes und des Heiligen Geistes geschieht und Erlösung von der Erbsünde sowie die Aufnahme in die Gemeinde auserwählter Gläubiger vollzieht. Oder rührt das Märchen unwissentlich an alte, verdrängte Spuren, denen zufolge sich die Taufe immer schon um den Tod drehte?

Offensichtlich ist das Wasser der Taufe primär kein Wasser des Lebens. Nicht einmal symbolisch geht es um die Quelle für den Dürstenden oder um die Fruchtbarkeit, die der Regen zu bringen scheint. Und auch die magische Übelabwehr durch Waschung oder die Reinigung des Unreinen, um ein Tabu von ihm zu nehmen, waren kein ursprüngliches Anliegen der Taufe. Sie bilden allenfalls spätere Sinnüberlagerungen. – Ersichtlich spielt die Taufe aber auch nicht auf das Wasser der Toten an: die Gewässer, Flüsse, Meere, durch welche diese auf eine Reise ohne Wiederkehr geschickt wurden. Dagegen taucht an einer bestimmten Schwelle zwischen Leben und Tod gleichsam ein *Wasser des Todes* auf als Gegensatz gegen den Atem des Lebens (Hauch, pneuma, anima): das Ausbleiben der Atmung beim Neugeborenen, nachdem es gleichsam aus dem ‚Wasser' des Mutterleibes aufgetaucht ist, oder auch bei einem Ertrunkenen bedeutet mit Sicherheit deren Tod.

Doch die Taufe bezog sich nicht einfach auf ein mögliches Sterben durch Wasser: sie inszenierte vielmehr eine *Tötung durch Ertränken* und demonstrierte die Gewaltsamkeit des Todes. Unschwer läßt sich im Untertauchen des Täuflings, wie es nicht nur von Johannes praktiziert wurde (Bibellexikon 1996, 296), eine solche Geste des Ertränkens noch erkennen. Und noch die Worte des Paulus (Römer, 6) erinnern sehr direkt an den Zusammenhang von Taufe und gewaltsamem Tod, auch wenn dieser nicht mehr im Ertränken gesehen wird: „Oder wisset ihr nicht, daß alle, die wir in Jesus Christus getauft sind, die sind in seinem Tode getauft. So sind wir ja mit ihm begraben durch die Taufe in den Tod, damit, gleich wie Christus ist aufgeweckt von den Toten durch die Herrlichkeit, also sollen auch wir in einem neuen Leben wandeln." – So wie auch in anderen Mysterienkulten – um Isis oder Mithras, Orpheus oder Demeter und Kore – hat sich das durch ein Zu-Tode-Taufen vollzogene Menschenopfer in eine symbolische Andeutung abgewandelt, und zwar so, daß nun der vormals Geopferte, in einem Durchgang durch den ‚Schlaf' untergetaucht in Dunkelheit und zum Licht wieder auftauchend, an einem ‚neuen Leben' teilnehmen wird. Nicht nur die Tragik des Opfertodes, der Tod schlechthin sollte zu einer Bagatelle herabgesetzt werden.

Diese Umwandlung mochte sich wohl leichter vollzogen haben, weil Menschenopfer durch Ertränken zweifellos nicht von der gleichen schreienden und blutigen Dramatik durchzogen sind wie Tötungen durch Dolche und anderes. Vielleicht hatte man anfänglich nur die Angehörigen eines Verstorbenen ertränkt, um diesem im Zusammenhang mit der Wasserbestattung einen Gefährten mit auf die Totenreise zu geben. Vielleicht hat man menschliche und tierische Erstgeburten durch Ertränken bestimmten Wassergöttern geopfert. Daß man zumal Neugeburten, die man aus welchen Gründen auch immer opfern oder nur beseitigen wollte, ertränkte, ist vielfach überliefert. Und wahrscheinlich ist die Aussetzung des Moseskindes auf dem Nil noch aus solchen Praktiken heraus zu verstehen. Jedenfalls in dem Augenblick, da man Menschenopfer zu verwerfen und zu bekämpfen begann, blieb das Ertränken nur als eine ‚niedre' Tötungsart zurück: der zum Tode verurteilte ‚Täufling', der aus welchem Grund auch immer verflucht und aus der Gemeinschaft ausgestoßen wurde, wird nicht mehr weihevoll dem Geist eines Wassers als Bitt- oder Dankopfer gewidmet, sondern wie ein Hund ertränkt, wobei Wasser nur noch als tödliches Mittel verwendet wird. Die Sitte war so verbreitet, daß man selbst Sintfluten von ihrem Kontext her interpretierte. Tacitus (1957, 17) berichtet über die Germanen, daß sie nur solche, die – etwa durch Feigheit oder durch perverse Gelüste – Schande über andere gebracht hatten, ertränkten. In der Peinlichen Gerichtsordnung Kaiser Karls V. von 1532 (*Carolina*, 87) wird das Ertränken ausdrücklich als die Todesart für Frauen bestimmt, die ihrerseits ihre Neugeborenen ertränkten. Im Gegensatz zu den Spektakeln der öffentlichen Folterungen und Hinrichtungen wollte man offensichtlich durch das Ertränken mit dem Täter auch die Schandtat selbst dem Blick entziehen und vollkommen dem Vergessen preisgeben. Nichts davon sollte wieder auftauchen. Ein restloser Tod.

Die Taufe ist von dem Paradox gezeichnet, daß zum einen nichts an die niedrig gewordene Tötungsart des Ertränkens erinnern darf und zum andern unumgänglich der Tod erinnert werden muß, damit die Auferstehung zu neuem Leben glaubhaft bleibt.

2.7 Thanato-dizee

Dieser Gevatter Tod, der das Leben holt und zugleich neues Leben aus der Taufe hebt, der dann seinem Patenkind die Kenntnis von einem Heilkraut gibt, das gegen ihn selbst und doch nicht gegen ihn gewachsen scheint, und am Ende bemerken wird, erst müsse ein Lebenslicht ausgehen, ehe ein neues entzündet wird – dieser Tod zeigt sich auch moralisch in einem merkwürdigen Zwielicht, als ob die Zurückweisung von Gott und Teufel, von Gut und Böse nur dadurch möglich wurde, daß sich beide in ihm untrennbar vermischten.

Im Märchen wollte der Arme zwar den ersten, der ihm begegnete, zum Gevatter nehmen. Gott aber, der sich als dieser erste anbot, wird zurückgewiesen. Aus trotziger Selbstachtung? Aus rebellischem Gerechtigkeitssinn? Wenn er den nicht zum Gevatter begehre, der den Reichen gebe und den Armen hungern lasse, widerstrebt es da auch seinem Gerechtigkeitsinn, daß sein Sohn sorglos und glücklich leben würde, nähme er Gott zum Paten? Aber gehören denn die versprochenen Gaben des Todes – Reichtum und Ruhm – nicht demselben System der Ungerechtigkeit an? – Es sind Untertöne des Ressentiments und Sozialneides, die nicht zum Schweigen zu bringen sind. – Daß die Brüder Grimm die Zurückweisung Gottes in der zweiten Ausgabe mit der Bemerkung kommentierten, der Mann spräche so, weil er nicht wisse, wie weislich Gott Reichtum und Armut verteile, zeugt um so mehr von pfäffischer Heuchelei, als die erwartete Erklärung, wie weislich diese Verteilung sei, natürlich ebensowenig gegeben wird wie im Buch Hiob. Selbst wenn es sie gäbe: was finge der Arme mit einer höheren Gerechtigkeit Gottes an, die sich ihm so gründlich verbirgt?

Als zweitem begegnete der Arme dem Teufel, der als Pate dem Kind ‚Gold die Hülle und Fülle und alle Lust der Welt dazu‘ schenken würde.

Der Arme aber begehrt ihn nicht zum Gevatter, denn er betrüge und verführe die Menschen.

Liegt das Trügerische etwa in den angebotenen Gaben ‚Gold und Lust'? Ist Gold – in seinem Abglanz einer Sonne, die sich nur in unerreichbaren Fernen mit dieser Erde zu berühren scheint – nicht nur der Name einer endlosen Sucht? Blendwerk für jene, die glauben, sich *alles* damit verschaffen zu können, ohne an einer Differenzierung und Ausbildung ihrer Wünsche arbeiten zu müssen? Zeichen für solche ‚Könige' wie Midas, die so wenig wissen, was sie wollen, daß sie am Gold verdursten und verhungern würden, käme kein Dionysos ihnen zur Hilfe? Die Lust andrerseits – und das haben nicht erst Goethe oder Nietzsche bemerkt –, die Lust an Empfindungen oder Gedanken, Anschauungen oder Einbildungen versenkt sich in eine endlose Gegenwärtigkeit wie die Goldsucht in eine endlose Zukunft. Sind sie nicht beide unfähig zur Endlichkeit und zum Tod?

Die göttlich Sorglosen und Glücklichen oder die dämonisch Süchtigen und Genießenden – sie alle kennen den Tod nicht. Anstatt sterben zu können, wird ihr Leben nur irgendwann abbrechen. So wenigstens predigt das memento mori. Aber suchte der Arme denn den Tod?

Als dritter – und das Dritte gilt als eine Vollendung – begegnet dem Armen der ‚dürrbeinige Tod'. Auch ihn – so wenig wie zuvor Gott und Teufel – erkennt der Arme durch bloßen Anblick, und er fordert ihn auf, zu sagen, wer er sei: „Ich bin der Tod, der alle gleich macht." Da erwiderte der Arme, er sei der Rechte, da der Tod den Reichen wie den Armen ohne Unterschied hole. Der Tod antwortete: „Ich will dein Kind reich und berühmt machen, denn wer mich zum Freunde hat, dem kann's nicht fehlen." Immerhin zeigt sich hier ein wesentlicher Unterschied: erst *nachdem* der Tod sich zu erkennen gegeben hatte und als Pate angenommen worden war, äußerte er sich darüber, welche Geschenke er machen werde. Sie scheinen daher bezüglich der Wahl keine Rolle gespielt zu haben. Dennoch können wir fragen: Reichtum und Ruhm – worin sollten sich diese Geschenke wesentlich von jenen, die Gott und Teufel anboten, unterscheiden? Reich im Sinne von wohlhabend und begütert wird das Patenkind in der Tat in der Rolle des Arztes, durch den Beistand des Todes. Und berühmt wird es, da es als erfolgreicher Arzt anerkannt und in aller Munde sein wird. Aber würde solcher Reichtum nicht ebenso am System der Ungerechtigkeit partizipieren wie der Ruhm an dem des Trügerischen? Worin läge deren Besonderheit als Todesgaben? Man könnte versuchen, im Reichtum die Bedeutung von Vermögen zu betonen, etwa in dem Sinne, reich sei, wer das Kraut kenne, das gegen Krankheit und Leid gewachsen ist –

reich an Lebensfülle. Und im Ruhm die Bedeutung dessen, was ständig und machtvoll und nicht nur haltlos im Licht steht (Heidegger 1957, 78), nämlich die Fähigkeit, den Tod aufzuschieben. Und doch, wie mir scheint, genügte solches Reich- und Berühmtsein wohl kaum, um zu verstehen, in welchem Sinne die Gabe des Todes in ihrer *Voll-kommenheit* schlechthin *Mangellosigkeit* bedeuten könnte.

Ich werde zunächst der Frage nachgehen, in welchem Sinne der Arme den Tod als ‚Rechten' ansehen konnte, der keinen Unterschied mache, und vor dem alle Menschen gleich seien, um dann auf die Frage nach der Personifizierbarkeit des Todes einzugehen.

Wenn es sich um das Werten, Urteilen und Richten über Werke, Taten, Verhaltensweisen handelt, kann es natürlich nicht um Gleichbehandlung gehen, denn den verschiedenen Taten und ihren ungleichen Werten entsprechend sollen diese auf ungleiche Weise vergolten werden. Doch hinsichtlich desselben Tatbestandes soll der gerechte Richter absehen vom ‚Ansehen der Person', von ihrem Stand, ihren Vorrechten oder Vorzügen, ihren Privilegien oder Rechtlosigkeiten, und er soll jeden gleich behandeln. – Derart nun scheint der Tod ausnahmslos gerecht zu sein. Er macht keinen Unterschied zwischen Arm und Reich, Herr und Knecht, Jung und Alt. Aber angesichts welcher Tat?

Das Märchen greift auf Motive zurück, wie wir sie schon zu Beginn der Neuzeit, etwa in Sebastian Brants *Das Narrenschiff* von 1494 (1980, 316) finden und worin keineswegs davon die Rede ist, Christus habe die Menschen durch seinen Opfertod vom Tod erlöst: „Das Glück teilt ungleich arm und reich; Aber der Tod macht alles gleich; Er ist ein Richter, der fürwahr Nichts abläßt, wenn man ihn bittet gar. Er ists allein, der alles lohnt; Der keinen jemals hat geschont und keinem je gehorsam ward – Sie mußten all auf seine Fahrt und ihm nachtanzen seinen Reihen: Päpst', Kaiser, König', Bischöff', Laien, Deren mancher noch niemals gedacht, Daß man den Vortanz ihm gebracht". – Was aber bringt den Tod dazu, hart, unerbittlich, schonungslos zu sein? Wieso kann er mit sich als einem Übel drohen, das schließlich jeden einholen wird?

In unserem Märchen wird der Tod direkt nie als ein Erlöser von Schmerzen und Leid, von Elend oder Unfreiheit genannt. Sein Patenkind, der Arzt, vermag den Tod zwar, wenn auch nur aufgrund einer Vorentscheidung des Todes, aufzuschieben. Doch niemals kann er letztlich jemanden vor ihm *retten*. Es gibt keinen Schutz, keine Sicherheit vor ihm. Sebastian Brant bemerkte durchaus, daß der Tod von manchem herbeigesehnt werde, daß er vielen Trübsal und Pein erspare, manchen aus ewigen Kerkern befreie. Und dennoch hat sich das Gute des Todes nicht mit dem Übel des Todes neutralisiert. Der Tod scheint ein Richter, der offensichtlich niemanden von einer bestimmten Schuld freisprechen kann.

Noch bei Sebastian Brant hat das *memento mori* den Sinn, sich vom Tod nicht überraschen zu lassen, sondern ihn ständig vor sich zu sehen und sich für ihn zu rüsten. Doch von dem einstigen Grund dafür spricht er nicht mehr. Das Rechnen mit der Vergänglichkeit übernimmt eher die Funktion, den Schmerz über Verluste und Verzichte dadurch zu mildern, daß man an nichts festhält. – Doch worum war es gegangen?

Blicken wir zurück ins Hochmittelalter: 1160 verfaßte Heinrich von Melk seine *Mahnrede über den Tod* (1994). Der christlichen Doktrin nach darf der Tod zwar noch als Strafe für den Ungehorsam des ersten Menschen gegen Gott, aber nicht mehr als ein absoluter Vernichter gesehen werden. Aber inwiefern richtet er nicht nur das Leben auf das Ende aus, sondern kann überhaupt noch als ein Übel gelten?

Dort, wo der Tod zu einer Art vorübergehenden Schlaf herabgesetzt worden war, wollte man keineswegs auf die Wucht des Aus- und Vorbeiseins, der Letztheit und Endgültigkeit verzichten. Der Tod kann zur Instanz einer unwiderruflich verpaßten Zeit werden: zu spät für eine Umkehr aus sündigem, schuldigem Leben durch gute Werke, durch Demut und Buße oder zumindest durch aufrichtige Reue und Bitte um Vergebung. Nur in einem Fall kann der Augenblick des Sterbens mit einer Umkehr zusammenfallen: wenn man, wie der Märtyrer, sein Leben opfert für eine heilige Sache. Doch stets ist mit dem Tod die rechte Zeit vorbei, denn zwischen der Auferstehung von den Toten und dem Urteil des Jüngsten Gerichts wird jede Art Umkehr, jede Sühne ausgeschlossen. Und daran ändert auch das Purgatorium nichts. Mit dem Tod ist demnach die Entscheidung unumkehrbar gefällt zwischen Verdammnis – ‚der unerschöpfliche Brunnen des Abgrunds' (65), in welchem man hoffnungslos vergessen sein wird, als wäre man nie geboren worden (55) – und der Seligkeit als ‚ewiger Sorgenfreiheit' (71). Das Jüngste Gericht bringt diese Tatsache nur an den Tag.

Da niemand den Zeitpunkt des Todes kennt, muß jeder Augenblick des Lebens als *rechte Zeit* ergriffen werden: „Nun sieh dich beizeiten vor, Ehe dich deine letzte Stunde einholt, Die du immer schon zu fürchten hattest … Bereite dich auf den Tod vor" (47). Und zumindest die Priester sollten ‚für diese Welt tot sein und ihr Fleisch abtöten' (19). In der Askese beginnt der wahre Gläubige bereits zu Lebzeiten vom eigenen Leib Abschied zu nehmen. „Was an deinem Leben willst du in Ordnung bringen, Wenn du keine Buße mehr tun kannst? Du hast dich nicht zu rechten Zeit besonnen" (49).

Mit dieser mythisch grundsätzlichen Entscheidung gegen jede Form von Seelenwanderung und Wiedergeburt zugunsten eines *einmaligen* Lebens wurde die Zeit schlechthin knapp – was bis heute ein christliches Abendland prägt, dessen vorrangiges Ziel darin besteht, Zeit im voraus zu gewinnen, da man ständig die rechte Zeit versäumt. Und das wird die Aufgabe des Arztes, als Patenkind des Todes.

Doch die Funktion des Todes als *gerechter* Richter geriet schon zu Beginn der Neuzeit in eine Krise, und zwar gerade deshalb, weil er tatsächlich alle gleich zu behandeln schien, ohne den Verschiedenheiten gerecht zu werden. Dort, wo es nicht vorrangig um das Selbstverhältnis zum eigenen Tod geht, sondern um den Tod des Anderen, und wo der Tod – erstmals seit der Antike – wieder vom Ankläger zum Angeklagten wird; da zeigen sich Spuren dieser Krise:

Um 1400 verfaßte der Stadtschreiber zu Saaz in Böhmen, Johann von Tepl, betroffen vom Tod seiner geliebten Frau Margaretha im Kindbett, die Streitschrift *Der Ackermann und der Tod:* „Ir habt mir den 12. buchstaben, meiner freuden hort, aus dem alphabet gar freisamlichen enzucket; ir habt meiner wunnen lichte sumerblume mir aus meines herzens anger jemerlich ausgereutet; ir habt mir meiner selden haft, mein auserwelte turteltauben arglistiglichen entfremdet: ihr habt unwiderbringlichen raub an mir getan!" (Tepl, 1984, 6). Und er verflucht den Tod als einen Mörder, der in der Hölle vergehen möge. Darauf erwidert der Tod, noch im alten Stil des Richters, mit verfänglichen Argumenten, über deren Tragweite sich Johann von Tepl wohl kaum hatte im klaren sein können: „Wir wellen beweisen, daß wir rechte wegen, rechte richten und rechte faren in der werlte: Wir niemands adels schonen, grosser Kunst nicht achten, keinerlei schone [Schönheit, H.-D. B.] ansehen, gabe, liebe, leides, alters, jugent und allerlei sachen nicht wegen. Wir tun als die sunne, die scheinet uber gut und bose: wir nehmen gut und bose in unsern gewalt" (10). – Zwar knüpft solche Rede an das an, was Matthäus (5,45) von Gott sagte: „Er läßt seine Sonne aufgehen über die Bösen und über die Guten, und läßt regnen über Gerechte und Ungerechte." – Doch nun steht die Moral des Todes auf dem Spiel.

Ein Tod, der sich im Gegensatz zu den irdischen oder himmlischen Richtern nicht mehr um den Unterschied zwischen Guten und Bösen kümmert, dessen Gleichbehandlung beruht nicht auf einer Entscheidung zur Gerechtigkeit, sondern auf einem *gleichgültigen* Naturgesetz. Zwar erinnert Johannes von Tepl noch an einer Stelle daran, Sterbenmüssen sei Folge einer ererbten Schuld (36) und der Tod sei ebenso Herr über die Menschen wie Diener Gottes. Doch vorwiegend beruft sich der Tod auf einen unabänderlichen Gang der Dinge und auf den

Kreislauf der Welt: das Leben, das den Menschen geliehen wurde, müßten sie zurückgeben (ein Gedanke, der, wie viele des asketischen Christentums, von der Stoa übernommen wurde; vgl. Epiktet, 1998, 17); Fremde auf Erden, hätten die Menschen diese wieder zu verlassen; was geboren werde, müsse vergehen. Das Leben macht nur eine vorübergehende Phase aus, worin die Richtung unumkehrbar sei: „Das leben ist durch sterbens willen geschaffen", sagt der Tod. „Were leben nicht, wir weren nicht, unser geschefte were nicht; damit were auch nicht der werlte ordnung" (38). Und diese Thantodizee versteigt sich bis hin zu einer Ökonomie des Widersinnigen: Stürbe keiner, würden die Lebenden sich ihrer eigenen Vermehrung wegen gegenseitig umbringen, weil keiner mehr ausreichend Platz und Nahrung fände (14). Und immer von neuem zeichnet der Tod das Bild einer kranken, widerwärtigen, gewalttätigen, grausamen Welt, deren Vergänglichkeit gerade zum Trost werden müsse.

Wie sehr die abstrakt allgemeine Vernunft des Todes am Leiden über den Tod der Geliebten vorbeiredet, zeigt sich nicht nur an der gängigen Meinung des Todes, es sei töricht, einen unwiderbringlichen Verlust zu beklagen, und überhaupt täten Menschen besser daran, der Liebe zu entsagen, um am Ende von keinem Trennungsschmerz zerrissen zu werden. Der Einmaligkeit und Unersetzbarkeit der Geliebten vermag die Todesvernunft nur entgegenzuhalten, man finde genug tüchtige und reine Frauen auf Erden (20). – Angesichts der Machtworte Gottes, durch welche jedes Individuum zerteilt und aufgeteilt wird: das Leben dem Tod, der Leib der Erde, die Seele dem Gott (oder Teufel) – bleibt dem Ackermann nur sein Schmerz und der Traum, Gott möge seiner Geliebten Freude gönnen. Zur Versöhnung kommt es nicht.

Wenn der ‚Ackermann der Schreibfeder' dem Tod vorwirft, seine Sense haue uneben und er rode Blumen und Kräuter aus, während er Disteln und Unkräuter stehen lasse, und er hole die guten, tüchtigen, achtbaren Leute, während die bösen unversehrt blieben; dann scheint zunächst der Kernpunkt seiner Anklage in einem Aufstand zu liegen weniger gegen die Sterblichkeit überhaupt als vielmehr gegen die Gleichgültigkeit gegenüber dem Guten und dem Bösen. Jenseits von Gut und Böse ist der Tod zu einem außermoralischen Übel geworden, zur – wenn auch noch gewalttätigen – ‚*Natur* des Lebens', das von vornherein und unwiderruflich auf sein Sterben angelegt ist. Zugleich allerdings kann dieser Tod niemals als etwas ‚Natürliches' gelten, da er schlechthin nichts Seiendes ist, ohne deshalb ‚Nichts' zu sein: „Du fragest, was wir sein: Wir sein nicht und sein doch etwas. Deshalben nicht, wann wir weder leben weder wesen noch gestalt noch understand haben, nicht geist sein, nicht sichtig sein, nicht greiflich sein; deshalben etwas, wann wir sein des lebens ende, des wesens ende, des nicht wesens anfang, ein mittel zwischen in beiden" (26). – Der Tod selbst wird so zu einer *Unmöglichkeit zwischen Sein und Nichtsein*, ein Scharnier, das nur ein Gott scheint bewegen zu können, indem er Seiendes nicht nur endlos abwandelt, sondern zunichte zu machen und wieder aus Nichts zu erschaffen vermag.

Der ‚Naturalisierung' des Todes in der Moderne entspricht so zugleich seine Abwandlung vom Mythischen zum Metaphysischen. Daher verwundert es nicht, daß Johannes von Tepl bewußt wieder an die antike Philosophie anknüpft.

Der Ackermann bäumt sich zwar wie zum letztenmal gegen die Amoralität des Todes auf. Doch das Wesen seiner Anklage ging bereits weiter. Am Ende eines langen Lebens mag der Tod unterschiedslos Gute wie Böse treffen; denn diese zu richten ist nicht seine Sache. Doch in Hinsicht auf die Geliebte, die ihm entrissen wurde, kam der Tod weder zu spät noch zur rechten Zeit, sondern verfrüht. Und dieses Zufrüh ist der Kern seiner Anklage – und der Arzt in unserem Märchen, das Patenkind des Todes, scheint zu jenem ‚Richter' des Todes werden zu können, der diesen unentwegt auf die ‚rechte Zeit' zurückzubringen sucht ...

2.8 Die Person des Todes

2.8.1 Das Skelett

Der ‚dürrbeinige Tod', von dem das Märchen spricht, hat nichts gemein mit einem ‚transi', mit der schonungslosen Darstellung des Vergänglichen in actu, nämlich in der Weise eines schleimig und wurmig verwesenden Leichnams. Er ist der im vollkommenen Zerfall aufgehaltene Tod – nicht die in der Verwesung eingetrocknete Leiche mit Fleisch-, Haut- und Haarresten, sondern gleichsam ein gesäuberter Tod: ein ausgebleichtes, *reines Skelett*, wie man es seit dem 16. Jahrhundert wieder darstellte und das wenig mit dem ‚finsteren Mittelalter' zu tun hat, wie Lessing wähnte (1965, 214 f.). Allerdings galt selbst dieses Skelett in seiner unüberbietbaren ‚letzten' Nacktheit als derart obszön, daß man es zumeist in Leichentücher oder – wie auch in den Stichen Richters zu den Märchen – in Mönchskutten einhüllte. Der kahle Schädel wurde dann oft von der Kapuze bedeckt, so daß die krasse Mimik und das hohlwangige, lippen- und blicklose Grinsen in ein schattenhaftes Dunkel zurückgenommen wurden. Das Eklige und Abscheuliche mußte zum ‚bloß' Häßlichen gemildert werden, ehe dieser Tod als Freund, wenn auch als unerbittlich ernsthafter, auftreten konnte.

Hinter diesem Skelett verschwanden die Erscheinungsbilder der Toten – ihre Todesarten: geschwächt und ausgezehrt von Alter und Krankheit oder entspannt und ruhend wie im Schlaf, verzerrt von Schmerzen und Ängsten, gelassen sich verabschiedend; getilgt scheinen auch all die Verwundungen und glücklichen Emphasen, die Verkrüppelungen und Zerstückelungen. Und dem ungeschulten Blick bietet das Skelett – von Kindern abgesehen – keine Unterschiede des Alters oder Geschlechts, geschweige Merkmale verschiedener ethnischer und sozialer Herkunft. Als Skelett ist der Tod kein Toter mehr, nichts individuell Wirkliches mehr und doch metonymisch jenes Gerüst harter Wirklichkeit einstigen Lebens, in welchem alle Menschen *gleich* schienen: Ge-Leich, von selber Leiblichkeit.

Auf den Anblick von Skeletten stieß man in der Antike zwar nicht dort, wo die Toten verbrannt wurden, und wohl eher selten, sofern man sie einzeln beerdigte und Grabmäler anlegte. Doch es gab Familiengräber, deren Sarkophage wieder geöffnet wurden; im christlichen Mittelalter gab es dann vor allem Massengräber in und um die Kirchen herum, die von Zeit zu Zeit entleert und deren Knochenreste in Beinhäusern gelagert wurden (Ariès, 1980). Und da man erschlagene Feinde, vor allem aber bis ins 18. Jahrhundert hingerichtete Verbrecher unbeerdigt dem Fraß der Hunde und Vögel überließ, gab es wohl schaurigere Totenorte als es die Friedhöfe waren.

Nicht nur Lessing mag daran gedacht haben, als er meinte, schon in der Antike seien die umgehenden Totengespenster durch Skelette verbildlicht worden. Aber gab es dazu nicht weit gruseligere Ungeheuer und Mißgestalten, fledermausbeflügelt, zähnefletschend, mit blutigen Krallen? Vor allem aber paßt die Auffassung vom Skelett als Dämon nicht so recht zu dessen Darstellungen – man denke an Mosaike aus Pompeji, welche den Knochenmann als Mundschenk darstellen, oder an das Skelettfigürchen, wie Petronius es im *Gastmahl des Trimalchio* beschreibt. Offensichtlich wurde das Skelett als Botschaft des *carpe diem* verstanden, nämlich als Aufforderung, das Leben zu genießen, solange es währt und sich die Gelegenheit bietet. Die Umdeutung dieser Botschaft in ein *memento mori* vollzog das Christentum erst spät und im Rückgriff auf Gedanken der spätantiken Stoa, wonach man sich schon zu Lebzeiten aller Leiblichkeit zu entschlagen habe.

Denkt man an die aufwendigen Totenkulte, wie sie auch noch die Griechen und die Römer betrieben, könnte vielleicht eine andere Bedeutungsherkunft des Skeletts kenntlich werden: von Ägypten war die individuierende Darstellung des Toten übernommen worden, selbst wenn nicht die ganze Leiche mumifiziert, sondern nur Totenmasken abgenommen wurden. Die Totenporträts auf Gemälden, als Reliefs oder Büsten und Statuen hatten allerdings ‚Ähnlichkeit' schon deshalb weniger zum Ziel, weil die Erinnerung an den Toten weit über den Kreis persönlicher Bekanntschaften hinaus wirken sollte. Es ging vielmehr darum, einen bestimmten Anblick, sagen wir: der Ausgeglichenheit zu geben, einer Ausgeglichenheit der Lebensalter, aber auch der Affekte und Begehrensweisen. Von einer solchen Repräsentanz her konnten bildlich oder schriftlich Taten des Verstorbenen, seine Tugenden, Begebnisse seines Lebens dargestellt werden, unterstützt von Attributen. – Doch all das betraf nicht die Masse der Menschen, die namenlos in den Massengräbern verschwanden. Ist es verwunderlich, daß angesichts aufwendiger Mumifizierungen und prunkvoller Einbettungen, reich ornamentierter und bebildeter Grabstätten und Sarkophage, kostbarster Ausstaffierungen und Grabbeigaben – (Panofsky, 1964) –, daß zu diesem Kult, in dem es um die Zukunft privilegierter Toter und um Erinnerungen an ruhmreich Lebende geht, das nackte Skelett zum elendesten Gegenbild wurde? Mir scheint das Skelett in der Antike zum Sinnbild nicht des Grauenvollen, sondern der Armseligkeit, der restlosen Entblößtheit geworden zu sein. Von daher konnte es anmahnen, das Leben zu genießen, solange und soweit es möglich war. Und was erwartete die meisten schon nach dem Tod als vielleicht ein trostloses Schattendasein? Dieses erkaltete und ausgetrocknete (skeleton) Lebensrelikt scheint doch das gleiche Schicksal aller Menschen anzuzeigen. Und manche prunkvolle römische Grabanlage bildete wohl aus besinnlicher Bescheidenheit diesen ‚Dämon' der Armseligkeit und Wesenlosigkeit mit ab.

2.8.2 Vom tanzenden zum handelnden Tod

Der Glaube, daß das Sterben der Menschen, ob sanft oder gewaltsam, ‚von außen' durch einen Gott oder Dämon bewirkt werde, war und ist sehr verbreitet. Doch wer in diesem Sinne handelnd tötet, ist deshalb nicht selbst schon der personifizierte Tod. Soweit ich sehe, taucht die Personifizierung des Todes zuerst in der literarischen, nicht der bildenden Kunst auf, und zwar in der Weise eines Streitgespräches zwischen vita und mors, wie es etwa vom römischen Schriftsteller Ennius überliefert ist (Stammler, 1948, 26). Die Form folgt wohl dem altägyptischen Mythenkreis des Totengerichts. Trat zunächst der Unterweltgott als Ankläger auf, konnte er in späteren Zeiten auch zum Angeklagten werden (Assmann, 2000). Daß jedoch der Tod als eine eigenständige Person auftritt und nicht nur als Tod bringender oder Tote richtender Gott oder als aufführender Dämon, scheint in der Antike eher selten zu sein. – Die Form des Streitgespräches, zwischen Christus und Satan, zwischen Leib und Seele, scheint sich durch das ganze Mittelalter erhalten zu haben. Als ein *Kampfgespräch zwischen dem Tod und dem natürlichen Leben* wurde es 1533 von Hans Sachs fortgeführt. – Wie aber kam es dazu, daß im 15./16. Jahrhundert die Person des Todes als Skelett dargestellet wurde?

Es scheinen hier mehrere Motive zusammenzulaufen. Die Totenfeiern des Mittelalters bestanden nicht nur aus dem Leichenschmaus; nach Beerdigungen wurde auch auf den Friedhöfen selber getanzt (Ariès, 1980). Daneben bestand wohl auch der Glaube, daß die Toten selber in manchen Nächten auf den Gräbern tanzten. Auf den frühen Totentanzfresken des 14. und vor allem des 15. Jahrhunderts wird nun ein Reigen dargestellt, der stets abwechselnd von einem Lebenden und einem Toten gebildet wird, wobei die Toten als transis, als verwesende Leichname dargestellt wurden, halbumhüllt von Leichentüchern, vor allem aber ohne Attribute ihres Standes als vormals Lebende, so daß sich die Toten, im Gegensatz zu den Lebenden, ähneln (Fehse, 1907; Stammler, 1948). Später wird der Reigen ornamental unterteilt, so daß sich nun einzelne Paare von Lebenden und Toten abzuheben beginnen. Jedem Lebenden, dargestellt als Vertreter seines Standes, von Papst und Kaiser bis zu Soldat und Bauer, scheint nun persönlich ein Toter – gleichsam als ein zeitverschobenes Spiegelbild – zugeordnet zu sein. Solche Paarungen konnten den literarischen Strukturen angeschlossen werden, wie sie in der Form der Streitgespräche schon vorgebildet waren. Dabei spielte eine in den *Gesta Romanorum* überlieferte Legende, die weit in die Antike zurückreichen soll, eine hervorragende Rolle: Drei Könige stießen auf der Jagd auf drei Särge, in welchen ihre verstorbenen Väter lagen und zu ihnen sprachen: ‚Was ihr seid, das waren wir, was wir sind, das werdet ihr' (Stammler,20). Bemerkenwert ist nicht nur das Fehlen eines Hinweises auf das Jenseits und die Enthaltung bezüglich einer moralischen Schlußfolgerung, sondern vor allem die Spiegelung von Vergangenheit und Zukunft über die gemeinsame Gegenwart. In den Darstellungen der Frau Welt wird solche Spiegelung bereits moralisierend verräumlicht: von vorne das schöne Weib, von hinten verfaulender, wurmzerfressener transi. – Wie es scheint, entwickelten sich die dialogischen Totentanztexte aus monologischen, in welchen die Lebenden, die der Tod holen kommt, diesen anklagen. Die Dialoge entwickeln sich dann, als man begann, den ‚Feind', den es der christlichen Lehre nach zu überwinden galt, der Nähe zum Teufel wieder zu entrükken, um ihn zum ‚Knecht' Gottes zu machen: nun begann der Tod sich zu rechtfertigen.

Wie aber kam es nun in den Totentanzdarstellungen zu einer Ablösung der Toten durch den Tod?

Nach Stammler (32) war das Motiv des Tanzes im Hochmittelalter durch die Mystik betont und verbreitet worden, zumal in der Weise, der zufolge Christus die Verstorbenen zum Reigen in den Himmel führe und somit das Sterben selbst zu einem Fest werden lasse. Ich möchte vermuten, daß ein solcher Reigen schon dabei ist, durch den Vortänzer zur bloßen Reihung hin aufgebrochen zu werden. Geschlossene Rundtänze benötigen keinen Anführer. Selbst wenn der Vortänzer, dem die anderen folgen, den Weg kreisförmig entlangtanzt, ist der Kreislauf und mit ihm die Symbolik des Zyklischen bereits gebrochen. Der Kreislauf eines Lebens, dem der Tod nicht nur folgt, sondern auch vorhergeht oder in die Mitte der Lebenden genommen ist, wird zugunsten der Reihenfolge aufgebrochen, um den Vorrang des linearen und finalen Verlaufs des Lebens zu etablieren. Nun geht der Tod voran und holt die Lebenden nach. Dieser Anführer und Vortänzer ist bereits kein ebenbürtiger Partner als Toter mehr, sondern ein über den Gott oder Dämon personifizierter Tod, der nie zuvor ein sterblich Lebender gewesen war. Die ‚Legende' hat aufgehört zu wirken. Aus den Toten, die sich bereits immer ähnlicher wurden, wird der Tod, sobald es einen Vortänzer und Reigenführer gibt, der den Kreislauf durchbricht und einen Weg allen Lebenden bahnt.

Bildlich vollzog sich diese Wandlung durch eine völlige Herauslösung der Paare aus dem Reigen, wie in Albrecht Dürers *Tod und Landsknecht* von 1510 oder in *Eitelkeit* seines Schülers Hans Baldung Grien, wo der Tod das Mädchen holen kommt. In beiden Bildern ist der Tod noch mit den Spuren eines Toten, eines transi mit Hautfetzen und Haarresten zu sehen, aber doch bereits mit dem allgemeinen Attribut der Sanduhr, der zerronnenen Zeit. Und im Zuge der Vanitas-Symbolik griff man dann auch auf Attribute des Zeitgottes Chronos oder Saturn zurück: die Sichel, die Sense; doch erinnern sie nunmehr eher an Instrumente, durch welche man massenhaft den Lebensfaden durchtrennt, als an den Zyklus einer Ernte, der eine erneute Aussaat folgen wird.

Durch die Herauslösung des Paares aus dem Reigen konnte der Tod zugleich als eine einzelne Figur, als eine einzige Person dargestellt werden. Diesen Schritt vollzieht Hans Holbein d. J. in seinen Totenbildern von 1538. Das Gerippe ist nun fast vollständig gesäubert von Fleisch- und Hautfetzen, von Sehnen und Haaren, von Schlangen und Würmern, um von den Toten und Verstorbenen Distanz zu nehmen. Diese Skelette ziehen nicht mehr, wie die Darstellungen der transis, die Blicke an, um sie abzustoßen. Es liegt zum einen eine gewisse Nüchternheit in ihnen, und denkbar ist, daß sie sich auch unter dem Einfluß der Anatomiebücher herausbildeten, welche Schautafeln von aufrecht stehenden Skeletten enthielten. Die Kirchenväter hatten sich polemisch über den ‚grausamen Eifer der Ärzte, Anatomen und Chirurgen' geäußert, ‚welche die Eingeweide durchwühlten, um Heilungsmöglichkeiten zu erforschen' (Augustinus, 813). Erst zu Beginn des 14. Jahrhunderts kam es daher zu öffentlichen Sezierungen von Leichen. Es setzte eine rege Veröffentlichungstätigkeit ein, die mit *De humani corporis fabrica* von Andreas Vesalius 1543 ihren vorläufigen Höhepunkt fand. Jedenfalls ist wohl den Anatomiebüchern zu verdanken, daß der Tod als Skelett überhaupt mit der Heilkunde und dem Arzt in Verbindung gebracht wurde.

Zum andern aber wird in Holbeins Totenbildern die Beschränkung auf den Friedhof gesprengt. Der Tod holt nun den Lebenden aus jeder Lage, von jedem Ort, zu jeder Zeit. Der Tod am Ende aller Zeiten, wie er in der Gestalt des apokalyptischen Reiters vorgestellt war, vollbringt sein Werk nun zu jeder Zeit, ununterbrochen und überall. Jeder Augenblick ist das Ende aller Zeiten. Die Bewegungen des Knochenmanns beschränken sich nicht mehr auf einen schreitenden oder hüpfenden Tanzschritt; es tauchen in Holbeins Gerippen die groteskesten Verzerrungen und Verzückungen auf, und aus dem Vortänzer ist oft ein Vorspieler geworden, der den Dudelsack bläst oder trommelt. Dieser Tod ist absurd, ihm fehlt der Ernst. Auf ihn trifft zu, was Ariès (1984, 184) schrieb: „Gegen Ende des 16. Jahrhunderts wird der transi durch das nackte und augebleichte Skelett ersetzt, das der schleimigen Säfte des Körpers und der Erde ledig ist. Es ist eine andere Gestalt. Es schreitet nicht wie bei der Prozession, es rennt, springt, fliegt, von immerwährender Bewegung durchzuckt. Es gehört weder der Erde noch dem Himmel noch der Hölle an; es hat seine eigene, undefinierbare Welt für sich, eine Theaterwelt, deren Prinzipial, deren einziger Schauspieler es ist."

Es ist, als hätten die Vermummten und Maskierten der Fastnacht sich bis auf die Knochen entblößt. Der Tod mußte daher erst zu einem gewissen ernsten Sinn zurückfinden, bevor er die Stelle von Gott und Teufel, wie im Fastnachtsspiel Ayrers, einnehmen konnte. In den *Jeder-*

man-Stücken des 17. Jahrhunderts ist die Spur des Tanzes schon restlos getilgt. Die Mimik des Todes tritt zurück hinter seinem bloß deklamatorischen Charakter. Inmitten der farbenprächtigsten Gemälde und prunkvollsten Aufführungen ist das Gerippe nur noch eine Zeichnung, eine Skizze auf dem Weg zum Unsichtbarwerden des Todes. Im Augenblick, da dich der Tod holt, werden dich alle, außer deinen eigenen Werken, die für oder wider dich sprechen, verlassen haben. Nun beginnt jeder für sich allein zu sterben. So wundert es nicht, daß man ab dem 18. Jahrhundert versuchte, diesen Tod durch den Engel zu ersetzen, indem man auf die antike Gestalt des Eros oder Genius mit der erloschenen Fackel zurückgriff.

2.9 Der Tod: ein Gott, ein Dämon?

Im Märchen wurden Gott und Teufel verabschiedet, aber, wie es scheint, nur um den Preis, daß die Person des Todes in ihrer heilkundigen, vor allem aber tödlichen Macht Züge einer Gottheit annahm.

2.9.1 Apollon

Zwar galt auch der südgermanische Gott Wodan mit der Heliotrop-Pflanze als ein heilkundiger Totengott, der – ähnlich dem Hermes – die Totenseelen zum Wallhall geleitet, sie aber auch als schauriges, verwüstendes Totenheer in die Schlachten führte. Näher jedoch zur Gestalt des Gevatter Tod steht *Apollon*, zumal auch in dessen Verhältnis zu seinem Sohn Asklepios, dem sterblichen und spät erst vergöttlichten Arzt. Bevor in der Gestalt Apollons der delphische Heilgott und die Lichtgestalt Phoibos stärker hervortraten, hatte Homer ihn zu Beginn der *Ilias* als einen Töter und Vernichter geschildert, der düster wie Nachtgrauen wandle. Und er tötet die Achaier nicht nur einzeln mit lautlosen Pfeilen, sondern auch massenhaft durch die Pest. Dennoch: gerade weil er todbringend sein kann – und darin unterscheidet er sich nicht von anderen Göttern und Göttinnen – vermögen Sterbliche ihm im Kult durch Opfer bitten, von seinem zornigen Tun abzulassen, tödliche Übel von ihnen fernzuhalten und sie abzuwehren. So wurde etwa in der höhle Magnesia Apollon durch ein Bildwerk verehrt und bei Pest und Epidemien angerufen (Frazer 1928, 138).

Reste der Möglichkeit, vom Töten auch abzulassen, sind im Märchen dadurch angedeutet, daß der Tod sein Patenkind beim ersten Vergehen gegen die Abmachung wie durch eigenen Willen zu verschonen scheint. – Seine Unerbittlichkeit beim zweiten Mal verweist dagegen eher auf eine andere Gottheit:

2.9.2 Hades

Bei *Totengott* wird man im europäischen Kulturkreis wohl zunächst an eine Gestalt wie Hades – ‚Aides' der Unsichtbare – denken. Nach Hesiod (Theog. 1970, V. 455) ist er es, der unter der Erde seine Häuser bewohnt und dessen Herz kein Erbarmen kennt, und Homer (Il.9, V.158) schildert ihn als den, dem das nächtliche Dunkel zufiel und der nicht zu beugen noch zu bezähmen sei, von den anderen Göttern gemieden und verhaßt den Sterblichen. Im Gegensatz zu seinen Brüdern, Poseidon und Zeus, läßt sich von einem solchen Gott – wie auch Euripides den Chor in *Alkestis* (1981,V.135) singen läßt – nichts durch blutige Opfer und Flehen erbitten. Im strengen Sinne kann diesem Gott kein mythisches Geschehen zugeschrieben, kein Kult geweiht werden (Pauly, 4, 955). Ein stummer Herrscher über die Schatten der Verstorbenen, die er gleichwohl kaum lenkt oder richtet. Er scheint nur ihr Entweichen aus der Unterwelt zu verhindern. So begann Hades bei Homer schon zu einer Art Leerstelle zu werden. Dieser Ort wird zwar aufgebrochen durch den Raub der Persephone; doch Hades begründet keine göttliche Dynastie mit ihr. Er ist der unfruchtbare Gott und der Gott, der gewöhnlich sein Reich nicht verläßt. An seiner Unerbittlichkeit bemißt sich allerst die göttliche Gewaltigkeit jener Helden wie Herakles, Theseus und selbst Orpheus, denen es gelang, in die Unterwelt und wieder aus ihr herauszukommen und dem Hades Tote zu entreißen. – Nur dort, wo Hades – etwa unter eleusinischem Einfluß – mit Pluto, dem ‚Reichen', zu verschmelzen begann, wurde er um Wachstum und Gedeihen angefleht, und man brachte ihm Opfer. Des Hades ‚Unentrinnbarkeit' wurde gleichsam unterlaufen, wo man an Wiedergeburt und Seelenwanderung zu glauben begann.

Mit dem Tod im Märchen verbindet Hades die Unsichtbarkeit, die doch insofern Ausnahmen zuläßt, als Auserwählte ihn erblicken können. Vor allem aber teilen sie sich die Haltung einer fast durchgängigen Unerbittlichkeit und Unkorrumpierbarkeit, so daß ihnen gegenüber vielleicht noch eine stumm verehrende Achtung bestehen, aber kein Kult praktiziert, kein Opfer wirksam werden könnte. Doch Hades ist kein heilkundiger Gott, und mit einem Kraut wird er nur einmal in Verbindung gebracht: Persephone verwandelte die Nymphe *Minthe*, der er nachstellte, in ein duftendes Kraut (Pauly I, 107), das nicht zu heilen, sondern Leichengerüche zu überdecken hatte (Ranke-Graves 1982, I, 109). Umgekehrt ist Gevatter Tod schon deshalb kein Herrscher über die Schatten eines Totenreiches, weil dem Märchen zufolge keine Seele den Tod überlebt. Gevatter Tod hat Macht nur über die Sterblichen. Und darin scheint er eher Thanatos verwandt.

2.9.3 Thanatos und Ananke

Apollon bezeichnet im Prolog der *Alkestis* von Euripides (1981, V. 23) Thanatos als Totenpriester, der sich anschicke, Alkestis in des Hades Häuser hinunterzuholen. Er übernimmt nicht die Aufgabe eines Hermes (oder Thot), nämlich die Totenseelen in die Unterwelt zu geleiten, damit sie nicht ruhelos im Diesseits umherirren. Thanatos ist eher der Henker der Lebenden, der im Dienste einer höheren Gottheit, die allein über Leben und Tod entscheidet, tötet. Es sei sein Amt, den zu töten, den er töten müsse, und selbst dem Apollon gewährt er nicht den Wunsch, der Tod der Alkestis aufzuschieben. Herakles, der ihm Alkestis gewaltsam entreißen wird, nennt Thanatos den ‚schwarzgewandeten Totenfürsten, der am Grab vom Opferblut trinke' (V. 843). Darin ist der Tod eher als ein Dämon denn als ein Gott verstanden, der letztlich nur das Werk des Schicksals, der großen Göttin *Ananke*, vollzieht, welche die Sterblichen – wie der Chor es ausdrückt – mit unentrinnbarer Fessel packe (V. 965): „Ich durchstürmte die Pfade der Musen / und schwang mich empor zum Himmel, / ich rührte an zahllose Lehren, / doch stärker als Ananke fand ich / nichts, und kein Zaubermittel dagegen gibt's / auf thrakischen Tafeln, in die / Orpheus seine Worte / ritzte, und auch nicht in den Heilkräutern, die Phoibos / den Asklepiaden gab, / geschnitten als Gegenarznei / für die vielleidenden Menschen. / Sie ist die einzige Göttin, zu deren Altären / und Götterbild man nicht / pilgern kann, Schlachtopfer erhört sie nicht" (V.962).

Im Unterschied zu den Göttern, die zu gegebenem Augenblick über Leben oder Tod des Sterblichen entscheiden mögen, repräsentiert Ananke das schlechthin ausnahmslose *Gesetz* der Sterblichkeit, das keine Anbetung mehr zuläßt. Im Märchen entspricht ihr nicht Gevatter Tod, sondern die sich gesetzmäßig selbst verzehrenden Lebenslichter. Soweit die Schicksalsgöttin herrscht, kann es keine Umgehung, gar Überwindung des Todes geben. Als Prinzip der Endlichkeit ist sie zugleich Prinzip der Hoffnungslosigkeit.

Thanatos, so könnte man vielleicht sagen, ist ein vermännlichter Aspekt der dreifaltigen Schicksalsgöttin, wie sie in den *Moïren* (Parzen oder Nornen) vorgestellt wurde. Die Schicksalsgöttinnen wurden von Hesiod in der *Theogonia* (V. 755) in einer ungeheuerlichen Verdichtung der Finsternis als Töchter von Erebos und Nyx aufgefaßt. Klotho spinnt den Faden des Lebens, Lachesis, deren Stelle in Delphi später von Zeus eingenommen wurde, gibt dem Leben sein Maß, und Atropos, die nicht umgangen noch vermieden werden könne, schneidet den Lebensfaden ab. Thanatos scheint diese Funktion der Atropos übernehmen zu können. Doch die eigentliche ‚Gottheit' der Sterblichkeit ist Ananke, und der Glaube an ein Naturgesetz endlichen Lebens entfaltete sich von ihr her.

Aber richten sich die Hoffnungen der Sterblichen nicht immer noch darauf, daß das Gesetz zu brechen wäre, beruhte es auf einem göttlichen Willen oder wenigstens auf einer dämonischen Willkür des Zufalls? Hört man deshalb nicht auf, an den Tod wie an einen Gott zu glauben, in dessen Händen es gelegen wäre, das Schicksal der Sterblichkeit zu wenden? – Und doch wäre, im Unterschied zu allen anderen Göttern, der Tod ein seltsam abhängiger Gott: ‚unsterblich' nur, so lange die Sterblichen nicht aussterben. Kennzeichnet das nicht eher seine Dämonie als seine Göttlichkeit?

2.9.4 Engel und Teufel

Erinnern wir uns bestimmter Formen des Totenglaubens, demzufolge die Verstorbenen nicht als restlos tot galten.

Da bleibt zunächst der Körper des Verstorbenen als Leichnam zurück, während seine Lebenskraft entschwand und wie ein Hauch oder Schatten seine Seele dahinging, die man wiederum als Kind oder Schmetterling verbildlicht finden kann. Doch anstatt sich jenseits bei den Ahnen zu versammeln oder weiterzuwandern, kann sie auch – als Phantasma in ihrer vormaligen Gestalt erscheinend – als der Geist des Toten verblieben sein und umherspuken, während sich seine wirkliche, leibhaftige Gestalt schon aufgelöst hat und ihrerseits auf eine Reise gegangen ist, wenn sie nicht durch Mumifizierung oder durch sie spiegelnde Totenmasken oder sie erinnernde Bildwerke zurückgehalten wurde. Ehe Gräber zu Stätten des Erinnerns und Ermahnens wurden, verstand man sie, wenn nicht selbst schon als Wohnsitze, deren Einrichtung für die Zukunft des Toten Sorge zu tragen hatte, so doch als eine Art Reisegefäß, die wie Totenbarken oder -fuhrwerke mit der Zeit dahinzogen und sich entfernten, wenn sie nicht als Grabmäler verankert wurden.

Nun kennt der Totenglauben zweifellos Totengeister, die aus der Unsichtbarkeit heraus schädlich und böse oder segensreich und gut wirken können. Zumeist scheinen sie aber einer Vorliebe zur Verbildlichung zu folgen, wobei die bösen Dämonen, wenn sie nicht gerade als Verführer auftraten, zumeist von häßlicher, grauenerregender Gestalt sind: Ungeheuer mit Drachenschwänzen, Krallen, Fledermausflügeln, grausige alte Weiber oder Greise, verwesende lebende Leichname und, zumindest seit dem ausgehenden Mittelalter, auch Knochengerippe. Es kommt zwar durchaus auch vor, daß wohltätige Dämonen in häßlicher, seltener in abstoßender Gestalt erscheinen, meistens um Menschen zu prüfen. Gewöhnlich jedoch nehmen sie eine schöne Engelgestalt an.

Aber können solche zu Dämonen gewordenen Totengeister als Personifizierungen des Todes gelten?

Gevatter Tod jedoch hat nicht die geringsten dämonisch-teuflischen Züge an sich. Zwar hat er Seiten eines guten Geistes an sich. Doch auf einen Engel läßt er sich wohl kaum zurückführen.

In der christlichen Kunst findet man natürlich Darstellungen von Sterbenden, an deren Kopfende ein Engel, am Fußende ein Teufel steht, als sei das Schicksal ihrer Seelen noch nicht entschieden (Ariès 1984, 160). Sie sind zwar Begleiter des Sterbenden, die sogar um dessen Seele ringen können; aber sie sind nicht selbst Todesengel. Zwar hatte der Tod in den Lehren von Jesus, Paulus und Johannes teuflische Züge angenommen. Er gilt als das, was zu überwinden sei, als Feind des Lebens. Erst in der Glaubensgewißheit, man werde zum Jüngsten Gericht von den Toten auferstehen und zu jenen Erretteten und Glückseligen gehören, die von den Engeln nach oben in den Himmel getragen anstatt von Teufeln nach unten gezogen werden, konnte der Tod auch freundliche Züge annehmen und als Befreier von leidvollem Leben willkommen geheißen sein. Insofern blieb der Tod einer gewissen dämonischen Unheimlichkeit, einer syn- und dia-bolischen Zwiespältigkeit verhaftet, die auf ältere Vorstellungen zurückverweisen. Mit der schwindenden Angst vor dem Jüngsten Gericht wurden nicht selten Darstellungen Satans am Fußende der Sterbenden durch den Knochenmann ersetzt.

2.9.5 Genius

Man stellte sich die innere Zerrissenheit menschlichen Triebschicksals in der Weise vor, als seien Menschen von guten und bösen Dämonen, die an ihm zerrten, zugleich besessen. Doch schon in der Antike tauchte auch die Vorstellung auf, jedem einzelnen sei ein Genius beigegeben. Platon berichtet im *Phaidon* (107 d): „Denn man sagt ja, daß jedem Gestorbenen sein Dämon, der ihn schon lebend zu besorgen hatte, dieser ihn auch dann an einen Ort zu führen sucht, von wo aus mehrere zusammen, nachdem sie gerichtet sind, in die Unterwelt gehen mit jenem Führer, dem es aufgetragen ist, die von hier dorthin zu führen." Platon bemerkt zudem, daß es nicht derselbe, sondern ein anderer Dämon sei, der bei der Wiedergeburt die Seele zum Leben zurückführe. – Wir stoßen hier auf das Paradox, daß die als unvergänglich geglaubte Seele während ihrer zeitweiligen Verkörperung von einem Dämon begleitet wird, der, wie es scheint, mit dem Tod vergeht. Nach Pauly (II, 742) wurde dieser Dämon im alten Rom *Genius* genannt: ein ganz der einzelnen Person zugeordneter Geist, der mit dem menschlichen Individuum entstehe, dieses während seines Lebens begleite und zu behüten suche und schließlich mit ihm vergehe. Ist in diesem Genius, diesem Geist der Einzelheit, Einzigkeit und Einmaligkeit des leibhaftigen Menschen nicht die jedem persönlich eigene Sterblichkeit begriffen? Schutz- und Todesengel in einem?

Gevatter Tod zeigt nun zwar eine gewisse Verwandtschaft zum Genius, nämlich in der Weise, sich um sein Patenkind zu kümmern und zu dessen Sterben zu geleiten. Dennoch ist er nicht vollständig jener persönliche Genius, der das sterbliche Individuum auch vor dessen eigenen Triebschicksalen zu bewahren hat, indem er dessen schöpferischen und formsprengenden, gestaltenden und zerstörenden Geisteskräfte zum Ausgleich bringt. Das Erscheinen des Todes im Märchen ist auf den Augenblick des Genesens oder Sterbens begrenzt, und er geleitet nicht nur diesen einen, sondern alle Sterbenden zu ihrem Ende. Er vergeht also nicht selbst mit dem Tod des einzelnen, auch wenn wir nach wie vor zögern, diesen Tod für einen unsterblichen Geist zu halten.

2.9.6 Eros und der Todesengel

Lessing war bekanntlich der Ansicht, die Antike hätte den *Tod* in Gestalt eines – nicht selten beflügelten – Jünglings mit der erloschenen, gesenkten Fackel dargestellt, also allgemein als Todesengel, wogegen sich alle anderen Darstellungsweisen, zumal auch die als Skelette, auf spukende Totengespenster und sonstige üble Dämonen bezogen. Pauly (V, 649) zufolge tauchte allerdings der Todesengel erst in der römischen Kaiserzeit auf, aus welcher auch die Sarkophag-Abbildungen stammen, die Lessing verwendete. Wurde der Verstorbene als ein Liegender dargestellt, steht nicht selten der Todesengel mit den Attributen Aschenurne, Blumenkranz und Schmetterling zu dessen Füßen oder nahe von ihnen, während sein Bruder Hypnos, der Engel des Schlafes (den die Gegenreformation dann in einen Schutzengel der Lebenden verwandeln wird), mit seinem Füllhorn in der Nähe des Kopfes steht (Lessing, 240). Da Lessing (264) dem angeblich düsteren Bild des Todes im Mittelalter das angeblich heitere Bild des Todes in der Antike entgegensetzen wollte, übersah er bestimmte Bedeutungsmöglichkeiten: der Jüngling hält nicht einfach die gesenkte, erloschene Fackel, er stützt sich vielmehr auf sie wie nach einer vollbrachten Tat. Die Lebensflamme erlosch nicht wie eine Kerze, sie wurde vielmehr zum Erlöschen gebracht. Lessing weist die Auffassung zurück, es könne sich bei dem Jüngling um Eros handeln, weil er von diesem wohl ein zu sanftes und verspieltes Bild hatte. Er spürt, daß mit diesen Darstellungen nicht gemeint war, Lebens- und Zeugungskraft und das Feuer des Begehrens seien friedlich aus dem Verstorbenen entwichen. Der Tod ist durchaus als ein Überwältiger des Lebens dargestellt. Die Fackel ist ein altes Herrschaftszeichen, und als Gott und Herr galt, wer schicksalhaft über Licht und Finsternis, über Leben oder Tod entschied. Und auf gleiche Weise wie dieser Eros als Todesengel wurde im Hellenismus der Sieg, Nike, dargestellt: mit Flügeln. Eros – und das entspricht schon lange dem Bild der Dichter – besiegt Sterbliche wie Unsterbliche, der Tod aber scheint nur die Sterblichen zu besiegen. Müssen wir daher nicht Lessings Bedenken teilen, in diesem Jüngling Eros und Thanatos gleichzusetzen?

Noch Homer verwendete ‚theos' und ‚daimon' gleichwertig für Gott. In Platons *Symposion* (II, 202 c) dagegen läßt sich Sokrates von Diotima belehren, Eros könne kein Gott sein, da er aus der Bedürftigkeit und dem Mangel heraus das Schöne und Gute begehre und zu erzeugen suche. Wie alles Dämonische sei Eros vielmehr zwischen Sterblichem und Unsterblichem hin- und hergerissen, mal voll dunkler Leidenschaft und düster entschlossenem Ernst, mal mit heiterem Überfluß und neckischem Spiel. Gleichwohl schrieb Platon dem Eros die Tendenz ein, mehr dem Guten und Schönen nach schöpferisch zu sein und zu zeugen als etwa zerstörerisch und vernichtend zu wüten. Dagegen wurde Eros, nach Ranke-Graves (I, 48), durchaus ebenso als ‚Ker', als wilde, tötliche Begierde und geflügelte Bosheit aufgefaßt, während Bildnisse des Eros als Knabe oder Jüngling – doch immerhin wie später Apollon oder Artemis mit Köcher und Bogen, nicht nur mit Leier und Blume! – erst ab dem 5. Jahrhundert v. u. Z. auftauchten. Was Platon recht zu geben scheint, ist, daß Eros auch dann nicht in den Kreis der kultwürdigen olympischen Götter aufgenommen wurde, wenn er als Sohn von Aphrodite und Zeus oder Ares oder Hermes verstanden wurde. Verstärkt durch die christliche Lesart, wonach Dämonen nicht einmal mehr niedrigere Gottheiten oder Halbgötter, sondern nur erschaffene, Gott dienende oder von ihm abgefallene Geister seien, wurde die eigentliche Dämonie des Eros, die vielmehr weit über die Personalität der Götter hinausging, weiter entwertet. Besinnen wir uns daher auf die Gestalt des Eros in Hesiods *Theogonia* (115): er gilt als Urgott schlechthin, als Prinzip der Lebens- und Zeugungskraft von Unsterblichen wie Sterblichen, als ein Ursprung, der nicht seinerseits erzeugt und seinen Grund in anderem haben kann. Gleichursprünglich mit Chaos und Gaia, ist Eros elternlos von Anfang an. Seine Jugendlichkeit oder sein Kindsein haben kaum etwas mit Unschuld, Reinheit, kindlicher Verspieltheit zu tun; sie sind vielmehr Metaphern für das, was jeder Geschlechtlichkeit und Fortpflanzung als deren Prinzip vorhergeht. Auch Hesiod allerdings überließ sich bereits der Tendenz, dem produktiven Prinzip einen Vorrang vor dem destruktiven zu geben. Zwar verdanken die Unsterblichen ihr Entstehen ebenso Eros wie die Sterblichen, aber nur letztere werden dem Tod unterworfen. Gleichwohl sind die Parallelen zwischen Eros und Thanatos auffallend: dem ursprünglichen Chaos, der gähnenden Leere, entspricht am Ende der Tartaros, der auch Götter verschlingende Ungrund. Gaia wirkt fort nicht nur als gebärende und ans Licht bringende, sondern ebenso als dunkle, alles in ihren Schoß zurücknehmende Erde. Und dem Eros entspricht ein ebenso abstammungsloser Thanatos, dem – so ließe sich vermuten – deshalb Hypnos als Zwillingsbruder beigegeben wurde, damit auch die ‚Unsterblichen' unter ihre Herrschaft geraten. Denn bekanntlich gilt der Schlaf, aus dem man nicht wieder erwacht, als ‚Tod' eines Unsterblichen.

Im Weltbild des Abendlandes fiel also nicht nur vom Christentum her die Grundentscheidung, den Kreislauf des Entstehens und Vergehens durch einen Vorrang des Erzeugungsprinzips vor dem der Vernichtung zu durchbrechen. Dieser Bruch wird nur möglich, indem zum einen die Lebenskraft in ihrer Triebstruktur zur unsterblichen erklärt, zum andern die ganze Last des Todes dem *einzelnen* Sterblichen aufgebürdet wird, während die Frage nach dem Entstehen seiner Singularität nie gestellt wurde. Die kosmisch-göttliche Lebensmacht scheint der Tod nicht berühren zu können. Nicht der Tod, nicht das ‚Nichts‘, sondern das Sein gilt als unhintergehbarer, immerwährender Ursprung alles Werdenden. Und nicht nur das Christentum feierte diesen apriorischen Sieg des Lichts der Allgemeinheit über die Finsternis, in welche die verschwindende Einzelheit gestoßen wird.

Wird Eros als universelles Gesetz der Lebenskraft verstanden, dann allerdings ist es nicht verwunderlich, warum ihm keine Altäre und Tempel errichtet wurden. Ebensowenig wie dem Tod als ausnahmslosem Schicksal aller Sterblichen läßt sich demjenigen Kultstätten errichten und opfern, von dem sich nichts erbitten läßt: kein lebendiges Wesen, ob Sterblicher oder Unsterblicher, vermag seinem Triebschicksal zu entgehen.

Soll der Tod jedoch der Lebenskraft nicht inhärent sein, dann hat das bestimmte Folgen.

Durch Eros, so postulierte der Platonismus, vermögen die Sterblichen mittels ihrer Zeugungen und Erzeugungen an der Unsterblichkeit teilzunehmen. Die in dieser Auffassung enthaltene Ergänzung aber schien so selbstverständlich, daß Diotima nicht auf sie zu sprechen kam: Die Unsterblichen nehmen an der Sterblichkeit dadurch teil, daß sie den Sterblichen das Leben nicht nehmen können, ohne ihnen den *Tod zu geben.* Daß der Tod eine Gabe der Götter von außen ist, enthält, wie bemerkt, noch die Möglichkeit, daß den Sterblichen ebenso umgekehrt der Tod genommen werden könnte, und das Leben gegeben. Ist dieses Leben allerdings wiederum ein sterbliches, dann kann – man denke an die berühmten Sätze des Sophokles – die Gabe des Lebens als der Fluch erscheinen, durch den einem das Schicksal die Ungeborenheit genommen hat. Unerbittliches Schicksal wird dann, daß den Sterblichen mit dem Leben zugleich der Tod gegeben ist. Und insofern stellt der beflügelte Jüngling, der die Fackel zum Erlöschen gebracht hat, nur die Kehrseite des Eros dar: die Bezogenheit alles Erzeugten auf dessen Ende. Und war dies nicht stets auch das Schicksal der Götter? Selbst wenn die Unsterblichen nicht vergehen könnten: würde der Schlaf für den Gott nicht furchtbarer sein als der Tod? Anstatt daß um ihn, den ‚toten‘ Gott, gelitten und getrauert und Hoffnung auf seine Wiederauferstehung gesetzt würde, wäre der bewußtlose Gott, der nie mehr erwachte, restlos dem Vergessen preisgegeben. Teilen die Götter nicht doch das Schicksal der Sterblichen: die Endlichkeit?

Der Tod als die Kehrseite des Eros ist kein Geist und kein Gott, wenn darunter eine irgendwie personale Macht verstanden wird, die ihren eigenen Willen über das Gesetz des Schicksals zu stellen vermag. – Wer aber verbirgt sich dann unter der Maske des Gevatters Tod?

2.10 Asklepios

Als der Knabe zu Jahren gekommen war – so heißt es im Märchen –, trat eines Tages Gevatter Tod ein und hieß jenen mitgehen in einen Wald. Dort zeigte er ihm ein Kraut und bemerkte zu ihm, er werde nun sein Patengeschenk erhalten, durch das er zu einem berühmten Arzt werde.

Diese Beziehung des Gevatters Tod zu seinem Patenkind, den er zum Arzt macht, erinnert an das Verhältnis Apollons zu seinem Sohn Asklepios, zumal dessen Geburt ebenfalls unter dem Zeichen des Todes verlaufen war (Kerényi 1956). Es scheint, als folge dieses Mythologem der Auffassung, daß jede Heilung und Genesung nur vom Tod her zu verstehen sei.

Asklepios galt, zumal in Epidauros oder Pergamon, zunächst als ein selbständiger, chthonischer Heilgott in Schlangen- oder Eidechsengestalt, der auch mit Thot gleichgesetzt worden war (Pauly 1, 644). Das brachte ihn zudem in die Nähe von Hermes, der wie Thot die Totenseelen in die Unterwelt geleitet. Doch vorrangig galt Asklepios als heilkundiger Gott, der nicht nur von Übeln befreien, sondern auch die Zeit des Todes aufschieben kann. Der Kranke wurde in einem dem Asklepios geweihten Hain oder Tempel zum Schlafen gelegt. Im Traum gibt der Gott ihm durch ein Orakel Kunde von dem Heilmittel, und die Priesterärzte des Gottes hatten die Aufgabe, das Traumorakel zu deuten. – In dieser Differenz zwischen dem Orakel und seiner Deutung liegt das Verhältnis des Arztes zum Gott, das sich dann zu einem des Gottessohnes zum Gottvater verdichtete. Nicht unähnlich dem Verhältnis des biblischen Gottes zu Jesus von Nazareth, dem Heiland und Erlöser vom Tod, der selber stirbt und wiederaufersteht, zeigt sich die Beziehung von Zeus und Apollon zu Asklepios. Auch der Heilgott und Sohn des Apollon heilte und erweckte Tote wieder zum Leben, wurde selber getötet und wieder erweckt zu unsterblichem göttlichem Leben, wodurch er zudem Dionysos verwandt ist. Und so wie dieser und Jesus war auch Asklepios bereits im Augenblick seiner Geburt dem Tode besonders nahe.

Zwei Versionen der Geburt des Asklepios werden erzählt: Apollon schläft mit der Nymphe Koronis, die sich, schwanger von ihm, einem anderen hingibt: dem phallischen Erdgott Ischys, der seinerseits mit Baumkulten in Verbindung gebracht wird. Auf Bitten Apollons tötet Artemis die Koronis, aber er bereut ihren Tod, vermag jedoch nicht, sie wieder zum Leben zu erwecken. So rettet er, als die Verbrennung der Leiche Koronis' schon in Gang war, den ungeborenen Sohn Asklepios aus ihrem Bauch. Er übergibt ihn dem heilkundigen Kentauren Cheiron, der auch als Erzieher von Helden wie Iason oder Achilles gilt. Von Cheiron erlernt Asklepios die Heilkunst. – Asklepios ist damit zwar zum Sohn eines Gottes erhoben, zugleich aber ist der heilkundige Gott zum Arzt herabgesetzt, und tatsächlich werden die Söhne des Asklepios eine Dynastie von Adelsärzten begründen, zu denen sich noch Hippokrates zählen wird.

Auch in der zweiten Version, die man vor allem in Epidauros pflegte, scheint Asklepios zunächst unmittelbar zum Sterben geboren zu sein. In einem Schrein des Apollon gebar Koronis mit Hilfe der Artemis und der Moïren den Asklepios, der aber sogleich auf dem Berg Titthion ausgesetzt wurde, ein Berg, der berühmt für seine Heilkräuter war (Ranke-Graves 1982, I, 155). Ehe er von einem Hirten gefunden und aufgezogen wird, säugen ihn dessen Hündin und seine Ziegen.

Wie die Geburt des dreizehnten Kindes im Märchen, so vollzog sich also die Geburt des Asklepios unter dem Zeichen dichtester Nähe des Todes. Doch damit, daß Asklepios Sohn eines Gottes und der Arzt Patenkind eines gottähnlich scheinenden Todes sind, endet auch schon die Verwandtschaft. Sie taucht zunächst wieder auf in einer Überlagerung der Figuren des Asklepios und des Gevatters Tod. Beide verfügen über die quasi-göttliche Kenntnis, wie der Tod aufzuschieben und die Krankheiten zu heilen sind, überlassen aber die ärztliche Praxis ihren Nachfolgern. Asklepios ist jedoch selbst zunächst der sterbliche Sohn eines Gottes und einer Nymphe, der sterben und wieder auferstehen wird, ehe er zum unsterblichen Gott erhoben wurde. Der Tod aber – ob er nun als ‚Sohn' eines Gottes, als ‚Folge' von dessen Vernichtungswillen gilt oder nur als Sohn und Folge geschlechtlichen Lebens oder als sonst abhängiger Vernichter –, der Tod ‚ist' nur, solange es Sterbliche gibt. Auch wenn der Tod je nur der *meiner Selbst* ist, tilgt er sich nicht überhaupt mit diesem jeweiligen einzelnen Selbstsein, sofern es nicht der ‚letzte' Sterbliche ist; sondern der Tod ‚ist' weiterhin dadurch, daß der Sterbende teilnimmt an denen, die ihn überleben, an den ‚Unsterblichen', das heißt: an den anderen Sterblichen und deren je späterer Tod.

2.11 An der Sterblichkeit erkranken?

Was könnte es bedeuten, daß der Jüngling vom Tod gerade in einen *Wald* geführt wurde, um ihm das Heilkraut zu zeigen und ihn einzuweihen in die Regeln seiner Anwendung?

Wälder, zumal mit mächtigen, alten Bäumen, deren Kronen nur dämmriges Licht durchlassen, so daß das Untergehölz kein undurchdringliches Dickicht bilden kann – solche Wälder waren, wie Gaston Bachelard schreibt (1975, 216), ‚heilig', noch bevor Götter sie zu bewohnen begannen. Gemeint ist damit wohl die Scheu, die uns überkommen kann, wenn wir einsame Wälder betreten, deren Ausmaße wir nicht kennen, als überschreite man eine Schwelle und verletze das Gebiet eines Unbekannten. Vielleicht werden Räume nirgends mehrsinniger, uneindeutiger und weniger feststellbar als in solchen Wäldern. Mehr noch als die verlassene Ruine kann der Wald zum unheimlichen Ort werden; denn wo kein Platz oder Weg mehr vor dem anderen ausgezeichnet ist, taucht eine Unermeßlichkeit auf, die gleichwohl nichts mit der Weite der Wüsten, des Meeres, des Himmels zu tun hat. Bäume schließen sich in seltsamen Abstufungen um uns, aber sie schließen uns weder wie eine Umwandung ein, noch schließen sie uns einen Horizont auf (vgl. Bollnow 1963, 217). Daher können sie uns ebenso bergen und behüten wie Gefahren aussetzen, die sich vor uns verbergen. Wo anders könnten unsere Bewegungen ebenso angespannter wie entspannter sein, unsere Sinne ebenso wachsamer und lauernder wie träumender und zerstreuter? In solchen Wäldern geben nicht einmal mehr ‚Lichtungen' oder ‚Holzwege' (Heidegger 1980) vor, wo man noch verweilen oder wohin man sich wenden könnte. Und übergangslos heben sich Gerüche oder das Knacken, Rascheln, Zittern von einer abgründigen Stille ab, bis sie vielleicht in einem stürmischen Rauschen und Ächzen untergehen.

Diese begrenzte Offenheit des Waldes, die uns umgibt, ja einhüllen kann, ohne uns einzusperren, und diese offene Begrenzung, die uns einer durchdringenden Tiefe aussetzt, ohne uns in einen klaffenden Abgrund blicken zu lassen – sie sabotiert jede klare Scheidung von Nähe und Ferne, von Innen und Außen. Im Wald befinden wir uns abseits jener räumlichen Gliederungen, die uns gewöhnlich Orientierungen ermöglichen. Er selbst scheint abseits des Platzes oder Weges, des Aufenthaltes oder der Bewegung, abseits des Daseins oder Unterwegsseins. Wir sind im Wald gleichsam von vornherein verloren, verirrt, verwirrt und eben deshalb besonders auf Spurensuche und Fährtenlese angewiesen – ob in der Perspektive des Jägers oder Flüchtlings oder Waldarbeiters oder Wanderers ... Wie auch immer solche Perspektiven in der Gewöhnung den Wald ‚profanisieren' mögen, so scheint doch die Scheu, die das Mysteriöse auftauchen läßt, erspürbar geblieben zu sein, um einen Ort auszuzeichnen, wo man eindeutig weder bei sich noch bei anderem weilt (vgl. Bahr 1994).

Aus geschichtlichen Fernen mag die Szene, in welchen der Tod den Jüngling in den Wald führt, vielleicht noch an das Menschenopfer erinnern, das von einem Priester vollzogen wird (Frazer, 439). Und vielleicht würde durch das Opfer diese schwer erträgliche ‚Unentschiedenheit' des Waldes zur Entscheidung gebracht: denn von nun an muß der Wald zum Wohnort von Ahnengeistern oder Göttern geworden sein, deren Gunst es zu erhalten oder zu gewinnen gilt. – Sicher aber kommt dieses In-den-Wald-geführt-Werden einer Einweihung gleich, und diese mag noch an jene Initiationen erinnern, in welchen der geschlechtsreife Jüngling symbolisch getötet wurde, damit er zu einem anderen, neuen Leben erweckt werden kann, das Leben im Wissen um die eigene Geschlechtlichkeit und Sterblichkeit. Denn vom Tod in den Wald geführt wurde das Patenkind erst, ‚als der Knabe zu Jahren gekommen' war. Und muß der Jüngling nicht erst den Tod kennengelernt haben, ehe er in die Heilkunde eingeweiht und das Pharmakon begreifen kann? Und könnte dieses ‚Den-Tod-Kennen' nicht – um es mit Kierkegaard (1997, 19) zu sagen – des Jünglings eigene ‚Krankheit zum Tod' geworden sein, nämlich seine Verzweiflung darüber, daß der Tod das Letzte sei? Denn in diesem Märchen ist der Tod das Letzte und keineswegs nur ein Durchgang zu anderem oder zu ewigem Leben. Nach Kierkegaard könnte dieser Krankheit kein Kraut gewachsen sein – es sei denn, es wäre ein Sproß vom ‚Baum des Lebens'.

Würden wir den Jüngling als den verstehen, der an der Vergänglichkeit erkrankte und nun ‚Heilung' sucht, vielleicht nur Betäubung in der Einsamkeit des Waldes – dann könnte uns eine Spur weiter verweisen auf die alte Praxis des Heiltraumschlafes oder der *Inkubation*, die auch von christlichen Heiligen noch empfohlen war: der Kranke begibt sich, wie bemerkt, in den Hain (oder Tempel) des Heilgottes, wo ihm im Schlaf der Gott orakelnd das Heilmittel offenbart, durch welches er genesen werde. Das Orakel wurde dann von den Priesterärzten gedeutet.

Doch um welches Heilmittel gegen die krankhafte Verzweiflung darüber, daß der Tod das Letzte sei, könnte es sich noch handeln, wenn es nicht mehr um die Erlösung vom Tod und um den Glauben an ein ewiges Leben geht? Was offenbart ihm der Tod, wenn der Heilgott schweigt? Daß es ein Heilmittel gibt – nicht gegen den Tod, wohl *aber gegen die Unzeit seines Kommens*, dagegen, daß er zumeist zu früh, manchmal aber auch zu spät zu kommen scheint?

Im Märchen *Die Boten des Todes* (Grimm, 544) wird der Tod – wie Thanatos von Herakles – von einem Riesen niedergeschlagen. Da kam ein junger Mensch des Weges, frisch und gesund und ein Lied singend, der dem halb ohnmächtigen Tod durch einen Trank wieder zu Kräften half. „‚Ich bin der Tod', sprach er, ‚ich verschone niemand und kann auch mit dir keine Ausnahme machen. Damit du aber siehst, daß ich dankbar bin, so verspreche ich dir, daß ich dich nicht unversehens überfallen, sondern dir erst meine Boten senden will, bevor ich komme und dich abhole'." Mit den Jahren kamen Krankheiten und Schmerzen, und eines Tages stand der Tod hinter ihm und forderte ihn auf, ihm zu folgen, denn die Stunde seines Abschieds von der Welt sei gekommen. Als der Mensch einwandte, der Tod habe sein Wort gebrochen, da er ihm vor seinem Kommen keine Boten gesendet habe, erwiderte der Tod, er habe ihm doch einen Boten über den andern geschickt: Fieber und Schwindel, Gicht und Ohrenbrausen, Zahnschmerzen und Ohnmachten, und jeden Abend seinen Bruder, den Schlaf, der ihn an seinen Tod erinnerte. „Der Mensch wußte nichts zu erwidern, er gab sich in sein Geschick und ging mit dem Tode fort" (545).

Müdigkeit und Erschöpfung, Schwächen, Schmerzen und Krankheiten gelten hier als die Botschaften des Todes, die sein *unaufhaltsames Kommen* ankündigen. Und ihnen gemäß kann der Tod stets nur zur vorhergesehenen Stunde kommen. Das Märchen *Gevatter Tod* aber verkündet noch eine andere Botschaft: nicht der Tod überhaupt, aber sein ungehemmtes, unzeitiges Nähern kann *verzögert* und *aufgeschoben* werden, und nur deshalb kann seine Ankunft zu früh, aber auch manchmal sehr spät, selten im richtigen Augenblick geschehen.

Sicher, Kierkegaard würde sagen, mit dieser ‚Offenbarung' könne doch die ‚Krankheit' des Jünglings nicht geheilt werden, denn letztlich gebe es nur den Tod für ihn. Aber werden wir je dem Dilemma entkommen, dieses Leben zu entwerten entweder durch die Annahme, mit dem Tod wäre es restlos vernichtet, oder durch die Annahme eines anderen, folgenden, vielleicht besseren Lebens, indem man das hiesige Leben zu dessen moralischen Übungsplatz herabmindert? Aber selbst wenn diese irdische *Heilung auf Zeit* das Dilemma nicht aufzuheben vermöchte: eröffnet es nicht einen Spielraum in ihm? Was besagt der Aufschub des Todes durch die Heilung? Gesundet der Jüngling an dieser Möglichkeit und wird Arzt und stirbt doch zugleich an ihr? – Und erkrankt er nicht ebenso an Krankheit und Tod des anderen – des Königs und seiner Tochter? Verliert er nicht die Orientierung?

2.12 Pharmakon

Bevor ich auf die Frage eingehe, was denn die unterschiedliche Stellung des Todes zum Kranken besagen könnte und warum sie über Sterben oder Genesen entscheidet, möchte ich zwei Probleme erörtern.

Nicht belanglos scheint mir die Frage, warum es im Märchen das Kraut ist, das als Allheilmittel fungiert. Zwar deutet das Märchen seine Wirkungsweise nicht an. Doch herrscht seit der europäischen Antike ein bestimmtes Erklärungsmodell vor: Krankheit als Folge eines *Angriffs* auf die Gesundheit und Genesung als Erfolg seiner *Abwehr*, Tod dagegen als *Niederlage*. Wie aber, wenn diese militärische Strategie, die stets nur auf eine Wiederherstellung der ‚Autonomie', der ‚Souveränität', der ‚Immunität' etc. abzielt, so als ob nichts gewesen wäre, selber Symptom einer langwährenden Krise ist?

2.12.1 Pflanzlichkeit

Bis weit in die Neuzeit hinein, als die von den Arabern übermittelte Alchemie pharmazeutisch längst wirksam geworden war, galten vorrangig Kräuter als Heilmittel, und die Kräuterkunde, mündlich oder durch Herba-Sammlungen, scheint ohne Unterbrechung aus der Antike überliefert worden zu sein. Es gab zwar viele Zuordnungen besonderer Pflanzen zu besonderen Krankheiten, auch wenn die Heilwirkungen nie ausreichend zuverlässig und mechanisch waren, um ohne Besprechungen oder Beschwörungen auskommen zu können. Noch Hegel bemerkte dazu: „Das Verhältnis der Krankheit zur Arznei ist überhaupt ein magisches" (1970, 9,533). Und entsprechend finden wir zahlreiche Kräuter und offizielle Pflanzen, die allgemein ‚Heil aller Schäden, Heil aller Welt' genannt wurden und die man gegen Erkrankungen welcher Organe oder Funktionen auch immer verwendete, als entspräche ihnen eine ‚allgemeine' Krankheit in allen besonderen Erkrankungen. Ich nenne Kräuter wie Enziane, Veronica, Hexenkraut, Johanniskraut, Fünffingerkraut, von denen einige nur in Wäldern vorzukommen scheinen. Man findet zwar Hinweise darüber, wie man sich den Heilprozeß vorstellte, etwa durch ‚Analogie' (‚Schwarzes treibe Schwarzes, Flüssiges das Flüssige aus'), durch ‚Sympathie' und anderes (Pauly 4, 714). Doch welche Allgemeinheit drückt die Pflanzlichkeit der Kräuter selbst aus? – Ich möchte darüber einige Vermutungen riskieren: Nicht selten drängt sich der Gedanke auf, das Kraut – im Unterschied zur pflanzlichen Nahrung, durch welche ein Mangel aufgehoben (oder auch nur das Geschmackvolle genossen wird) –, das Heilkraut diene als ein doch nie ausreichender Ersatz für jenes ‚wahre' Allheilmittel gegen den Tod überhaupt, welches vom Lebensbaum wächst und dessen Zugang den Menschen von den Göttern verwehrt wird. Selbst das vermeintliche Allheilmittel, das immergrün und ohne Verwurzlung in der Erde zumal an heiligen Eichbäumen wächst – die Mistel (Frazer, 956 und Ranke-Graves, I, 155) – scheint nur wie der Traum von der Frucht oder von dem Kraut, das nicht nur gegen alle Krankheiten, sondern gegen den Tod selbst gewachsen sein müsse.

Es gibt zwar langwierige, vielleicht unheilbar scheinende Krankheiten, die nicht tödlich verlaufen müssen, wie etwa die Wunde Philoktets als in sich stagnierende Erkrankung, die sich weder zum Besseren noch zum Schlechteren wenden will. Dennoch scheint jede leidvolle, nachhaltige Störung der Vitalität das Leben schon durch dessen Schwächung betonter auf den Tod hin auszurichten. Es geht dann nicht mehr nur um ein *memento mori*, um das Bedenken des jederzeit möglichen Todes. Sondern da scheint, wie gering manchmal auch immer, mit jeder Krankheit das Risiko des Todes zu wachsen, wenn auch, im Unterschied zum Altern, mit der – nie ganz auszuschließenden – Möglichkeit einer Umkehr, einer Verminderung dieser Wahrscheinlichkeit durch Gesundung. Wird nicht der herannahende Tod metonymisch durch ein Schwinden von Kräften und Aktivitäten, durch ein Anwachsen von Schwächen, Erleiden und Leiden vorgestellt? Und ist letzteres nicht das Kennzeichen eines nur pflanzlichen, vegetativen Lebens, so wie es als ‚Passivität' in Opposition zur ‚aktiven' Animalität gedeutet wird?

Schon das äußere Bild eines Kranken, der liegen, sitzen, ruhen muß, zeigt die Einschränkung der Lebendigkeit als eine der Beweglichkeit von Leib, Gliedern, Sinnen. Und eben diese stillgelegte, geschwächte Animalität scheint das zunächst aufzudecken, was man seit Aristoteles (1901) das ihr zugrunde liegende *Vegetieren* nennt (Plessner 1975). Glaubte man vielleicht, Erkrankungen beruhten auf einer Verletzung dieser ‚inneren Pflanzlichkeit' des Lebens, in deren Folge erst die animalische Vitalität gehemmt und geschwächt werde? Soll deshalb die Heilung vom Pflanzlichen her geschehen, wogegen sich die Animalität ausreichend vom gesundenden Schlaf her regeneriere, solange der sie steuernde Verstand nicht verwirrt wäre? – Der seit der Antike endlos wiederholte Spruch *medicus curat natura sanat* scheint darauf hinzuweisen.

2.12.2 Gift

Wie aber stellte man sich diese ‚natürliche' Heilung vor? Das ökonomische Modell scheint zur Erklärung nicht auszureichen, wonach nur ein Mangel entstanden und wie bei der Ernährung ein Bedarf an verbrauchten Stoffen, Energien, Ordnungen wieder zu decken sei. Krankheit scheint stets von einem eindringenden Schädling verursacht, ob nun von außen her oder wie ein Störenfried von innen her, ob als zufälliger Fremdkörper oder fremde Kraft oder Fehlleistung, ob mit parasitärer Intention oder – wie im Falle der Dämonen – mit bösen Absichten. Stets scheint die Krankheit als ein widerrechtliches Übel, das dem Wohlbefinden des Lebewesens den Krieg erklärt und mit ‚Gegenübeln' bekämpft werden muß. – Dann allerdings läßt sich das pflanzliche Gegenmittel nicht nur als sanfter ‚Sanitäter' oder als ‚Pflegerin' oder als behandelnder Arzt verstehen, welche die Verwundeten umhegen, versorgen und ihnen Schonung angedeihen lassen. Das Gegenmittel – ob es als körpereigenes oder als Medikament in die Schlacht geführt wird – ist vielmehr ein Krieger, und die heilende Natur ist verteidigende, kämpfende, den Feind nicht nur vertreibende, sondern auch tötende Natur. – Verstand man so die Heilkundigkeit des Todes oder tötenden Gottes?

Im Namen des Hippokrates war eine grundsätzliche Entscheidung getroffen worden gegen jene vor-asklepiadischen Priesterärzte, deren Praktiken wesentlich in die Magie eingebettet waren. Der Kampf gegen die Krankheit wurde gleichsam mit handfesten Waffen geführt, die, wie es scheint, ungefähr denen entsprechen, die der Angreifer verwendet. In *Von der heiligen Krankheit* (Hippokrates, 260) heißt es: „Heilbar sind die meisten Krankheiten durch ganz dieselben Faktoren wie die, aus denen sie entspringen." – Das impliziert natürlich, daß es außer der möglichen Vernichtung des Angreifers oder des Todes des Angegriffenen eine Art Patt zwischen den Gegnern geben kann, etwa in der Weise der chronischen Krankheit, die zwar zu keiner Verschlechterung, aber auch zu keiner Besserung führt. Doch da sie ständig an der Lebenskraft zehrt und zeitraubend ist, scheint sie immer schon auf den Tod des Kranken zu gehen. Und darin mag nun der Grund liegen, warum man das *Duell* als Erklärungsmodell nicht für ausreichend befand und man zu dem der *Kriegslist* überging.

Der Kampf gegen die Krankheit wird nicht mehr ‚frontal' geführt, sondern mit Mitteln der Täuschung, nämlich mit Heilmitteln, die zugleich *Gift* – Pharmakon – sind. Doch wer oder was wird durch das Gift getäuscht? Außer durch einen Rückfall in die Vorstellung, alle Krankheiten würden durch angreifende Dämonen verursacht, konnte man ja kaum davon ausgehen, daß man mit Giftködern gierige Feinde in die Falle locken könnte.

Paracelsus (1984, 127), der sich auf Platon bezieht wie dieser seinerseits auf Hippokrates, betont den Vorrang des Maßes, das darüber entscheide, ob ein Mittel heile oder krank mache: „Der Gift verachtet, der weiß um das nit, was im Gift ist. Denn das accanum [das Geheimmittel, H.-D. B.], das im Gift, ist gesegnet der maßen, daß ihm das Gift nichts nimmt noch schadt. – Alle Dinge sind Gift, und nichts ohn Gift. Allein die Dosis macht das ein Ding kein Gift ist." Und ergänzen ließe sich, daß es umgekehrt die Dosis machte, daß der Schierling dem Sokrates zum tödlichen Gift wurde. Aber inwiefern ist das Heilende zugleich Gift für das Krankmachende (Derrida 1995, 106)?

Hegel gab auf diese Frage eine bemerkenswerte Antwort: Das Heilmittel beschwichtige nicht die dysfunktionellen Erregungen eines Organismus, vielmehr vergifte es den erkrankten, nämlich ‚hypochondrischen' Organismus, der damit genötigt werde, seine ganzen Abwehrkräfte aufzubieten. Denn die Krankheit ist insofern die Wirklichkeit einer Einbildung, als durch die Verletzung oder Störung eines *Teils* der Organismus meine, als *ganzer* krank zu sein. Und zweifellos hat Hegel hier Molières *Der eingebildete Kranke* im Blick. In der Krankheit habe sich unangemessen ein besonderes Organ, eine partikuläre Funktion als das Totale gesetzt, als wäre der ganze Organismus betroffen – ein Gedanke, den wohl als erster Alkmaion (1967, 237), ein Schüler des Pythagoras, der um 500 v. u. Z. lebte, gefaßt hat. Krankheit ist stets Störung eines Gleichgewichts dadurch, daß sich das Besondere und Beschränkte ‚fälschlich' als Allgemeines und Ganzes ausgibt. Nach Hegel ist der Organismus so lange in dieser Beschränktheit befangen und unfähig zu reagieren, solange ihm die eigene Disproportion nicht zu einem zu überwindenden Objekt werde. Das Gift der Arznei wird an die Stelle der unfaßlichen, abstrakt allgemeinen Erkrankung gesetzt, damit überhaupt ein Gegner ausgemacht werden kann, der doch listig als Verbündeter gegen das hypochondrische Kranksein eingesetzt wird. Denn nun nehme sich der *ganze* Organismus zusammen, um die eingebildete Totalität des Krankseins dadurch zu bekämpfen, daß er das Gift zu bewältigen hat. Indem sich der Organismus gegen die Beschränkung durch eine Pseudototalität wendet, hat er bereits die Genesung eingeleitet: „Die Arzneimittel sind insofern *negative* Reize, Gifte; ein Erregendes und zugleich Unverdauliches wird dem in der Krankheit sich entfremdeten Organismus als ein ihm *äußerliches* Fremdes dargeboten, gegen welches es sich zusammennehmen und in Prozeß treten muß, durch den er zum Selbstgefühl und zu seiner Subjektivität wieder gelange“ (9, 530).

So wie die Krankheit – im Unterschied zu verletzten oder gestörten Organen und Funktionen – der aus seinem Gleichgewicht geratene Organismus selbst ist, so liegt auch das Gift gegen diese Krankheit im Organismus selbst. Das aber begreift er erst, indem ihm ein äußeres Gift in Form der Arznei als scheinbarer Gegner vorgeworfen wird. Gegen ihn werden die desorientierten, zerstreuten Kräfte wieder gesammelt, worin eben schon das Gegengift gegen die Erkrankung liegt. Sofern daher die Krankheit stets – wie es scheint – auf einen ‚vorzeitigen‘ Tod des Organismus durch sich selbst geht, kann sich der Tod, im Wissen um die Wirkung des Pharmakon, als heilkundig erweisen.

Aber beruht denn die Gesundheit des ganzen Organismus nicht vielmehr ebenso auf einer ‚Hypochondrie‘ des Gleichgewichts? Gemeinhin liegt eine Täuschung schon in der Annahme, durch Genesung erlange man die Gesundheit nur *wieder*, so wie zuvor, als wäre nichts weiter gewesen außer etwas Negatives, das getilgt wurde und dessen Wiederkehr es zu verhindern gelte. Dem allerdings widerspricht schon das Kriegsmodell, das auch Hegels Gedanken zugrunde gelegt bleibt: anstatt nur den Frieden wieder erlangt, glaubt man ein Heil gewonnen zu haben. Denn Heilen heißt hier allemal einen Sieg erringen über einen obsessiven Feind, und insofern scheint alle wiedererlangte Gesundheit bereits der Triumph eines gesteigerten Lebensgefühls. – Unter der Vorherrschaft des Kriegsmodells wird der Gedanke schwer, daß es vielleicht nicht darum geht, den Feind zu besiegen oder in einen Bündnispartner zu verkehren, sondern in ihm jenes Fremde anzuerkennen, das weder ausgeschlossen noch in Eigenes verwandelt werden kann, das vielmehr zu einem Moment der *Veränderung* von Gesundheit würde, um damit eine *Geschichte des Wohlbefindens* gegen die bloße Wiederherstellung der Leistungsfähigkeit zu setzen. Solange letztere jedoch vorherrscht, bleiben wir der unheilbar gewordenen, allgemeinen Krankheit der Moderne unterworfen: erkrankt an der Sterblichkeit überhaupt, am Tod als jenem absolut Letzten, dem ‚Nichts‘ folge. Und weiterhin wird man sagen, das Leben sterbe nur an der Maßlosigkeit seiner Einzelheit und der Lebende trage – wie auch Kant (11, 374) meinte – von vornherein den ‚Keim des Todes‘ in sich, als sei das Nichts eine Pflanze, die uns überwuchere, bis sie uns eines Tages erwürge, ein Gift, das stets tödlich wirke, einerlei in welcher Dosis.

2.13 Die Stellung des Todes

Nachdem der Tod dem Jüngling das Heilkraut gezeigt hatte, bemerkte er: „Ich mache dich zu einem berühmten Arzt. Wenn du zu einem Kranken gerufen wirst, so will ich dir jedesmal erscheinen: steh ich zu Häupten des Kranken, so kannst du keck sprechen, du solltest ihn wieder gesund machen, und gibst du ihm dann von jenem Kraut ein, so wird er genesen; steh ich aber zu Füßen des Kranken, so ist er mein, und du mußt sagen, alle Hilfe sei umsonst und kein Arzt in der Welt könne ihn retten."

Dem ärztlichen Blick wird also die Fähigkeit verliehen, nicht nur überhaupt den unsichtbaren Tod des anderen zu sehen, sondern auch dessen Standort. Wann immer der zum Kranken gerufene Arzt erscheint, wird der Tod mit da sein, und nur jener scheint die Bedeutung seines Standortes begreifen zu können. Warum entscheidet diese Stellung über Leben und Tod? Läßt sich begreifen, warum gerade das Zu-Häupten-Stehen ‚Gesunden', das Zu-Füßen-Stehen ‚Sterben' bedeutet? Wen erblickt denn der Arzt in der Gestalt dessen, der hier den Namen Tod erhielt? Erklärtermaßen ist er weder Gott noch Teufel. Aber trägt er nicht schattenhaft die Züge eines heilenden oder tötenden Gottes? Oder ist er nur der göttliche Bote und Diener einer verschwiegenen himmlischen oder unterweltlichen Macht? Oder nur ein Dämon, Geist jenes Todes, der auch dem Genesenden schon zuwinkt? Schutz- und Todesengel in einem? Oder ist er der Geist der Toten, der dem Kranken als grausiger Spuk zukommt? Oder ist er der Genius des Sterblichen selbst? – Aber fügt sich denn das, was der Arzt erblickt, überhaupt noch in ein einheitliches Bild, das sich eindeutig von Anderem unterscheiden ließe?

Es gibt Anzeichen dafür, daß in dem Märchen – historisch gesehen – die Positionen des Todes bezüglich des Toten verschoben wurden zu solchen bezüglich des Kranken, der ebenso Sterbender wie Genesender sein kann. Auch wenn der bettlägerige Kranke bewußt und wach sein kann – und insofern wurde die Krankheit nicht, wie der Schlaf, als ein Bruder des Todes angesehen –, so deutet doch seine *Lage*, im Unterschied zum aufrechten Stand und Gang, eine gewisse Neigung (klinein) und Verwandtschaft zu Schlaf und Tod hin: ob auf einem Bett oder Katafalk, der liegende Körper berührt auf ausgedehnte Weise den Untergrund und hebt sich nicht mehr gegen dessen Richtung ab. Und doch: Solange der Kranke lebt, wird sich sein Haupt auch dann ‚oben' befinden, dem Licht, dem Himmel, den Göttern, dem Wunschbild zu, wenn er liegt, während seine Füße, auch wenn deren Sohlen im Liegen den Boden nicht ‚ständig' berühren, doch nach ‚unten' zeigen, der Erde zu. Und wer auf(er)steht, erhebt zunächst sein Haupt, das umgekehrt zuletzt gesenkt wird, wenn man sich hinlegt.

Doch daraus ist wohl noch kaum zu entnehmen, warum die Genesung dem Haupt, das Sterben den Füßen zugeordnet wurde. Vielleicht mag die in ihrer Bedeutsamkeit gesteigerte Erfahrung eine gewisse Rolle gespielt haben, daß Kinder zumeist mit dem Kopf voran geboren werden und ans Licht kommen, wogegen sie mit den Füßen voran nicht selten tot geboren wurden. Und mancherorts herrscht noch heute der Brauch, Tote mit den Füßen voran aus dem Sterbezimmer zum Ort der Bestattung zu tragen (Barsch 1973, 61 und Lehmann 1964, 132). Wie könnte sein ‚Dahingehen' besser dargestellt werden?

Wie aber ist zu verstehen, daß man in Kirchen tote Geistliche mit dem Haupt zum Altar, tote Laien aber mit den Füßen zum Altar aufbahrte (Panofsky, 66)? Stirbt ersterer nur dem Gott, letzterer der Gemeinde? Verweist dann das Haupt auf den Tod oder auf die Wiederauferstehung? – Im Märchen geht es aber nicht um Lebende und Tote, sondern um den Genesenden oder Todkranken. Und ist nicht der Gesundende derjenige, der wieder auf die Beine kommt, während der Sterbende mit dem Bewußtsein den Halt seines Kopfes verliert – ganz abgesehen davon, daß der eigene Tod ‚im Kopf' beginnt? – Nach Rölleke (253) bedeutet der Tod zu Häupten bei einigen Autoren, daß der Kranke leben, bei andern, daß er sterben wird, und die Brüder Grimm wechselten von einer zur andern Version und wieder zurück. – Entscheidender ist, so denke ich, daß der Tod überhaupt eine Position bezieht. Mit ihrem Kopf und auf ihren Füßen tanzten die Lebenden wie die Toten. Der Tod aber ist unverrückbar geworden.

2.14 Der Vertrag

Nachdem Gevatter Tod seinem Patenkind die Regeln erklärt hatte, wie mit dem Patengeschenk umzugehen sei, hatte er noch die Drohung hinzugefügt: „Aber hüte dich, daß du das Kraut nicht gegen meinen Willen gebrauchst, es könnte dir schlimm ergehen."

Setzt eine solche Drohung nicht voraus, daß keine Moïren, Parzen oder Nornen, kein Gott und keine Vorsehung mehr den Zeitpunkt des Sterbens notwendig und unabänderlich festgelegt haben? Setzt sie nicht voraus, daß das Kraut, da es anscheinend gegen den Willen des Todes verwendet werden kann, eine *natürliche* Heilkraft besitzt, die ohne Rücksicht auf irgendwelche übernatürlichen Wesenheiten und deren Magien wirksam ist? Schimmert da nicht schon durch, daß das Sterben der Menschen von keinem Willen des Todes mehr noch von einem Gesetz abhängt? – Vielleicht übernimmt hier das Gebot des Todes dieselbe Funktion wie das Gebot Gottes, nicht von der Frucht der Erkenntnis zu essen: nämlich die Funktion, ein Begehren allererst zu wecken, das Gebot zu übertreten?

Doch versuchen wir zunächst, die seltsame Vereinbarung zu verstehen, die der Tod als Person mit seinem Patenkind trifft. Es handelt sich um das Angebot eines Geschenkes, das heißt um ein Gut, das nicht um eines wechselseitigen, sondern nur um eines einseitigen Vorteils wegen angeboten wird; mag man auch ein Motiv für die Schenkung darin sehen, daß sich der Schenkende (Pate) dem Vater des Beschenkten (Sohn) für die Ehre verpflichtet fühlte, als Pate angenommen worden zu sein, vor allem aber darin, sich an sein Versprechen zu halten. Und man wird nicht annehmen wollen, der Tod sei auf einen Gehilfen angewiesen, um die Genesenden von den Sterbenden abzusondern. – Der Wert des Geschenkes besteht in der Mitteilung eines geheimen, ausschließlichen Wissens um die heilende Wirkung eines bestimmten Krautes, durch welche Kenntnis der Beschenkte reich und berühmt werden kann. Trotz der Auflage, die den Umgang mit dem Geschenk einschränkt, braucht der Tod offensichtlich nicht zu fragen, ob sein Angebot angenommen würde: so sehr scheint doch jeder solche Wünsche zu hegen und würde ihrer Erfüllung zustimmen.

Erst durch die ausdrückliche Verpflichtung des Beschenkten zu einer bestimmten Unterlassung – nämlich dem Kranken das Heilkraut nicht zu verabreichen, wenn der Tod an dessen Fußende erscheint – und durch die stillschweigende Verpflichtung des Todes, sich an eine dem Arzt offenkundige Regel zu halten und nicht wahllos die einen genesen, die anderen sterben zu lassen – erst durch solche wechselseitigen Verpflichtungen geht die Vereinbarung darauf, den Charakter eines Vertrages anzunehmen.

Man kann wohl allgemein mit Hegel (VII, 153) sagen, daß Menschen, die ein Vertragsverhältnis eingehen, sich schon notwendigerweise als Rechtspersonen anerkennen. Doch Verträge müssen dadurch, daß sie auf einem gemeinsamen Willensbeschluß und auf gegenseitiger Verpflichtung beruhen, noch keineswegs rechtens sein. Denn ihre Inhalte können gesetzwidrig, rechtswidrig, sittenwidrig sein wie die meisten Pakte zwischen Kriminellen. Solche Verträge werden rechtlich als nichtig angesehen. Und wörtlich genommen wäre das hier durchaus der Fall: da weigert sich ein Arzt, bestimmten Kranken dann ein Heilmittel zu geben, wenn der Tod sie als sein ‚Eigentum' beansprucht, nur um selbst reich und berühmt zu werden. Das wäre nicht nur eine Verhöhnung der ärztlichen Moral und des hippokratischen Eides, alles nach bestem Wissen und Können zum Heil des Kranken zu tun (Hippokrates, 245), sondern ein Verbrechen wohl nach Ansicht jeder Gemeinschaft, auch wenn die ‚Person' des Todes nicht wie ein Henker oder Mörder oder wie ein Sklavenhändler angesehen würde, der danach trachte, die Menge im Totenreich zu vermehren. – Aber es geht hier natürlich um eine andere Gesetzmäßigkeit, die dem Vertrag zugrunde liegt: alle müssen sterben, doch das soll nicht länger ohne jede Ordnung geschehen.

Die Androhung eines Übels verweist darauf, daß eine Vertragserfüllung nicht nur dem Belieben oder guten Willen der Vertragspartner überlassen wird. Ob die Verletzung eines Vertrages dadurch geahndet wird, daß Zwang zur Erfüllung der vereinbarten Leistung oder zur Ersetzung eines Schadens ausgeübt wird, oder dadurch, daß zudem die Mißachtung der Person des anderen, soweit sie sich im Vertragsbruch bekundet, bestraft wird: zu einem Rechtsgeschäft wird der Vertrag offensichtlich erst durch eine – wie Kant (VIII, 398) sich ausdrückte: *dritte Person*, über welche auch Zwangsmittel angewendet werden können. Denn würde ein Vertragspartner selber die Wiedergutmachung erzwingen, ginge solches ‚Faustrecht' immer schon in Bekriegung über, und würde er sich wegen der kränkenden Verletzung zu Strafmaßnahmen verleiten lassen, handelte es sich eher um persönliche Rache und Vergeltung. Und so scheint es auf den ersten Blick im Märchen, da doch der Tod den Arzt zu zwingen scheint, mit ihm zu gehen, nachdem dieser wiederholt gegen die Vereinbarung verstoßen hat. Schrieben doch die Brüder Grimm, der Tod habe sich rächen wollen. Hatte der Tod also von vornherein nur eine Vergeltung im Sinne, die sich außerdem, dem Vertragsinhalt nach, mit einer Wiedergutmachung deckt?: ‚Enthältst du mir den Tod eines Kranken vor, nehme ich mir dafür dein Leben.' – Doch auf welche Weise würde das geschehen? Geht es wirklich um die Androhung einer ‚Todesstrafe'? Wie vor allem sollten sich diese Möglichkeiten mit dem Bild der mechanisch abbrennenden Lebensflamme vereinbaren lassen?

Bedenken wir die lange Liste möglicher ‚Begründungen' und ‚Rechtfertigungen' von Strafe überhaupt, wie Nietzsche sie in *Zur Genealogie der Moral* (VIII, 347) vorlegte, dann wird klar, daß eine Todesstrafe für den Betroffenen nicht den geringsten Sinn ergeben kann. Es kann für ihn überhaupt keine Todes-*Strafe* geben. Sie beruht vielmehr einzig in der Qual des Bewußtseins durch die Angst, wenn der Zeitpunkt der Tötung festgelegt ist und unerbittlich näher rückt. Insofern ist sie nur eine Form der *Folter*, welche die Rachgier genießen will, während die Tötung selbst die Tradition der Menschenopfer fortsetzt. – Sollen wir annehmen, der Tod im Märchen hätte solches im Sinn? Richtig ist zwar, daß er nicht mehr als Diener oder Funktionär einer höheren Macht gilt. Insofern ist er weder ein Racheengel noch ein Henker. Wie aber wird die Todesart des Arztes zu verstehen sein? Kommt ihm der Tod wirklich gewaltsam von außen? Ist es sein Schicksal oder nur Zufall, daß er, wie viele andere auch, schon in jungen Jahren sterben wird? Oder hat er irgendwie selbst sein Leben verspielt? Wie wenn die Entgegensetzung, der zufolge der Tod ‚von außen' käme oder dem Leben ‚von innen heraus' geschähe, fraglich wäre?

Vorerst jedoch beruht die Androhung darin, einer frei gewählten Verpflichtung zu einem eingeschränkten Handeln Nachdruck zu verleihen.

2.15 Die Sterblichkeit in Frage gestellt

„Es dauerte nicht lange", so heißt es im Märchen, „so war der Jüngling der berühmteste Arzt auf der ganzen Welt." Er brauche die Kranken nur anzusehen, so wisse er schon, wie es mit ihnen stehe, ob sie wieder gesund würden oder sterben müßten. Von weit her holte man ihn zu den Kranken, und bald war er ein reicher Mann.

„Nun trug es sich zu, daß der König erkrankte; der Arzt ward berufen und sollte sagen, ob Genesung möglich wäre. Wie er aber zu dem Bette trat, so stand der Tod zu den Füßen des Kranken, und da war für ihn kein Kraut mehr gewachsen. Wenn ich doch einmal den Tod überlisten könnte, dachte der Arzt, er wird's freilich übel nehmen, aber da ich sein Pate bin, so drückt er wohl ein Auge zu: Ich will's wagen. Er faßte also den Kranken und legte ihn verkehrt, so daß der Tod zu Häupten desselben zu stehen kam. Dann gab er ihm von dem Kraute ein, und der König erholte sich und ward wieder gesund. Der Tod aber kam zu dem Arzte, machte ein böses und finsteres Gesicht, drohte mit dem Finger und sagte: ‚Du hast mich hinter das Licht geführt. Diesmal will ich dir's nachsehen, weil du mein Pate bist; aber wagst du das noch einmal, so geht dir's an den Kragen, und ich nehme dich selbst mit fort'."

Bevor ich auf die vermeintliche List zu sprechen komme, möchte ich zunächst fragen, wie überhaupt die Botschaft zu verstehen ist, wonach nur der Tod scheinbar entscheide, wer von den Kranken jeweils gerade dem Tod entgeht und wer nicht. Daß – sieht man vom Problem der ‚Sterbehilfe' ab – der Arzt nicht über Leben und Tod entscheiden soll, liegt im tradierten Ethos seines Tuns. Doch hier liegt diese Entscheidung nicht mehr in der Hand eines Gottes. Was bedeutet das? Ist der Tod einfach das zufällig gewordene Schicksal der Sterblichen?

Unsere Erzählungen sind voll von Helden, Frauen, Kindern, Tieren, Geistern, die Menschen vor einem sicher scheinenden Tod bewahren, vor dem Tod durch Ungeschick, durch Naturgewalten und reißende Tiere, durch Feinde oder Mörder. Niemand hält sich in solchen Fällen an einschränkende Regeln, die ein Totengott vorgab. Warum wurden solche bedeutsam im Verhältnis zum Arzt?

In Gesellschaften, wie etwa der antiken orientalischen, in denen der Glaube an magische Wirkungen sehr stark war, scheint es keine Hybris und kein Frevel gewesen zu sein, Kranke uneingeschränkt vor dem Tod zu bewahren, ja sogar Tote wieder zum Leben zu erwecken. Das taten Propheten, Priesterärzte, Apostel und Heilige, nicht nur Göttersöhne. – Ganz anders im Bereich griechischer Mythen, von denen aus dieses Märchen beleuchtet werden kann. Nicht einmal Götter erweckten Tote wieder zum Leben; sie bewahrten allenfalls deren Seelen davor, im Hades zu verschwinden, indem sie manche Helden auf die Insel der Seeligen oder als Gestirn an den Himmel versetzen. Die Götter vermögen natürlich, Menschen vor einem tödlichen Ereignis zu bewahren. Doch einen Menschen dem Tod selbst zu entreißen scheint nur heilbringenden Helden vorbehalten zu sein: Herakles, der Thanatos überwältigt, um die (verhüllte) Alcestis zum Leben zurückzubringen, Orpheus, der selbst Hades zu rühren vermochte. Solches war nicht einmal dem Apollon gelungen, der Admet retten wollte: von den Moïren, die er trunken gemacht hatte, erreichte er einen Aufschub des Todes von Admet nur dadurch, daß er in Alcestis jemand fand, der an dessen Stelle zu sterben bereit war.

Asklepios, der immerhin Sohn eines Gottes war, wurde von Zeus erschlagen, nicht nur weil er Tote wieder zum Leben erweckt hatte (nach Appolodor Helden wie Kapaneus, Lykuros, Hippolytos, Tyndareus, Hymenaios, Glaukos), worüber – nach Ranke-Graves (I, 156) – Hades sich beklagt haben soll, Asklepios habe ihm Untertanen gestohlen; sondern auch deshalb, weil er manche wider den Willen eines Gottes vor dem Tode bewahrt habe. Appolodor (III, 118)hatte nur lakonisch bemerkt: „Zeus befürchtete, die Menschen könnten durch die Gabe der Heilkunst einander gegenseitig retten, und erschlug deswegen jenen mit dem Donner.“ Doch damit deutete er die eigentliche Gefährdung der Götter schon an. Sie liegt nicht nur darin, daß Ärzte die Priester zu ersetzen begannen oder gar selbst zu Art Göttern erhoben wurden. Sondern in der Tätigkeit des Arztes, durch welche der Tod hinausgeschoben wird, scheint eine Richtung gegen die Sterblichkeit überhaupt eingeschlagen zu sein …

Pindar (1958, 77) versuchte diese Vermessenheit noch dadurch zu steigern, daß er Asklepios zudem eine niedrige Gesinnung unterstellte. In seiner dritten Pythischen Ode heißt es über ihn: „Doch Gewinnsucht fesselt den Weisesten selbst. /So verführt’ auch jenen mit gleißendem Lohne / Gold, in Händen blinkend, daß / Er, den schon das Ende erfaßt, /wiedererweckt‘. Doch der Arm des Kroniden, durch beide / schleudernd, nahm den Lebensodem aus ihrer Brust / Gar geschwind; es schmettert’ der funkelnde Blitz den Tod herein. – /Nichts als das Ziemende sollst / du von Gott begehren. Trachte nur nach dem, / Was du begreifst, und bedenk, was Menschenlos ist!“ Und noch Galen (364) spricht von jenen habgierigen Ärzten, die oft nur ‚Apotheker‘ seien und den Sinn ihrer Kunst ins Gegenteil verkehrten. Und gehörte nicht das Patenkind des Todes in einem gewissen Sinne zu diesen Scharlatanen, da er ja über keine langwierige, mühevolle Ausbildung zum Arzt verfügt?

Wie auch immer: nicht überhaupt und doch in jedem Augenblick immer wieder von neuem stellt der Arzt die Sterblichkeit in Frage und mischt sich in das alte Recht eines Gottes ein, über Leben und Tod zu entscheiden.

Im Mythos des Sisyphos wurde dieser Frevel nochmals in gesteigerter Form dargestellt: Nun ging es nicht nur um die Bewahrung eines einzelnen vor dem Tode, sondern zu diesem Zweck um eine Überwältigung des Todes selbst, so daß niemand mehr sterben konnte.

Zeus hatte Aigina, die Tochter des Flußgottes Asopos, entführt, was Sisyphos ihrem Vater verriet. Daraufhin befahl Zeus dem Hades, diesen wegen Verrats göttlicher Geheimnisse in den Tartaros zu holen. Als Hades den Sisyphos fesseln wollte, bat dieser ihn listig, ihm einmal die Verwendungsweise der Fesseln zu demonstrieren, was Hades auch an ihm selbst vorführte. Da zog Sisyphos die Fesseln vollends zu und hielt ihn gefangen. Niemand starb mehr, bis der Kriegsgott Ares ihn befreite (Ranke-Graves 1982, I, 195). Sisyphos wurde bekanntlich zur ewig erfolglosen Mühe verurteilt, was paradoxerweise nur durch die Verleihung einer postmortalen Unsterblichkeit möglich wurde. (Das Motiv eines überwältigten Todes so, daß kein Mensch mehr stirbt, findet sich auch im Märchen der Brüder Grimm (296) *Der Spielhansl.*

Asklepios aber sollte, wie Dionysos oder Jesus von Nazareth, von den Toten als ein Gott wiederauferstehen. So prophezeite es, nach Ovid (1964, II, 642), schon Ocyrhoe, die Tochter des Cheiron, bei dem das Kind Asklepios heranwuchs: „O wachse, du Knabe, der ganzen / Erde ein Retter! Dir werden gar häufig der Sterblichen Leiber / Rettung verdanken, dir wird es vergönnt sein, entwichene Seelen / wiederzuschenken, und hast du einmal zur Empörung der Götter / Solches gewagt, so hindert die Flamme des Ahnen dich, nochmals / Dies zu gewähren. Du wirst aus göttlichem Wesen zur Leiche / Und aus der Leiche zur Gottheit, dein Schicksal zweimal erneuernd." Und so bedeutsam schien Ovid (XV, 626) dieser Gott, daß er die *Metamorphosen* mit der Geschichte seiner Überführung von Epidauros nach Rom, und zwar in Gestalt der Schlange, die den Stab umwindet, enden läßt. Als ‚salutifer Urbi' wird Aesculap neben Caesar (Augustus) gestellt. Als Gott wird er vielleicht entscheiden, wer geheilt wird und wer nicht. Aber ist es auch seine Entscheidung, wen er vor dem Tode bewahrt und wen nicht?

Es scheint, als hätte der griechisch-römische Mythos der Möglichkeit, Tote wieder zum Leben zu erwecken, endgültig einen Riegel vorschieben wollen, um dem Leben selbst dann eine unumkehrbare Richtung einzuschreiben, wenn man der Seele zugestand, sich zu einem anderen Leben inkarnieren zu können. Es soll keine Rückkehr mehr geben. Der Chor in *Alcestis* von Euripides (1981, V. 122) entschlägt sich jeder Hoffnung, Alcestis könne von des Phoibos Sohn Asklepios zur Rückkehr aus dem Hades gebracht werden: „Denn Todbezwungene erweckte er, bis ihn traf der von Zeus geschleuderte Schlag des feurigen Blitzes." Zuvor (V. 28) hatte Thanatos Apollon verdächtigt, er wolle ihm Alcestis vorenthalten. Es wäre ein Frevel, dadurch den Anspruch der Unterirdischen zu schmälern. – Geht es um diesen Anspruch der Götter, das Leben der Sterblichen zu beenden?

Auch Vergil erwähnt in der *Aeneis* (7, V. 746 f.) den Fall des Hippolytos, der, durch die Intrige der Phädra zu Tode gebracht, von Asklepios ‚durch päonisches Kraut' gerettet worden war. „Doch der allmächtige Vater, erzürnt, daß ein Sterblicher wieder / Sich zu des Daseins Licht aus des Abgrunds Schatten erhöbe, / Schleuderte selbst mit dem Blitz den Erfinder von solcherlei Heilkunst / Phoebus eigenen Sohn, hinab zu den stygischen Wogen."

Im Märchen scheint Gevatter Tod diesen Anspruch des verschwundenen Gottes, über den Zeitpunkt des Sterbens zu entscheiden, geerbt zu haben. Auf ihn übertrug sich scheinbar das Recht zu entscheiden, wen er vor dem Tode bewahren wolle und wen nicht, so, als müsse alles

Lebenkönnen und Sterbenmüssen stets auf einem ‚höheren' Willensbeschluß beruhen. Das aber stellt der Arzt in Frage; doch nun wird er selber sterben, ohne zu einem Gott erhoben zu werden. – Gefährdet die vermeintliche List des Arztes jene Ordnung nach dem *Tod Gottes*, der nur zu ertragen war, indem man den Tod zum Gott erhob? Noch allerdings bezweifelt dieser Arzt gar nicht die alte Überzeugung, der Tod sei stets eine *beschlossene* Sache …

2.16 Überlistung des Todes?

Wie wir schon zu Beginn des Märchens gehört hatten, scheint der Tod keine eigennützigen Motive zu verfolgen, wenn er diesen holt, aber jenen noch verschont. Sein Tun schien ethisch als ‚gerechte Gleichbehandlung' aller Sterblichen auffaßbar, weil er keinen Unterschied zwischen Reichen und Armen, zwischen Herren und Knechten mache. Doch was bleibt von dieser Gerechtigkeit, wenn der Tod unterschiedslos die Jungen wie die Alten holt, diejenigen, die ihn als größtes Übel ansehen, wie diejenigen, die ihn willkommen heißen, wenn er keinen Unterschied macht angesichts der Guten und Bösen? – Der Tod im Märchen sagte von sich nur, daß er alle gleich mache, nämlich zu Toten. Er hat kein Motiv mehr: weder vermehrt er dadurch seine Ehre, daß er immer mehr Lebende besiegt, noch vermehrt er die Untertanen eines Totenreiches, noch will er Gerechtigkeit demonstrieren. Und doch soll seine ‚Entscheidung' nicht in Frage gestellt werden?

Anders scheint es im Falle des Arztes zu sein. Lassen sich da nicht ausreichend Motive angeben, warum er gerade den König und nicht einen der vielen anderen, die er behandelte, vor dem beschlossenen Tod bewahren wollte? Würde er nicht – außer noch mehr Ansehen und Reichtum zu erwerben – auch direkt von der höchsten Macht profitieren? (Und tatsächlich wird der Arzt ja dann ‚die Krone erben', das heißt selbst König werden.) Und mehr noch: wenn die königliche Souveränität und uneingeschränkte Macht sich darin manifestiert, daß er über Leben und Tod, als Richter wie als Kriegsherr, entscheidet: gewinnt dann nicht der Arzt, der über dessen Leben und Tod entscheiden könnte, schlechthin wie ein Gott die Macht über Macht selbst? – Und doch könnte der Arzt auch politische Motive für sein Handeln angeben. Sorgt er sich nicht vielleicht um das Wohl eines Volkes, daß seine Einheit nur in einem Oberhaupt und Anführer repräsentierbar sieht? Was geschähe, wenn dieser König, der noch ohne Nachfolger ist, nicht mehr die Geschicke des Landes lenkte und aufeinander abstimmte? Wer könnte garantieren, daß kein Feind seine Macht usurpieren, daß kein Tyrann sie ergreifen, kein Chaos sie zersetzen wird? – Wir können also hier nichts Entschiedenes über die Motive sagen.

Doch wir können zu klären versuchen, was hier genau geschieht. Der Arzt selber spricht vom ‚Überlisten' des Todes und dieser davon, er wäre von ihm ‚hinter das Licht geführt' worden. Doch im striktesten Gegensatz zu Figuren des überlisteten Teufels oder betrogenen Betrügers beruht der Erfolg des Arztes auf einer *unverrückbaren Standfestigkeit des Todes:* Dieser Tod ist kein Tänzer mehr, der seine Position mit der der Mittänzer tauschte.

Der Arzt verwendet ein bestimmtes Sophisma. Keineswegs aber verstößt er gegen das Verbot, das Kraut gegen den Willen des Todes dem Kranken zu verabreichen. Das Kraut wendet sich gegen die Krankheit und leitet die Genesung ein. Und da es im Märchen angesichts des Todes, der zu Füßen des Königs stand, heißt, ‚es sei für ihn kein Kraut mehr gewachsen', ist anzunehmen, daß die Einnahme des Krautes nicht vor dem Tod bewahren würde, sondern nur gegen die Regel verstieße, wonach der von Krankheit Genesende nicht sterben soll. Es geht um *eine Ordnung des Sterbens*, und zu dieser soll gehören, daß nicht stirbt, wer gesund wird.

Es geht nicht um eine List im Sinne einer Täuschung. Der Arzt inszeniert keinen trügerischen Schein, durch den sich der Tod beirren ließe. Es geht vielmehr um eine sophistische Umdeutung, durch welche der Arzt so tut, als würde er den Vertrag nicht brechen.

Die Bestimmung eines Standortes – ob sich etwas hinten oder vorne, oben oder unten etc. befindet – hängt von dem jeweiligen Standort des Beobachters und der jeweiligen Lage der Dinge ab. Mit deren Änderung verändert sich der Gesichtspunkt. In der vertraglichen Vereinbarung ging es jedoch nicht um ein Spiel mit wechselnden Gesichtspunkten, sondern um eine unveränderliche Einstellung. Der Standort des Todes ist dem Sinn nach dessen unverrückbarer Standpunkt. Der Arzt nutzt nur aus, daß diese Unverrückbarkeit nicht ausdrücklich durch zeitliche Bestimmungen unterstrichen wurde, etwa in der Art: ‚Wenn du mich zu *allererst* am Kopf- oder Fußende des Kranken siehst …'.

In dieser Standfestigkeit des Todes liegt, daß Folgendes nicht geschieht: zum einen hätte ja der Tod den Kranken trotzdem sterben lassen können, auch wenn er nach dessen Verkehrung zu seinen Häupten zu stehen kommt – und dann hätte der Arzt schnell seine Glaubwürdigkeit, seinen Ruhm, seinen Reichtum verspielt, da nun seine Prognosen sich als falsch erwiesen; oder der Tod hätte entsprechend und gleichzeitig seinen Standort wechseln können, um in jedem Fall den Gesichtspunkt zu wahren, wonach er am Fußende des Kranken steht. Doch im Unterschied zum Arzt scheint der Tod kein Spieler. Unverrückbar nimmt er seinen Standpunkt ein. Todernst hält er sich an die vertragliche Abmachung. Seine einmal getroffene Entscheidung ist an sich nicht zu berichtigen. Doch warum hatte der Tod dem Arzt verboten, dem Kranken das Kraut zu geben, wenn er zu dessen Füßen stünde? Hätte das denn den Beschluß, daß der Kranke jetzt sterben solle, ändern können? Ist der Tod doch ein Spieler, und wollte er den Arzt mit dem Gebot nur herausfordern? Geht es nicht von vornherein um das Paradox, daß der unverrückbare Zeitpunkt des Todes immer schon aufschiebbar war und aufgeschoben wurde?

Das ‚Vergehen' des Arztes besteht darin, daß er die Mythe von einer Ordnung des Sterbens, das nur auf einen Beschluß welchen Gottes auch immer geschehen dürfe, in Verwirrung bringt. Gefährdet das derart die Gottheit, daß er – durch ungerechtfertigte Vorwürfe – des ‚Betruges' bezichtigt werden mußte, damit sein Tod gerechtfertigt scheine?

Nicht im Sinne, sich ein Recht zu töten zu nehmen, entscheidet nun der Arzt über Leben und Tod, wohl aber in dem Sinne, dem Gott die festgelegte Todesstunde streitig zu machen. Und für die Verschiebung des Zeitpunktes des Todes wird es immer weniger eine ‚äußerste Grenze' geben. Die alte Gewißheit des Todes weicht seiner bloßen Wahrscheinlichkeit und wachsenden Zufälligkeit.

So bedroht der Arzt die letzte Zuflucht des Gottes, die darin beruhte, seinen eigenen Tod zu inszenieren, um dem Vergessen zu entgehen. Der Tod, der schattenhaft die Züge eines Gottes schien angenommen zu haben, ist vielmehr selbst die *Maske – persona – des toten Gottes*, der noch nicht restlos zu sterben vermochte. Schon angesichts der sich selbst verzehrenden Lebenslichter zeigte sich die Ohnmacht dieses Gottes, der glaubte, noch etwas entscheiden zu können. Nun aber taucht sein Patensohn auf, der sich nicht mehr darauf beschränkt, bei der Bekämpfung der Krankheiten zu helfen, sondern der mit dem göttlich-mechanischen Gesetz des Sterbens durch Selbstverzehrung der Lebenskräfte bricht. Im Märchen durfte diese Götterdämmerung nicht mehr ausgesprochen werden: Am Ende sollte der Arzt seinen eigenen Tod nicht aufschieben können. Doch das durch den Tod fehlgeleitete Experiment einer ‚Transplantation' von Lebenslichtern wurde längst wiederholt und erfolgreich praktiziert.

2.17 Der Tod des Anderen

Erst nach der Wende des Arztes gegen die vorgängige *Beschlossenheit* des Todes wird man mit Hippokrates (245) von einem sittlich forderbaren Verhalten sprechen können, dem zufolge der Arzt ausnahmslos dann jedem Kranken zur Genesung verhelfen soll, wenn er es kann. Man würde von ihm erwarten, daß er künftig stets den Kranken umdrehen und vor dem Tod erretten wird, wenn er den Tod an dessen Fußende erblickt, denn solches Umdrehen gehört von nun an zu den therapeutischen Maßnahmen. Das käme der geträumten Abschaffung des Todes gleich, zumindest soweit er durch Krankheit erfolgt. – Der Anfang, den der Arzt mit dem König machte, mag aus selbstsüchtigen Motiven oder aus sozialem Engagement heraus geschehen sein oder aus ihm unbewußten Beweggründen, etwa den ‚toten Vater' wieder zum Leben zu erwecken. Doch zu einer unsittlichen Privilegierung würde die Errettung des Königs nur, wenn sie die Ausnahme bliebe. Würde diese Behandlung zur Regel, so etablierte sie rasch ein Rollenverhalten des Arztes zum Patienten (Parsons 1968, 327). Indem der Kranke als Person anerkannt ist, der man zur Gesundheit verhelfen will, kann er nicht völlig unpersönlich und ohne innere Anteilnahme behandelt werden, ohne zum bloßen Material herabzusinken. Dennoch soll der Arzt persönliche Einstellungen, die mit der Person des Kranken zumeist wechseln (etwa besondere Zu- und Abneigungen oder Gleichgültigkeit), zurücktreten lassen. – Aber bedeutet das nicht, daß man *als Arzt* niemals vom Tod des Anderen betroffen sein sollte? Gehört zu einer Betroffenheit, den Tod als einen Einbruch der Abwesenheit des Anderen in die eigene Gegenwart zu erleben, nicht eine besondere Nähe – und zwar auch dann, wenn der Tod des Anderen nicht als schrecklicher, endgültiger Verlust, sondern als eine Befreiung erfahren würde? (Vgl. dazu auch Lévinas 1996, 23, und Derrida 1994, 375.)

Als die Tochter des Königs – ‚sein einziges Kind' – schwer erkrankte, ‚weinte er Tag und Nacht, daß ihm die Augen erblindeten, und er ließ bekanntmachen, wer sie vom Tode errettete, der sollte ihr Gemahl werden und die Krone erben'. Der geliebten Tochter wegen würde er also alles andere, wozu er sich verpflichtet fühlen mochte oder was er liebte, nicht nur zurückstellen, sondern dahingeben. Die Einzigartigkeit seiner verzweifelnden Liebe erhebt die einzelne Person selbst zur einzigen, die durch nichts und niemanden ersetzt werden könnte.

Sollte es den Arzt anfangs nur gereizt haben, König zu werden, so widerfährt ihm doch nun etwas anderes: „Der Arzt, als er zum Bett der

Kranken kam, erblickte den Tod zu ihren Füßen. Er hätte sich der Warnung seines Paten erinnern sollen, aber die große Schönheit der Königstochter und das Glück, ihr Gemahl zu werden, betörten ihn so, daß er alle Gedanken in den Wind schlug. Er sah nicht, daß der Tod ihm zornige Blicke zuwarf, die Hand in die Höhe hob und mit der dürren Faust drohte; er hob die Kranke auf und legte ihr Haupt dahin, wo die Füße gelegen hatten. Dann gab er ihr das Kraut ein, und als bald röteten sich ihre Wangen, und das Leben regte sich von neuem."

Im selben Augenblick hat er ihren Tod vor Augen, den unwiederbringlichen Abschied von ihr, und zugleich etwas, das diesen Tod in eine unwirkliche, bedeutungslose Ferne entrückt: ihre große Schönheit, die ihn in ihren Bann zieht, und ein Grenzen überschreitendes Glück, das ihn erfüllt. Würde er in einem solchen Augenblick nüchtern berechnen können, wie er seinem eigenen Tod ausweichen könnte, wäre er völlig unberührt geblieben und völlig geistlos. Doch der Begeisterte muß dem nur Verständigen als Tor erscheinen, der das Bedrohliche vergißt und den Gedanken an den eigenen Tod in den Wind schlägt. (Und so wie das Ethymon des ‚Todes' der ‚Dunst' ist, in welchen ein Leben sich auflöst, so das Ethymon des ‚Toren' der ‚Dusel', in dem sich der Benommene aufzulösen beginnt.)

Eine durchdringende Schönheit, welche Menschen ebenso erheben wie überwältigen, ebenso befreien wie fesseln, ebenso mit tiefster Ruhe wie mit schmerzlichster Erregung erfüllen, die zum Verweilen nicht nur einlädt, sondern geradezu ‚nötigen' kann (Gadamer 1983, 21) – kann solche Schönheit den Tod des Anderen zurückstellen und den eigenen Tod zum Vergessen bringen? Oder vermag sie nur dort aufzutauchen, wo der Tod so nahe ist?

Nicht erst im Denken Burkes, Kants oder Schopenhauers erscheint Schönheit zum einen ephemer und in der Nähe des Schwachen und Zerbrechlichen, zum andern bietet sie sich nur noch einem beschaulichen Wohlgefallen oder einer momentanen Entlastung vom Daseinsdruck an. Schon früh setzte eine merkwürdige Abwertung der Schönheit ein, so daß man glaubte, der nachlassenden Wucht ihrer Wirkung das Erhabene, Charakteristische, Tragische etc. entgegensetzen zu müssen. Platon allerdings wußte noch von einer Schönheit, die den, der sie liebt, bis zur Sprachlosigkeit, bis zum Wahnsinn treiben konnte, Schönheit, die den Bestand der Polis gefährdet und deshalb gewissen Maßregeln unterworfen werden mußte. Dazu war nötig, einen bestimmten mythischen Ursprung der ästhetischen Ordnung zum Vergessen zu bringen.

Die Göttertochter *Harmonia* entstammt so wenig einer gesetzmäßigen Ordnung, daß man sie vielmehr als Folge eines Ehebruchs der Aphrodite mit Ares, als das illegitime Kind eines göttlichen Verbrechens zu verstehen suchte. Der Bruch mit dem Gesetz bringt das unerhört Neue hervor: das Schöne, welches eine unmögliche Verbindung zwischen Krieg und Liebe auszuhalten und an dieser ihr eigenes Maß zu finden hat. Denn das Strittige, welches – anstatt die Eigenständigkeit der Streitenden zu wahren – entweder in einem Verhältnis von Tod und Überleben oder von Sieg und Niederlage endet oder die Auseinandersetzung zur bloßen Trennung steigert – dieses Strittige brächte Schönheit ebenso zum Verschwinden wie jenes Versöhnende, das zur Vereinigung und Verschmelzung treibt, anstatt die Verschiedenheit zu wahren. In einer unstrittigen Versöhnung, die nichts Fremdes anerkennt, zeigt sich der Weg vom Kitsch zur Monotonie so wie im bloß unversöhnlich Strittigen, welches nur Gehässigkeit kennt, der Weg vom Häßlichen zur Monotonie begangen wird. Und wenn man dann voller Erschrecken und Trauer den Verlust bemerkt, läßt sich das zerronnene ästhetisch Schöne nur noch durch das epistemisch Interessante ersetzen.

Im Märchen scheint der Tod der Schönheit in einem Augenblick aufzublitzen, gesteigert zudem durch ein Glücksversprechen, vom Schönen seinerseits geliebt werden zu können, indem die lebendige Person zu ihrem Träger wird. Und indem nun über die Schönheit ihrer Gestalt und Bewegtheit die Person selber zur geliebten werden kann, eröffnen sich wiederum Möglichkeiten, erweiternd den Schönheiten ihres Verhaltens, ihrer Einstellungen und Gesinnungen, ihrer Gefühle, ihres Strebens, ihrer Handlungen begegnen zu können, bis sich vielleicht die Liebe zur Schönheit in der Schönheit dieser Liebe selber erfaßt. (Ich denke, man kann darin Max Scheler (VII, 160) zustimmen, daß eher das Begehren aus der Bewegung der Liebe zu erklären ist als umgekehrt: setzt nicht – über welches Triebobjekt auch – das erstrebte Triebziel voraus, daß es eine sich in sich steigerbare Bedeutsamkeit des Geliebten gibt? Allerdings entgeht auch Scheler nicht jener Tradition, in welcher ebenso Freud noch argumentierte – eine Tradition, an die man die Frage stellen könnte: Welche Verrohung muß Eros durchgemacht haben, um die Liebe zum Schönen als ‚Sublimation‘ denken zu müssen? Und wie schwächlich muß Schönheit geworden sein, daß ihre ‚Streitmacht‘, mit der der Liebende zu ringen hat, verschwand, um nur noch als zerstörerischer Triebkonflikt ausgetragen zu werden?

Ich denke nicht, daß das Ergriffensein von der Schönheit der Königstochter schon metaphorisch als ‚Tod‘ des Arztes verstanden werden sollte, etwa in dem Sinne, wie man sagt, das Aufgehen in einem überwältigenden Gefühl, worin sich die Ordnungen zumal des sozialen Lebens auflösen, stelle eine Art Tod dar. Und ebensowenig läßt sich sagen, der Arzt opfere sein Leben, um das der Geliebten zu retten. Denn anstatt in Selbstüberwindung für sie sein Leben hinzugeben, ‚sieht' er vielmehr den drohenden eigenen Tod nicht, um so schärfer dagegen im Augenblick des Glücks den drohenden Tod des Anderen, der ihn erstmals selbst angeht und den er aufzuschieben sucht. Nur der außenstehende Beobachter mag den Eindruck einer beschlossenen Sache haben: entweder sie stirbt und er lebt, oder er stirbt und sie lebt – ein Paar aber werden sie nicht. Nur dann scheint es so, als würde der, der den Tod zu betrügen meint, sich nur selbst betrügen.

2.18 Die Lebenslichter

Der Tod, der sich – nach Meinung des Erzählers – ‚zum zweiten mal um sein Eigentum betrogen sah', ging mit langen Schritten auf den Arzt zu und sprach: „Es ist aus mit dir, und die Reihe kommt nun an dich." Er ergriff ihn mit eiskalter Hand, daß er nicht widerstehen konnte, und führte ihn in eine unterirdische Höhle. „Da sah er, wie tausend und tausend Lichter in unübersehbaren Reihen brannten, einige groß, andere halbgroß, andere klein. Jeden Augenblick verloschen einige, und andere brannten wieder auf, also daß die Flämmchen in beständigem Wechsel hin und her zu hüpfen schienen. ‚Siehst du', sprach der Tod, ‚das sind die Lebenslichter der Menschen. Die großen gehören Kindern, die halbgroßen Eheleuten in ihren besten Jahren, die kleinen gehören Greisen. Doch auch Kinder und junge Leute haben oft nur ein kleines Lichtchen'."

Anstatt den Arzt, der sich wiederum nicht an den göttlichen Sinn der Vereinbarung hielt, ohne weiteres sterben zu lassen, führt der Tod ihn gleichsam vors Licht und klärt ihn über die Weise sterblichen Lebens auf. Er führt ihn in eine Art Unterwelt, aber nicht zu den Schatten der Verstorbenen in der Finsternis, sondern zu Lichtern im Dunkeln. Und es handelt sich weder um nächtliche Irrlichter von Totenseelen noch um Lichter, mit denen die Lebenden der Toten gedenken oder Totenwache halten, keine Lichter, die dunkle Wege beleuchten oder Dämonen und wilde Tiere abhalten oder Gottheiten ehren sollen. Es sind die Lebenslichter, welche dadurch die Zeit der Menschen er-klären und bemessen, daß sie sich selbst verzehren. Hat der Tod hier überhaupt etwas zu entscheiden? Zeigt er sich nicht eher als der Hüter einer überholten Ordnung?

2.18.1 Die Höhle

Viel ist darüber gesprochen worden, in welchem Ausmaße Licht und Feuer – im Ausdruck *Lohe* noch in eins gedacht – die Geschichte der Menschen bestimmten. Wo Höhlen bewohnt wurden, war nicht nur Beleuchtung nötig, zumeist mußten erst einmal andere Bewohner, ob Tiere oder Geister, mit Feuer vertrieben, andere als Eindringlinge abgewehrt werden (Brasch, 58), bevor Feuer zur Zubereitung von Nahrung und Herstellung von Werkstoffen und Werkzeugen verwendet wurde. Indem die Höhlen sowohl klimatischen Schutz wie Schutz vor Tieren und Feinden boten, konnten sie darüber hinaus zum Rahmen einer Geborgenheit werden, die jedoch ständig in Beengung, in Angst umschlagen konnte, da die Höhle, etwa durch Belagerer oder Katastrophen, zur Falle und zum Grab zu werden vermochte.

Leicht war diese Zwiespältigkeit auf makro- wie mikrokosmische Verhältnisse übertragbar geworden. Die Nachtwelt selbst konnte als unermeßlich große Höhle aufgefaßt werden, in deren Dunkelheit man ebenso geschützt verborgen wie hilflos ausgesetzt war, bis mit der Sonne Licht, Wärme und Feuer zurückkehrten. Und ebenso wurde der Mutterbauch als eine kleine Höhle gedeutet, dem Ungeborenen zur Geborgenheit, nicht selten aber auch zum Grab. Für das Lebewesen hieß das Auf-die-Welt-Kommen *Ans-Licht-Kommen*, so wie der Tote in die Nacht und Kälte zurücktrat. Doch Licht und Feuer waren nicht nur *gut* gegen jene ‚Unzuverläßlichkeit' der Dunkelheit; denn Sichtbarkeit vereinzelt, ungehütetes Feuer erlöscht oder löst Brände aus. Wo daher mythische Dichotomien das Dunkle mit dem Bösen und das Licht mit dem Guten gleichsetzten, mußte gleichzeitig die Möglichkeit eingeräumt werden, daß der Gute zornig, der Böse auch verschonend mit den Sterblichen umgehen konnte.

Schließlich wendeten sich diese Übertragungen auf die Höhle wieder zurück, die nun ihrerseits als nächtliches Himmelsgewölbe im kleinen oder als großer Mutterschoß der Erde verstanden werden konnte.

Bekanntlich lebte Lot nach seiner Flucht aus Sodom, auf welcher seine rückblickende Frau in eine Salzsäule verwandelt worden war, mit seinen Töchtern in einer Höhle (1. Moses 19,30). Diese machten ihren Vater trunken, um mit ihm – aus Furcht, sein Stamm würde aussterben – beizuschlafen. Und allgemein war die Höhle natürlich nicht nur der

Ort von Sexualität und Fortpflanzung, sondern auch der von Geburt und Tod. Man scheint viele Gräber auch in solchen Höhlen gefunden zu haben, die zugleich von Lebenden bewohnt wurden (Bibellexikon, 189), ehe es zu einer gewissen Trennung der Sphären kam. Abraham erwarb als einziges Grundeigentum eine Höhle, in welcher er Sara bestatten konnte (1. Moses 23,9). – So wurden Höhlen zuerst Kultstätten, an welchen die Ahnengeister, schließlich bestimmte chtonische Gottheiten verehrt wurden. Nicht nur eleusinische oder orphische Mysterienkulte versammelten ihre Mysten in Höhlen, in welchen man die Einzuweihenden durch eine symbolische Tötung hindurch zu einem ‚neuen Leben' erweckte. Oft wurden diese labyrinthisch im Dunkeln umhergeführt, um sie schließlich an einen lichterüberfüllten Ort zu bringen, an welchem die Götterstatue leuchtete. Und die besondere Geschichte des Gottes wurde in Tänzen und theatralischen Handlungen präsentiert (Seligmann 79). – Hier aber wird der Eintritt in die Höhle nicht zur Erneuerung eines Lebens, sondern zu dessen Tod.

2.18.2 Das Feuer des Lebens

Ich hatte die Frage, was wir unter *Tod* verstehen können, zunächst durch die Frage behandelt, als wer er dargestellt wurde. Aber ist er denn nicht allein durch dasjenige zu begreifen, was zu Tode kommt, nämlich durch das Leben? Was aber wird in dem Märchen unter *Leben* verstanden?

Wenn man vielleicht vereinfachend sagen könnte, das 18. Jahrhundert habe sich vorrangig unter dem Titel der *Vernunft*, das 19. unter dem der *Natur*, das 20. unter dem des *Lebens* zu verstehen versucht, dann könnte man die Art, wie das Märchen die Mythe des Lichts noch einmal ins Spiel und zugleich restlos zu Ende bringt, als eine erstaunliche Vorwegnahme oder besser: Eröffnung der Moderne bezeichnen.

Wir sind mit dem Tod und dem Arzt in eine Höhle getreten, in welcher sich die Leben der einzelnen zwar versammelt zeigen, aber doch nach außen und gegenseitig völlig abgeschirmt, vor allem aber auch restlos abgelöst von all dem, was gewöhnlich das Leben bestimmt: ohne aktiven Stoffwechsel mit seiner Umwelt, ohne Wachstum oder Entwicklung, es antwortet auf keine Reize, tauscht sich nicht mit anderem Leben aus, noch pflanzt es sich fort, und es fehlen ihm die sich selbst erleben könnenden Fähigkeiten des Wahrnehmens, Fühlens, Wollens, Denkens. Was hier vom Leben übrigbleibt – als wäre es selbst nur noch die medizinische Apparatur, die das Vegetieren aufrechterhält und registriert –, ist die entropische Maschinerie einer Selbstverzehrung, Leben als Autophago. Es verzehrt die einmal vorgegebene Menge seiner leiblichen Existenz und Kraft als Brennstoff, wobei das kybernetische System, die ‚Selbstorganisation', dafür sorgt, daß die Flamme während der ablaufenden Zeit sich selbst gleichbleibt. Leben ist das, was seine eigene Subsistenz verbraucht; es ist wesentlich seine Vergänglichkeit.

Man könnte natürlich einwenden, es sei die Aufgabe einer Metapher, nur einen bestimmten Aspekt – und hier eben die Sterblichkeit des Lebens – hervorzuheben. Und so wie man schon in den Psalmen wehmütig das Leben mit einem Tag verglich, der rasch wie ein Geschwätz dahingehe, so verglich man es mit einem abbrennenden Licht, das zumal in der Form von Pech-, Talg- oder Wachskerzen schon in der römischen Antike, vor allem aber seit dem Mittelalter die Funktion einer Uhr übernehmen konnte. Wendorff (1980, 106 und 141) verweist auf Berichte über den angelsächsischen König von Wessex, der im 9. Jahrhundert lebte und seinen Tagesablauf mit sechs Kerzen von je vierstündiger Brenndauer einteilte: je acht Stunden verwendete er zum Schlafen, für Regierungsgeschäfte und zum Lesen, Schreiben, Beten. Und wer wie Ludwig der Heilige von Frankreich die Kerze als Beleuchtung und Zeitmesser für nächtliches Lesen verwendete, sieht das abbrennende Licht in die Stille und Dunkelheit gestellt wie die vernehmbaren eigenen Rhythmen von Herzschlag und Atmung.

Dennoch geht es hier um mehr als nur um ein äußeres Gleichnis. Denn mit der Flamme des Lichtes hatten die Lebewesen die ausstrahlende Wärme gemeinsam, eine Beschaffenheit, die nach Aristoteles (1997, 141) ebenso zum Lebensprozeß gehöre wie die Kälte zum Tod. Ohne Nahrung verbrauche die natürliche Wärme eben den Stoff, in dem sie sich befinde. Die Lebewesen verzehren sich selbst (143). Leben sei nur so lange gegeben, wie die Wärme, die vom Herz her ausstrahle, sich erhalte, und das, was wir Tod nennen, sei deren Verschwinden.

Aristoteles spricht nicht nur vom Tod als Erkalten, sondern auch von einem Tod durch Überhitzung. Alles Leben benötige Kühlung, die durch die Feuchtigkeit der Nahrung und durch das Atmen geschehe. Ohne sie trockne das Lebewesen aus und ersticke an der Erhitzung (180). Und dieser Tod kann gewaltsam geschehen oder auf natürliche Weise als langsames Austrocknen im Alter.

Der Gedanke, daß das Leben als Wärme durch Hitze zugrunde gehen könne, verweist auf das ältere Mythologem, wonach dieses tödliche Feuer doch seinerseits ein ‚höheres Leben' besitze. Wir sprechen heute noch davon, daß Feuer aus dem Funken oder Blitz entstehe, daß es Nahrung benötige, die es verzehre, indem es Festes in Flüssiges verwandle, Schweres in das Leichte von Asche und aufsteigendem Rauch, und das Feuer kann wachsen, sich verbreiten und fortpflanzen, ehe es wieder schrumpft und schließlich stirbt.

Von diesem Feuer sagte Heraklit (Die Vorsokratiker 1999, 263), es sei Mangel und Sättigung zugleich, vernünftig, alles richtend, gegen alles austauschbar und sich in alles wendend, ewig lebend, nach Maßen entflammend, nach denselben Maßen erlöschend. Nicht von einem Urstoff sei die Rede – so kommentierte Hermann Diehls (1957, 21). Feuer sei vielmehr die Bezeichnung für den ständig sich in Wirksamkeit befindenden Ursprung, eines Ursprungs des ewigen Lebens der Welt, der immer war, ist und sein wird. Und ebenso meint Jean Bernhardt (1972, 37), das himmlische Feuer des Heraklit sei insgeheim identisch mit dem Leben der Welt selbst, mit dem, was dann die Pythagoreer, was Platon, die Stoa und Plotin ‚Weltseele' nennen werden, freilich nicht ohne Tendenz, am verzehrenden Feuer und periodischen Weltenbrand (ekpyrosis) mehr und mehr nur das erleuchtende Licht zu betonen. – Zwar kennt auch das Alte Testament noch den Gott, der im brennenden Busch oder als Feuersäule erscheint und an dem zumindest die menschlichen Geschöpfe durch einen vielleicht feurigen Atem (spiritus) noch teilnehmen. Aber schon in der Flamme des Heiligen Geistes zur pfingstlichen Feuertaufe tritt das Verzehrende gegen das Erleuchtende zurück. Wurde vielleicht unter dem Namen Luzifers, des Lichtbringers, die alte Feuergottheit verstoßen?

Je unversöhnlicher sich im abendländischen Denken das Dogma des Dualismus von Leib und Seele ausprägte, desto mehr blieb es der Mythe von der Lebenskraft als feuriger verbunden. Als Lebensgeist, spiritus vitae, sollte seine ebenso wirkkräftige wie ephemere, hauchfeine Beschaffenheit das Unvermittelbare vermitteln: Materialität und Immaterialität. So heißt es bei Paracelsus (150): „Der spiritus vitae ist ein Geist, der da liegt in allen Gliedern des Leibes, wie sie denn genannt werden, und ist in allen gleich der *eine* Geist, die ein Kraft, in einem wie im andern, und ist das höchste Korn des Lebens, aus dem alle Glieder leben." Wenn Descartes (1955, 7 und 10), Francis Bacon (1870, 195) oder Thomas Hobbes (1994, 30) nicht nur einen, sondern mehrere Lebensgeister anzunehmen scheinen, dann wohl auf Grund der platonischen Annahme von irrationalen und rationalen Seelenkräften, von Herz und Geist, die Feuer fangen, Feuer und Flamme sein können. Gleichermaßen entzündet und entflammt sich Gefühl und Geist. Der Heißblütigkeit, der Glut der Leidenschaft, der Inbrunst der Gefühle, die lichterloh brennen können oder flackern, verglühen, erkalten – dem entspricht ein Feuer der Begeisterung, das durch einen göttlichen Funken entzündet wurde, nicht wie die Leidenschaften von unguten Dämonen geschürt. Letztlich aber scheint alles Feuer des Lebens auf jenes göttliche Urfeuer zurückzuverweisen, dessen Emanation es ist, auch wenn Platonismus und Christentum bestrebt waren, die Seele als unsterbliche dem Zyklus von Entstehen und Vergehen, Entzünden und Verlöschung zu entziehen. – In dem Augenblick nun, da – wie im Märchen – nichts mehr auf eine Unsterblichkeit verweist, drängen sich die alten Mythologeme entstehenden und vergehenden Lebensfeuers wieder vor – aber doch nicht mehr in der Heraklitschen Annahme, die Sterblichkeit sei durch ewige Wiedererzeugungen selber unsterblich. Oder war schon Heraklit weitergegangen, als er uns, im Fragment 66, zu denken zumutete: „Als Unsterbliche sind sie sterblich, als Sterbliche unsterblich: das Leben der Sterblichen ist der Unsterblichen Tod, der Tod der Unsterblichen der Sterblichen Leben"?

2.18.3 Erleuchtung und Tod

Die Lebenslichter – nach Pauls Deutsches Wörterbuch (1992) stammt der Ausdruck, als Metapher für begrenzte Lebenszeit, von dem Barockdichter Paul Stieler –, diese Lebenslichter, vollkommen vereinzelt auf ihren Tod bezogen, sprechen nicht von ihrem Feuer, weder von ihrer Wärme gegen die Kälte des Todes noch von ihrem tödlichen inneren Scheiterhaufen; aber sie sprechen auch nicht von ihrer Helligkeit gegen das Dunkel und die Finsternis des Todes oder gegen ein blendendes göttliches Licht. An sich sind es bloße Lichter (lux), die nichts mehr zu erleuchten (lumen) haben – zumindest bis zu dem Augenblick, da der Tod sie seinem Patenkind zu sehen und zu erkennen gibt.

Im nicht-christlichen wie christlichen Abendland gibt und gab es keinen Kult, zu welchem nicht Fackeln und Lämpchen, Leuchten und Kerzen verwendet wurden, um schlechthin eine Wende gegen den Tod und das Vergessen zu symbolisieren: Lichter entzündet man schon den Sterbenden, man verwendet sie bei der Aufbahrung der Toten, man gab sie diesen in die Gräber auf die Totenreise mit, auf den Friedhöfen errichtete man Totenleuchten, um die zurückkehrenden Totengespenster fernzuhalten (Ariès 1984, 24), bei Kerzenlicht hielt man Totenwachen, man entzündete die Lichter, wenn Heilige und Götter angerufen und der Totenseelen gedacht wurde. Und selbst die Geburtstagskerze, die sich davon ableitet, daß Joseph in der Höhle, (worin sich nach Heinz-

Mohr (139) der Stall befunden haben soll), bei der Geburt Jesu ein Licht entzündet haben soll, diese Geburtstagskerze kann zum Symbol gegen jenen ‚Tod' werden, der auch dem Leben vorhergeht. Und als ‚ewiges Licht' soll es die Lebendigkeit eines Gottes repräsentieren, der als unsterblicher auf den Tod bezogen bleibt.

Daß nun – im Gegensatz zum lichtlosen Verschwinden der Armen und Sklaven, der Ausgestoßenen und Feinde in den Massengräbern – *jedem einzelnen* noch zu seinen Lebzeiten ein Licht zugedacht wird, hängt wohl mit dem Anspruch der katholischen Kirche zusammen, die Stellvertreterin Gottes auf Erden zu sein und damit auch dessen Allwissenheit zu repräsentieren: Ab dem 13. Jahrhundert registrierten Kirchenbücher die wichtigsten Lebensdaten jedes einzelnen, man insistierte auf einer Beichte der vom einzelnen begangenen Sünden, erzwang Geständnisse und Bekenntnisse persönlichster Art durch die Methoden der Inquisition. Und diese Vereinzelung wurde zur mächtigsten Waffe von Kirche und Staat gegen Sippen, Familienclans und Stände. Seither steht jeder allein auf Du mit seinem Tod.

Alle Erleuchtung sollte einzig in der Ausstrahlung einer Gottheit liegen, die niemals mehr – wie noch die Sonne – untergeht und eine Phase von Schlaf und Dunkelheit durchläuft. Unter dem Einfluß der Platoniker setzte der Evangelist Johannes (1,1) in Gott Leben und Licht schlechthin eins, und entsprechend sei das Leben das Licht, das in eine begrifflose Finsternis scheine. Während die Finsternis jeden Unterschied tilgt, läßt das alles beleuchtende Licht individuelle Einzelheiten auftauchen (Bahr 1991, 29). Aber es geht natürlich nicht nur um ein passives Hellwerden durch Beleuchtung, um gesehen und erkannt zu werden. Dem Einzelnen kommt vielmehr von Gott die Gabe des Erleuchten-Könnens und selbst Erleuchtetwerdens zu. Anknüpfend an die platonisch-plotinischen Emanationslehren vertrat Thomas von Aquin (1977, 94) die Auffassung, ‚daß wir alles im Licht der ersten Wahrheit erkennen und beurteilen, sofern eben das Licht unseres Verstandes, sei es das natürliche Licht oder das Gnadenlicht, nichts anderes ist als ein uns eingeprägter Widerschein der ersten Wahrheit'. (Von ‚grazia illuminante' sprach auch Dante, III, 29, 62). Unter Gnadenlicht versteht Thomas das *lumen supranaturale* in der Weise reiner Glaubenseinsicht durch göttliche Offenbarung, während das *lumen naturale* die endliche Sinnes- und Verstandeserkenntnis meint. – Während nun Paracelsus (168) noch die Auffassung vertrat, die Natur gebe ein Licht, durch das sie erkannt werde, woraus aber ebenso eine böse wie eine gute Weisheit hervorkommen könne, ging Descartes (1959, 123) noch einen Schritt weiter von der Enttheologisierung zur Entmoralisierung des lumen naturale: „Die Erforschung der Wahrheit durch das natürliche Licht, das rein aus sich und ohne Hilfe der Religion und Philosophie die notwendigen Ansichten eines rechtdenkenden Menschen über alle sich möglicherweise seinem Bewußtsein darbietenden Dinge bestimmt, und das in die Geheimnisse der seltensten Wissenschaften eindringt." In seinen *Meditationen* (III, 9 und 17) behauptete er nicht nur gegen den Skeptizismus, sondern auch in Konkurrenz zu Dogmen kirchlicher Glaubensgewißheit: „Alles nämlich, was mir das natürliche Licht zeigte – wie z. B. daß daraus, daß ich zweifle, folgt, daß ich bin, und der gleichen –, das kann keinesfalls zweifelhaft sein." – Die göttliche Inspiration und Erleuchtung trat also mehr und mehr zurück und bereitete Kants grundlegende Kritik der erkennenden und erfahrenden Vernunft in ihrer Endlichkeit vor.

Nun ist es ein alter Topos, dem zufolge das lumen naturale eine in sich vergängliche Weise des Erleuchtetseins bezeichnet, die mit dem Tod in die Dunkelheit zurücksinke und den Tod selbst zum schlechthin unerkennbaren mache. Dem Erlöschen oder dem gewaltsamen ‚Ausblasen' des Lebenslichts als Flamme entspricht noch bei Paracelsus (155) der Tod als ‚Auflösung des natürlichen Lichts'. – Doch selbst im Verständnis Kants liegt die Endlichkeit der erkennenden Vernunft mehr in ihrer Beschränktheit, in ihrem Mangel verglichen mit der vollkommenen Vernunft Gottes, als in ihrer Sterblichkeit, in ihrem ‚Sein-zum-Tode'; obgleich kein Zweifel besteht, daß das erleuchtende Licht der Dunkelheit des Todes entgegengesetzt worden war und von dieser Entgegensetzung lebt.

In unserem Märchen nun kommt die Erleuchtung, die Erkenntnis der abbrennenden Lebenslichter, von keinem Gott mehr. Der Tod selbst ist es, der dem noch lebenden Arzt die entropische Maschine des Lebens zu sehen, zu erkennen gibt. Nichts Göttliches haftet dieser mehr an, aber auch nichts Teuflisches – oder doch von beidem noch etwas: nicht nur weil auch ein Verfälschen von Wahrheit erst durch schiefe Beleuchtung, nicht durch Dunkelheit, möglich wird; sondern weil hier noch die Dämonie des Schicksals als ausnahmeloses Gesetz (ananke) anstatt als ‚Todeslos', nämlich als Wurf im Spiel des Zufalls (tyche), vorherrscht. – Allerdings: Da Gevatter Tod das Leben des Arztes zunächst verschonte, als dieser mit dem Gesetz brach, und da die Erzähler am Ende glauben machen, der Tod hätte sich beim Aufstekken eines neuen Lebenslichts absichtlich auch *nicht* versehen können – so ist es hier bereits der Tod selbst, der mit dem alten Gesetz bricht und es in eine Regel mit Abweichungen und Ausnahmen umformt.

Daß Dante, wie er in der *Göttlichen Komödie* (III, G.33) sich ausdrückte, in seinen Träumen wirklich Gott erschaute als ewiges Licht (luce eterna, V.24), als hohes Licht (alto lume, V.117), als lebendiges Licht (vivo raggio, V.76) und dabei *nicht* erblindete, das habe er der gänzlichen Verschmelzung seines Auges mit dem göttlichen Licht zu verdanken gehabt: in diesem habe sich seine Sehkraft (veduta, V.84) verzehrt. Uns aber scheint, als wäre solche einswerdende Wesensschau, worin sich die Lebensflamme des Lichts selber erleuchtet, am Ende des Zeitalters der *Aufklärungen* restlos kollabiert. Schon Hegel (XVI, 400) schränkte ein, daß ein durch Finsternis ungebrochenes Licht nichts zu sehen gebe. „Durch das reine Licht wird Nichts manifestiert." Insofern lautet nun die paradoxe Aussage des Märchens: *nur der Tod, sofern er von der Dunkelheit des Lebens eingeschränkt wird, vermag dieses zu erleuchten.* Im Namen unsterblichen Lebens hatte einst der Wunsch ein ewiges, reines Licht wider den Tod entzündet. Nun klärt uns nur noch der Tod über dessen vergängliche, nichtige Weise auf. Und man kann sagen: an dem, was der Tod dem Arzt zu sehen gibt, stirbt dieser, schon lange erkrankt an der Sterblichkeit und daran, daß es mit dem Tod Nichts ist.

In seinem Gedicht *Der Raubschütz* spricht Lenau (I, 146) von einem jüngst erschossenen, ermordeten Jäger, der als Untoter zurückkehrt und im Grausen der Nacht einen alten Müller auffordert, ihm zur Jagd in den finsteren Walde zu folgen. Die letzte Strophe lautet: „Es ächzt der Wald im Sturm verzagt, / Vom Monde jetzt erhellt; / Der kühn gewordne Müller fragt: /Was ist's in jener Welt? / Da murmelt trüben Angesichts / Der Jägersmann: ‚Es ist halt nichts!'"

2.19 Das ganze Leben

Das Gesetz, wonach die Lebenszeit der Sterblichen zwischen Geburt oder Zeugung und Tod von vornherein unabänderlich festgelegt scheint, verlor im Bild des abbrennenden Lebenslichts den Charakter des unbeugsamen Willensbeschlusses der großen Göttin Ananke, um zu einem ‚blinden', finsteren Naturgesetz zu werden. Am Ende wird kein Lebensfaden abgeschnitten, sondern ein Docht abgebrannt, eine bestimmte Lebenskraft aufgebraucht sein. Kein Eros oder Todesengel kehrt die Fackel um, damit die Lebensflamme ersticke. Wer zu früh, nämlich vor dem Erreichen des hohen Alters stirbt, der stirbt allemal durch eine widernatürliche Gewalt, und zu dieser wird von nun an auch jede Krankheit gezählt. – Im Märchen allerdings wurde noch ein letzter

Versuch unternommen, die Konsequenz aus dieser Einschätzung – daß der Arzt sich nicht mehr nur um die Heilung von Krankheiten, sondern zugleich um eine Verlängerung der Lebenszeit zu bemühen habe – zu vermeiden: wer scheinbar zu früh stirbt, hatte von vornherein nur ein kürzeres Lebenslicht. Das aber hatte der Arzt widerlegen können, als er mit Erfolg die Lage der Todkranken änderte. Doch galt das noch als derart anmaßend und überheblich, daß der Arzt dafür sterben sollte – zu früh und doch rechtzeitig, da auch ihm das Schicksal wie vielen Kindern und jungen Leuten nur ein kleines Lichtchen zugedacht hatte. Das Leben in seiner Ganzheit war also noch nicht gemäß einer bestimmten Dauer bemessen, der bezüglich es zu früh enden, nämlichen abbrechen konnte.

Für uns heute gilt jeder frühzeitige Tod als gewaltsamer Abbruch eines Lebens, gemessen an einem ‚Lebensganzen' (Parsons 1968, 297), das durch den Tod im Alter abgeschlossen werde. Biologen und Mediziner geben mehrere Gründe für den ‚natürlichen' Tod an – wobei hier unter ‚Natur' eher das Paradox einer vorprogrammierten Ökonomie verstanden wird: die Fähigkeit zur Teilung, zur Erneuerung oder Reparatur der Zellen sei begrenzt, Stoffwechselreaktionen verzögerten und verminderten sich, bestimmte Substanzen zögen sich zurück, ein Verschleiß vieler Funktionen setze ein (Warning 1997). Als ob da immer noch ein planendes Schicksal am Werke sei, gilt der Tod im Organismus als vorprogrammiert (Cramer 1996).

Es gibt also noch eine Zuflucht für das tradierte Denken des Todes: zwar nicht die Krankheit, wohl aber Verbrauch und Abschwächung vollziehen sich ‚naturgemäß'. So konnte man bis vor wenigen Jahren unwidersprochen noch mit Parsons (297) sagen: „Ein Mensch, der sich eindeutig dem Tod durch ‚Altersschwäche' nähert, ist deshalb genaugenommen ebensowenig ‚krank', wie eine schwangere Frau." Der Alterstod schien naturrechtlich gerechtfertigt, und es wurde Ziel aller Sicherungs- und Gesundheitspolitik, die durchschnittliche Lebensdauer der Gesellschaft mit der angenommenen Höchstlebensdauer zur Deckung zu bringen.

Doch nicht erst angesichts möglicher biotechnischer Manipulationen mittels erneuernder embryonaler Stammzellen oder angesichts möglich scheinender Umkodierungen des genetischen Programms des ‚Absterbens', sondern bereits Ende des 19. Jahrhunderts wurde von manchen bezweifelt, ob es eine solche vorprogrammierte Höchstdauer des Lebens überhaupt gebe. In seinem 1914 entworfenen Vortrag *Tod und Fortleben* erwähnte Max Scheler (X, 34) einen Pariser Gelehrten, der als Axiom der modernen Medizin aufgestellt habe, es gebe keine natürliche Lebensgrenze, die nicht hinausschiebbar sei, und ebensowenig einen natürlichen Tod als langsame Erschöpfung einer ,Lebenskraft', die man als selbständiges Agens annehme. Angesichts des Booms des ,Vitalismus' und der Lebensphilosophien zwischen Bergson und Driesch blieben solche Stimmen zumeist ungehört. Scheler allerdings spürte die Gefahr und befürchtete, daß damit das ,endgültige Dasein des Todes geleugnet' würde – nicht natürlich im Sinne von – wie Edgar Morin sagen wird: Immortalität, sondern von Amortalität.

In diesem sprachlosen Erschrecken vor der Möglichkeit, biotechnisch die Lebensdauer endlos zu verlängern, haust noch die gleiche Denkweise, aus der heraus *Gevatter Tod* geschrieben worden war: Ein letzter Halt beginnt zu wanken, eine letzte absolute Gewißheit gerät in Krise: die *Todesgewißheit*, die – wie Eugen Fink in *Metaphysik und Tod* (1969, 20) bemerkte – noch geblieben war, nachdem die Cartesische Gewißheit, daß Ich untäuschbar sei, solange Ich denke, seit Nietzsche, seit Freud an Glaubenskraft einzubüßen begann. – Soll auf nichts mehr Verlaß sein können, nicht einmal auf den Tod?

2.19.1 Lebensdauer

Man spricht zumeist von ,Lebensdauer', als wäre klar, was darunter zu verstehen sei. Die Metapher des abbrennenden Lebenslichts suggeriert, als wäre Leben nur ein von Geburt und Tod begrenzter Bewegungsvorgang in der Art stetiger und gleichförmiger Planetenbewegungen, die man daher als Vergleichsmaßstab verwenden könne, um die Lebenszeit zu zählen. Curriculum vitae von Pulsschlag zu Pulsschlag, von einem zum andern Atemzug, ein Kreislauf von Hunger und Sättigung, von Schlafen und Wachen; in welchen rhythmischen Abweichungen auch immer: die ständige Wiederkehr des Gleichen und doch niemals eine Umkehr der Richtung als Abwendung vom Ziel. Und das wiederum ist ablesbar an den qualitativen Änderungen des Wachsens und Alterns. Man hat die einzelnen Lebensabschnitte auch durch typische Verhaltensweisen charakterisiert und etwa nach Gestalten aus den Tierfabeln bewertet. Vom Knaben zum Greis: Kalb – Bock – Stier – Löwe – Fuchs – Hund – Esel; ein von Pflanzenfressern und Herdentieren eingerahmtes Raubtier. Vom Mädchen zur alten Frau: Singvogel – Taube – Pfau – Huhn – Gans – Geier – Eule; vom Höhenflug zum Geflatter, vom Sturzflug zum Nachtflug.

Doch ob nun als Wiederkehr des Gleichen oder als Abfolge von Änderungen: wann je verläuft das Leben in einer gleichförmigen Geschwindigkeit? Manchmal geht es dahin wie ein Gestirn oder die abbrennende Kerze, mal beschleunigt es sich und rast dahin wie ein Pfeil oder Strohfeuer, mal verlangsamt es sich und scheint fast stehen zu bleiben wie ein Baum oder eine bedeckte Glut. Zumal wer erwartend vorausblickt, dem scheint das Leben nicht schnell genug voranzukommen, wer erinnernd zurückblickt, mag mit dem Psalmisten den Eindruck gewinnen: „Wir bringen unsere Jahre zu wie ein Geschwätz … Unser Leben währet siebzig Jahre, und wenn's hochkommt, so sind's achtzig Jahre, und was daran köstlich scheint, ist doch nur vergebliche Mühe; denn es fahret schnell dahin, als flögen wir davon." (Psalm 90) – Sicher, was gegenwärtig als eine langweilige, öde, unbedeutende Lebensphase erlebt wird, die dahinschleicht und nicht zu vergehen scheint, wird in der Erinnerung später als leer und kurz erscheinen. Aber umgekehrt wird eine kurzweilige, abwechslungsreiche, bedeutsame Phase später als lang und erfüllt erinnerbar, während von einer gespannten freudigen Erwartung her selbst ein gegenwärtig an sich erfülltes Leben zugleich als zu langwierig erscheinen kann, umgekehrt eine leere Phase angesichts einer rasch anwachsenden Bedrohung als zu kurz. Daher konnte der sechzigjährige Seneca (1977, 5) der pessimistisch- melancholischen Lebenseinstellung entgegenhalten: „Unser Leben ist lang genug und zur Vollendung der größten Taten reichlich bemessen, wenn es im ganzen gut verwendet würde; aber sobald es in Genußsucht und Nachlässigkeit zerrinnt, sobald es für nichts Gutes aufgewendet wird, merken wir erst unter dem Druck der letzten Notwendigkeit, daß es vergangen ist, während wir gar nicht erkannten, daß es dahinging … Wir haben kein kurzes Leben empfangen, sondern es dazu gemacht; wir sind nicht arm an Leben, sondern gehen damit verschwenderisch um." Man relativiert also die extensive Dauer des Lebens durch eine intensive Dauer, die – wie dann mit Nietzsche formuliert wurde – in der Fähigkeit zur Selbststeigerung durch Selbstunterwerfung liege oder vielmehr als ‚Wille zur Macht' dieses selbst sei. Bergson nannte dann diesen anschwellenden Lebensfluß ‚schöpferische Dauer'. Und dieses ‚Leben' überrollte allemal schon das Leben des einzelnen. – Während Achilleus noch vor eine Wahl gestellt schien, ein langes, aber unscheinbares Leben führen zu können oder ein kurzes und ruhmreiches, und er sich für letzteres entschied; während man im christlichen Abendland nicht mehr zu predigen aufhörte, jeder einzelne sei für sein ganzes Leben verantwortlich; verdrängte man die Frage nach der zu ‚rechtfertigenden' Lebensdauer all der zu früh Gestorbenen und Ermordeten. Man durfte ja nicht sagen, daß da ein Schicksal würfelte und die einen Glück, die andern Pech hatten. So zog man es vor, dem Leben in seiner mörderisch-konkurrierenden, rassistischen Vitalität eine ‚innere Notwendigkeit' zuzuschreiben.

Auf die stoische Lebensweisheit jener Alten, die ein mögliches Zu-kurz-Sein des Lebens schlechthin leugneten, konnte noch die Satire antworten. In den *Totengesprächen* Lukians (1967, 97) beschwert sich ein gewisser Terpsion bei Pluto, daß dieser den neunzigjährigen Thukritos, den er durch Schmeicheleien zu beerben gehofft hatte, fortleben lasse, während er selber schon hatte mit dreißig Jahren sterben müssen: „Die Sache sollte irgendwie hübsch der Reihe nach ablaufen: der jeweils Ältere zuerst, und nach ihm jeweils der, welcher auch dem Lebensalter nach anschließend kommt, und diese Abfolge dürfte durchaus nicht umgekehrt werden." Der Unterweltsgott kann ihn zwar nicht davon überzeugen, daß es gerecht sei, denjenigen früher sterben zu lassen, der unaufhörlich auf den Tod des Anderen lauere, um ihn zu beerben. Aber Terpsion ergibt sich schließlich in sein Schicksal mit der Erkenntnis, er sei wohl wegen Schlaflosigkeit und ständiger Sorge um das mögliche Erbe so früh gestorben. Aber es sei ihm eine Genugtuung zu wissen, daß der reiche Alte wohl auch noch die anderen Erbschleicher, die mit ihm, Terpsion, konkurriert hatten, überleben werde.

Doch angesichts der Überbewertung und Pseudosakralisierung ‚des Lebens' im 20. Jahrhundert, der zugleich dessen restlose Entwertung mit ihren Massenmorden korrespondierte, mußte wohl jede Satire versagen. Das 21. Jahrhundert wählte einen anderen Weg: Dieses menschliche Leben ist nur eine der vielen Weisen spontaner und systematischer Selbstorganisationen aus dem Chaos heraus, in das es zurückgehe, einerlei ob in der organischen oder anorganischen Natur, und dessen technische Veränderung wird unaufhaltsam sein. Aber man wird das Dilemma nicht los, das vom Horizont her winkt: man kann sich nicht entschließen, von diesem menschlichen Leben endgültig Abschied zu nehmen, dessen Antiquiertheit ständig zunimmt.

Einerlei jedoch, ob wir eine quantitative oder qualitative, begrenzte oder offene Lebensdauer im Blick haben: ist dieses erleuchtend-erleuchtete ‚Lebenslicht' überhaupt in der Lage, sich objektiv ‚in der Zeit lebend' zu begreifen, indem man dem eigenen Zeitbewußtsein selbst eine Dauer zuschreibt? Bereits Kant hatte in der *Kritik der reinen Vernunft* (1956, IV, 372) dagegen eingewandt, daß wir nur in der ‚ganzen Zeit' lebten, ‚deren wir uns bewußt sind'.

Im Nachblicken das Vergehende erfassen, im Erinnern das Vergangene: das sind ebenso *gegenwärtigende Zeit-Weisen* wie das Vorblicken auf das Kommende und das Erwarten des Künftigen, und es ist wohl unmöglich, gänzlich im Wahrnehmen und Fühlen des Augenblicklichen aufzugehen. Wenn jedoch Vergangenes und Künftiges ‚da' ist in der Weise der Repräsentation: wie kommen wir zum Verständnis schlechthinniger *Nicht-Gegenwärtigkeit* von Vergangenheit und Zukunft? Nicht nur Gegenwärtiges, auch Vergegenwärtigtes entgleitet uns auf zwei verschiedene Weisen: einerseits durch schwindendes Beachten und Vergessen, andrerseits durch fehlende Aufmerksamkeit und Ahnungslosigkeit. Beide Weisen, wie auch unterstützt durch Rhythmen vegetativer Prozesse, steigern sich beim Schwinden unserer Wachheit und seinem überwachenden Bewußtsein zur *Entgegenwärtigung unser selbst*, durch welche wir auch der Zukunft und der Vergangenheit nicht mehr gewärtig sind, durch welche wir aber deren Nicht-Gegenwärtigkeit zu verstehen vermögen. Nur Gott, der niemals schläft, kennt in seiner unendlichen Wachheit weder Vergangenheit noch Zukunft.

Aber die Zeit, die wir nicht erleben und die uns nicht dauert, kann Zeit sein dem Anderen. In der ‚objektiven' Zeit schließen wie die eigene vergegenwärtigende Zeit-Weise, die wir von vornherein aus ihrer Wiederholbarkeit verstehen, mit der Zeit-Weise der Anderen zusammen, längst ehe man eine gleichförmig geschwinde Bewegung als gemeinsamen Maßstab verwendet, um alle Vorgänge und Handlungen an ihr zu messen, zu zählen, zu vergleichen. Sprechen wir daher von der Dauer des eigenen ganzen Lebens, so von etwas, das wir zwar denkend zu konstruieren, aber niemals zu erfahren vermögen. Auch als begrenzt und sterblich gedachte ist unsere eigene Lebensdauer ein metaphysisches Postulat, das nie durch eigenes Erleben, nur durch Zeugnisse anderer glaubhaft werden kann.

2.19.2 Der Schluß

Wie auch immer die Moderne versuchte, ‚Lebensdauer' zu verstehen, man zweifelte nicht daran, daß das Leben *als ganzes* durch den Tod *beschlossen* werde, ob es nun leer irgendwann zu Ende ging, sich als erfülltes vollendete oder zu früh und unfertig abbrach. Und dieser Schluß auf das Ganze scheint dem Leben von vornherein als *logos* innezuwohnen.

Georg Simmel sprach in seinem 1918 erschienenen *Tod und Unsterblichkeit* (1922, 98) von der ‚Begrenztheit des Lebensganzen durch den Tod', wodurch das Lebendige erst aus sich heraus seine Form zu bestimmen vermöge. „In jedem einzelnen Moment des Lebens sind wir solche, die sterben werden." Das ‚Sterben-Werden' ist also nicht als ein Geschehen verstanden, das sich stetig anbahnt oder plötzlich hereinbrechen kann, und nicht ist es bemeßbar als zeitlich extensive oder intensive Dauer. Daß der Tod jederzeit möglich ist, gehöre zu den apriorischen Bestimmungen des Lebens. Von vornherein ausgerichtet auf den Tod ist das Leben seine Sterblichkeit. Man könnte wohl sagen, daß in diesem Verständnis, aber auch in dem von Scheler, Heidegger, Fink und anderen, das Leben von vornherein durch seine *künftige Gewesenheit* strukturiert ist und sich selbst im Modus des zweiten Futur als Ganzes erfasse.

Max Scheler steigert in *Tod und Fortleben* (X, 18) die Auffassung, der Tod sei ein Apriori gegenüber allen realen Gehalten des Lebensprozesses, bis hin zu der paradoxen metaphysischen Behauptung, daß das Sterben am Ende nur die ‚zufällige Realisierung des „Wesens" des Todes sei'. Vom Tod erführen wir nicht erst durch das Sterben der anderen. „Unser Leben ist vielmehr innerlich in jedem Zeitpunkt als eine geschlossene Totalität gegenwärtig" (X, 23), nämlich als Richtung auf seinen Abschluß. Der Tod, als ein ‚notwendiger und evidenter Bestandteil in jeder möglichen inneren Erfahrung des Lebensprozesses', stelle sich als ein absolutes Vergehen dar, das in keiner Weise als das Entstehen von etwas anderem betrachtet werden könne (X, 24). Die Todesgewißheit sei nicht erst im Vorfühlen der Todesnähe, im Todeswunsch oder in der Todesangst vorgegeben; sie sei vielmehr schlechthin intuitiv jedem Leben eingeschrieben (X, 26).

Scheler begnügt sich jedoch nicht mit der Erfaßbarkeit des Todes über die einer geschlossenen Lebenstotalität. Er untergliedert vielmehr dieses Ganze in irgendwie quantitative ‚Bruchteile' (X, 21) des Lebens, und zwar so, daß das erlebende Individuum mit dem Altern eine irreversible Verschiebung der Zeitdimensionen erfahre. Zwar sei in jedem Zeitpunkt ein Gesamtgehalt an Vergangenheit, Zukunft und Gegenwart gegeben, doch deren Umfang verteile sich neu mit jedem objektiven Fortschreiten des Lebensprozesses: der Umfang der Vergangenheit und ihrer Nachwirkung wachse auf Kosten des Umfangs von Zukünftigem, und gleichzeitig mit der steten Minderung und Verzehrung der Menge des Erlebenkönnens in der unmittelbaren Lebenserwartung werde der Umfang des Gegenwärtigseins immer stärker ‚zusammengepreßt'. „Ist die Gesamtmenge des jeweiligen gegebenen Lebens so verteilt, daß der Umfang der Zukunfterstreckung zu null wird, so wäre das Sterben des natürlichen Todes eben damit gegeben." (X, 20 f.) Diese Verschiebung und ihre finale Richtung werde als gewiß erfahren, auch wenn man keine Runzeln und weißen Haare wahrnähme, keine Zunahme an Müdigkeiten, Krankheiten, Anästhesien, Ängsten oder Geburtstagen registrierte, keine Phasen wie Kindheit, Pubertät, Erwachsensein oder Greisenalter unterschiede. – Aber bleibt dann nicht völlig unklar, worin eigentlich die Vergangenheit zunehme und die Zukunft abnehme?

Nicht nur in Max Schelers Überlegungen läßt sich unschwer noch das Bild des verzehrenden Lebenslichts wiedererkennen, dessen Flamme scheinbar abgeschirmt von allen anderen Einflüssen abbrennt, wobei das ‚vor ihr liegende' Stück kürzer, das ‚hinter ihr liegende' länger wird, während die Höhle, im Unterschied zum Himmelsgewölbe, bereits eine fortgeschrittene ‚Zusammenpressung' der Gegenwart darstellt. Und zugleich ist solche Lebensflamme jenes Lebenslicht, das sich selbst und sein Vergehen zu erleuchten vermag.

Das Märchen sprach davon, daß in jedem Augenblick einige der Lebenslichter verloschen, andere wieder aufbrannten, so daß die Flämmchen insgesamt in beständigem Wechsel hin und her zu hüpfen schienen. Das Ganze aber – als das Allgemeine des Lebens – wird nicht thematisiert unter der Frage nach seinem Anfang (etwa aus einer göttlichen Schöpfung oder aus einem evolutionären Sprung) und seinem Ende (als möglicher Gattungstod). Der Tod bezieht sich nur auf die individuelle Einzelheit, die derart betont ist, daß keine Rede davon sein kann, daß es etwa erzeugt würde aus einem ‚Funkenschlag' zwischen zwei Lichtern – als Metapher seiner Zeugung und Geburt im Rahmen der Fortpflanzung bestehenden Lebens. Das ‚Aufbrennen' der Einzelheit geschieht so geschichtslos ursprünglich wie das zufällige Auftauchen dieses Einzelnen, des für sich seienden Ich. Aber wie sollte die Lebenszeit des Einzelnen als ein Ganzes zu verstehen sein, da diese ja eben nicht nur als der unselbständige Teil eines ‚umfassenderen Zeitganzen' aufzufassen ist, eines Ganzen, das sich als unabschließbar auflöst (Husserl 1913, II, 290)? – Geht es nicht nur um eine inkonsequente Verschiebung? Das Leben der Sterblichen soll nicht mehr nur Teil des ewigen Lebens der Gottheit sein, sondern *ganz für sich*?

Martin Heidegger legte in *Sein und Zeit* (1960, 242) dar, warum das Ganzsein des Daseins in keiner Weise als ein faktisches zu verstehen ist, zumal nicht in dem Sinne, daß der noch ausstehende Todesfall irgendwie als vorweggenommener Schluß zum Leben hinzugerechnet werden könne. Solche Sichtweise gehört allenfalls zur Verfallenheit des Daseins an seine uneigentliche Alltäglichkeit. Jede Lebensdauer, die als begrenzte vorweggenommen werde, auch wenn man ihre Länge gänzlich unbestimmt lassen muß, gilt Heidegger nur als das nivellierende Derivat einer ‚ursprünglichen Zeitigung', die freilich nur eine unzureichende Deutung erfährt. Unklar bleibt, wie das Gemeinsame von Zukunft, Gewesenheit und Gegenwart, das im Ausdruck ‚Ekstasis' angesprochen wird, einerseits mit ihrer ‚Gleichursprünglichkeit', andrerseits mit ihrer Hierarchie, die durch den ‚Vorrang' der Zukunft angesprochen wird, zusammengedacht werden kann.

Wenn Heidegger sagt, am Dasein sei eine ständige ‚Unganzheit', die mit dem Tode ihr Ende finde, undurchstreichbar; dann teilt er diese Auffassung ebenso mit Jaspers wie mit Eugen Fink (1969, 54). Zwar versucht Ernst Bloch in *Das Prinzip Hoffnung* (1959, 1297) die Unfertigkeit und Bruchstückhaftigkeit des einzelnen Lebens nicht zu dessen unveränderlichem Bestand zu erheben: die Ganzheit des Lebens steht selbst noch aus. Doch versteht Heidegger unter der möglichen Ganzheit des Daseins etwas anderes. Dazu reicht die Umkehrung allein nicht aus: „Das mit dem Tod gemeinte Enden bedeutet kein Zu-Ende-sein des Daseins, sondern ein *Sein zum Ende* dieses Seienden" (245). Nur durch ein entschlossenes Übernehmen der unüberschreitbaren ‚Möglichkeit' des Todes steht das Ganze des eigenen Lebens auf dem Spiel. Existentiell wird die Möglichkeit dazu durch den ‚Ruf des Gewissens' eröffnet. Nicht also der Tod ergänzt das Leben, indem es dieses zum Abschluß bringt, sondern das ‚eigentliche' Leben ergänzt sich in der ‚gewissenhaften' Übernahme der unüberschreitbaren Möglichkeit seines Todes. Dasein existiert ganz in der Ausrichtung auf den Tod. – Besagt das von der Struktur her so viel anderes als das mögliche ‚Gelingen oder Mißlingen des Todes', von dem Rainer Marten in der *Der menschliche Tod* (1987) spricht?

Wie aber, wenn sich dieses ‚Ganze des Lebens', das sich durch ein Letztes und Äußerstes erst mit sich zusammenzuschließen vermöge, immer noch der alten Mythe vom ewigen Lebensfeuer gehorcht?

Als Todesfall ist der Tod in der Tat nicht das Letzte, auf das nichts folgt, auch nicht das Äußerste, durch welches das ganze Leben, das auf dem Spiel steht, in den Blick kommt. Denn dieses Letzte ist vielmehr das *Worauf*, dem nichts folgt: das letzte Wort, der letzte Blick, der letzte Seufzer oder Atemzug, der letzte Herzschlag oder Hirnimpuls, mit dem ein Leben schließt. Und durch das Letzte, sofern es als jederzeit mögliches Sterben zum Leben gehört, wird niemals entscheidbar, ob sich da ein Leben zu einem Ganzen vollendet oder nur als Stückwerk abbricht. Nur sofern sich der Tod *des Anderen* ereignet, können wir sagen, dies sei sein letzter Atemzug, sein letzter Wille gewesen, worauf nichts mehr folgt. Doch der Tod ist weder als ein (heldenhaftes oder kleinmütiges) Finale, weder als die letzte Folge zu denken noch als ein definitives Ergebnis von etwas, wie es die Leiche ist. Im traditionellen Denken wurde der Tod zumeist metonymisch entweder mit dem Letzten, dem endgültigen Schluß, identifiziert, oder man sah in ihm das Vorletzte, auf welches das große Nichts als letztes folge – wenn der Tod nicht überhaupt nur als Passage und Mitte galt, auf den andere Seinsweisen folgen. Der Nihilismus der Moderne setzte den Tod mit ‚Nichts' gleich. Doch schon die gedankenlose Vorstellung, ‚Nichts' könne der Ergebnis einer ‚Vernichtung' im Sinne von Auflösung und Zerstörung *sein*, verrät die alte Identifizierung von ‚Nichts' mit leerem Sein.

Das Letzte verweist uns auf die *Abwesenheit der Folge*, und wenn der Tod als diese Folgenlosigkeit in den Blick kommt, so weil man den Vollzug des Lebens wesentlich als *Schließen*, als Erschließen und Abschließen, verstand. Man legte den Lebensvollzug nicht nur äußerlich als einen Prozeß aus, der aus bestimmten Voraussetzungen folge und als ganzer auf einen Schluß ziele. So wäre ‚Leben' nur reduziert auf das biologisch-kausalistische Schema seiner extensiven Dauer. Das Leben ist vielmehr fähig, seinen eigenen Schluß vorwegzunehmen und damit nachträglich seine Voraussetzungen zu übernehmen und abzuwandeln und somit von vornherein die möglichen Folgen zu beeinflussen. Auch wenn solches Folgern, Schließen und Begründen in die Irre gehen und unrichtig sein kann, so ist doch das ganze Leben in seiner Selbstorganisation – wie Hegel sagt: ‚vernünftig'. Es ist nicht nur auf Vorgegebenes angewiesen und der Zufälligkeit ausgeliefert, und es ‚hat' auch nicht nur unter anderem ‚Vernunft' und die Fähigkeit, logisch zu schließen und zu begründen. Sondern das Leben selbst vollzieht sich über alles Gegebene hinaus als ein reines Schließen, und darin ist es selbst sein Transzendieren: „Das Lebendige ist der Schluß, dessen Momente selbst Systeme oder Schlüsse in sich sind, welche aber tätige Schlüsse, Prozesse, und in der subjektiven Einheit des Lebendigen nur ein Prozeß ist. Das Lebendige ist so der Prozeß seines Zusammenschließens mit sich selbst" (VIII, 374 und VI, 469).

In diesem Sich-mit-sich-Zusammenschließen übernimmt nach Hegel der Tod die Funktion, die zufällige Einzelheit, wie sie sich in jedem Individuum manifestiert, als dem Allgemeinen des Lebens schlechthin unangemessen, aus diesem auszuscheiden. Das lebendige Individuum in seiner bloß ‚subjektiven Totalität' (VI, 473) nimmt am allgemeinen Leben immer nur teil – wie schon Diotima gelehrt hatte. Diese Teilnahme des Sterblichen am ewigen Leben liegt also nach Hegel nicht in einer persönlichen Unsterblichkeit der Einzelseelen; diese vielmehr verzehren sich restlos am Leben, weshalb Alexandre Kojève (1958, 201) glaubte, Hegels Denken schlechthin eine ‚Philosophie des Todes' nennen zu müssen. Dem Leben überhaupt ist der Tod, der dem einzelnen als unüberschreitbarer Abschluß seines Daseins erscheint, vielmehr nur Voraussetzung seiner ewigen Wiederholbarkeit.

Aber liegt in diesem allgemeinen Leben oder Leben des Allgemeinen, in welchem der Tod selber stirbt und vom Leben ausgeschlossen wird, nicht doch jene leere, gewalttätige Abstraktheit, gegen welche Hegel selber unentwegt ankämpfte? So wenigstens sahen es viele Denker seit Kierkegaard und Feuerbach, die der Sterblichkeit die alte, fürchterliche Wucht zurückerstatten wollten, um durch sie, wie Jean Baudrillard in *Der symbolische Tausch und der Tod* (1982, 193) sich ausdrückte, alle herrschenden Verhältnisse zum Scheitern verurteilt zu sehen. Und Heidegger kehrte zurück zum ‚lebendigen Individuum und dessen subjektiver Totalität', zum Tod des einzelnen Daseins, zum ‚einfachen Schluß', wie Hegel wohl sagen würde – ein Schluß, der dadurch zum Grund der Sterblichkeit des ganzen Daseins wird, daß es von diesem vorweggenommen wird. Der Tod wird im Wissen und in der Ausrichtung auf ihn als Daseinsende und Lebensschluß ganz in dieses Dasein als dessen Voraussetzung hineingezogen (Marten 1987, 41 und Schulz 1975). Damit wird er zum *Woraufhin*, zum Sinn des Lebens überhaupt. Ob gefürchtet oder erhofft: der Tod wird als Ziel verstanden, von dem her auch alle partikulären Lebensentwürfe ‚vernünftigerweise' ermeßbar werden. – In seinem Versuch, sich von der Tradition abzugrenzen, übersieht Heidegger, daß er durchaus deren Vernunftverständnis folgt. Bleibt er nicht ebenso im Bann einer ‚Sterblichkeit', die ihrerseits ‚Ewigkeit' zu genießen scheint?

Durch die Jahrhunderte geistert in den Logik-Abhandlungen ein Beispiel für die erste Figur des Syllogismus, von dessen Inhalt her gesprochen die Sterblichkeit des Einzelnen scheinbar aus der Gattung der Sterblichen notwendigerweise erschlossen wird: „Alle Menschen sind sterblich. Nun ist Cajus ein Mensch. Ergo ist Cajus sterblich." So zitierte ihn Hegel (VI, 383 und 358).

Während Aristoteles noch der Ansicht war, Eigennamen könnten in Schlüssen nicht als Begriffe verwendet werden, entdeckte Wilhelm von Ockham (nach Bochénski, 1970, 269), daß die Einzelheit als singulärer Terminus logische Geltung beanspruchen kann: „Jeder Mensch ist ein Lebewesen; Sokrates ist ein Mensch; Sokrates ist ein Lebewesen." Ob hier der Begriff ‚Lebewesen' nur die Gattung der sterblichen Animalität umfaßt oder auch noch das Leben der unsterblichen Gottheit, an welchem nur ein *Teil* des Lebens der Menschen, nämlich ihre Seele, teilhat – das bleibt hier unausgemacht.

Nun hatte bereits Aristoteles (1967, 27) bemerkt, daß Schlüsse dieser Art problemlos in Mengenverhältnisse und deren Kalküle umzuformen sind. Für Hegel (VI, 378) wurde eben dies zum Beleg, daß es sich hier gar nicht um ein beweisendes Schließen, sondern nur um gedankenlos und maschinell durchführbares Rechnen handele. Und er bemerkt scharfsinnig, daß gerade die Ersetzung des Schlusses durch das Kalkül eine völlig subjektive Beliebigkeit und Willkür freisetzen kann, die etwa – wie Hegel (VI, 379) gegen einen gewissen Plouquet im Hinblick auf Moses Mendelssohn vermerkt – auch im Sinne antisemitischen Geschwätzes verwendet werde, so in der Form ‚Alle Christen sind Menschen; Juden sind keine Christen; ergo …'

Christoph Sigwart hatte in seiner Logik von 1889 (I, 466) die der hegelschen ähnliche Kritik von John Stewart Mill und Hermann Lotze an den kategorischen Schlußformen aufgegriffen. In dem Schluß ‚Alle Menschen sind sterblich – Socrates ist ein Mensch – also ist Socrates sterblich' setze in der Tat der Obersatz den Schlußsatz schon voraus; ‚denn um zu wissen, daß alle Menschen sterblich sind, muß ich bereits wissen, daß Sokrates sterblich ist; so lange dieser Satz noch ungewiß wäre, wäre auch der Satz ungewiß, daß alle Menschen sterblich sind'. Aber auch der Untersatz setzte die Conclusion voraus; ‚denn wo bliebe die Wahrheit des Untersatzes, daß Socrates ein Mensch ist, wenn es noch zweifelhaft wäre, ob er außer anderen Eigenschaften des Menschen auch die Sterblichkeit hat, die der Obersatz als allgemeines Merkmal jedes Menschen aufführt'. –

Kurz, es wird – unter dem Anschein des Schließens – nur festgestellt, daß die Teilmenge ‚Socrates' oder ‚Cajus' der Menge aller sterblichen Menschen zugehört. Eine Sterblichkeit aber, die nicht (mehr) erschlossen werden muß, steht bereits außer jedem Zweifel fest. Verständlicherweise wurde daher der Inhalt dieser Aussage vollkommen beliebig und selbst durch unsinnige Sätze derselben Form ersetzbar. – Dennoch kann man in der Insistenz, mit der diese Phrase über Jahrhunderte ‚beispielhaft' wirkte, eine Spur sehen: soll dieser Schein des Schließens nicht darauf verweisen, daß keiner nur allein stirbt, daß jeder Einzelne das Schicksal der Sterblichkeit mit Anderen teilt? Doch welche Funktion hätte das? Soll der Gedanke an dieses gemeinsame Schicksal trösten? Oder soll es das Gefühl, unerbittlich ausgeliefert zu sein, noch verstärken? – Leo Tolstoi läßt in *Der Tod des Iwan Iljitsch* (1981, 97) diesen in Zweifel ziehen, daß wir aus der Erfahrung des Todes Anderer, die uns nichts angingen, mit Notwendigkeit auf den eigenen Tod schließen: „Jenes bekannte Beispiel für Syllogismus, das er in der Logik von Kiesewetter gelernt hatte: Cajus ist ein Mensch, alle Menschen sind sterblich, also ist auch Cajus sterblich, war ihm sein ganzes Leben hindurch rechtmäßigerweise lediglich als auf Cajus anwendbar vorgekommen, keineswegs auf ihn, Iwan Iljitsch, selber. Jenes war der Mensch Cajus, der Mensch überhaupt, und für diesen war das

Gesetz völlig gerechtfertigt; er indes war nicht Cajus und ebenso wenig der Mensch an sich, sondern er war ein Wesen völlig für sich und völlig von allen anderen verschieden." – Wie hätte er wohl über seinen bevorstehenden Tod gedacht, wäre er verwundert gewesen über den Tod eines Anderen, der ihm nicht nur als Einzelner begegnet war, sondern als Einziger und Unersetzbarer, als Einmaliger und Niewiederkehrender? Sind wir angesichts des bevorstehenden eigenen Todes nicht nur für Andere, sondern ebenso für uns selbst nicht ein solcher Anderer (vgl. Lévinas 1996, 116), der *zu Grunde* geht? – Dann jedenfalls ließe sich zwar der Schluß des eigenen Lebens vorweg auf sich nehmen, nicht aber der Tod überhaupt, der sich uns in dem Paradox zeigt, daß er dem Schluß folgend diesem nicht folgt. Denn anders als die Logik der Vernunft es fordert, ist der Tod nicht allein als eine Grenze zu verstehen, weder als überschreitbare noch als unüberschreitbare. – Auf diese Andeutungen werde ich im letzten Abschnitt eingehen.

2.20 Der Tod inmitten des Lebens

Wenden wir uns dem Schluß des Märchens zu:

„‚Zeige mir mein Lebenslicht', sagte der Arzt und meinte, es wäre noch recht groß. Der Tod deutete auf ein kleines Endchen, das eben auszugehen drohte, und sagte: ‚Siehst du, da ist es.' – ‚Ach, lieber Pate', sagte der erschrockene Arzt, ‚zündet mir ein neues an, tut mir's zuliebe, damit ich meines Lebens genießen kann, König werde und Gemahl der schönen Königstochter.' – ‚Ich kann nicht', antwortete der Tod, ‚erst muß eins verlöschen, ehe ein neues anbrennt.' – ‚So setz das alte auf ein neues, das gleich fortbrennt, wenn jenes zu Ende ist', bat der Arzt. Der Tod stellte sich, als ob er seinen Wunsch erfüllen wollte, langte ein frisches großes Licht herbei; aber weil er sich rächen wollte, versah er's beim Umstecken absichtlich, und das Stückchen fiel um und verlosch. Alsbald sank der Arzt zu Boden und war nun selbst in die Hand des Todes geraten."

Allzuschnell bot sich hier die alte Deutung vom Tod als einer Strafe an: wer die vom Tod gesetzten Schranken überschreite, werde von ihm selbst bestraft (Drewermann 1990, 47). In dieser letzten Version des Märchens ist allerdings nicht vom Tod als der Sünde Lohn die Rede, nicht einmal von einem Todesengel, der im Namen eines Gottes einen Frevler zerschmettert, sondern von einer sehr persönlichen Rache, wie es scheint. Aber sollen wir annehmen, der Tod sei so ‚menschlich', daß er wegen des ‚Ungehorsams' und seiner (angeblichen) ‚Überlistung' (Hark 1986, 106) gekränkt zuschlage? Wenn solche Deutungen mir wenig überzeugend scheinen: läßt sich nicht wenigstens sagen, es gehe um das Gesetz der Vergeltung? Der Arzt hatte dem Tod, der ihm einmal vergab, nochmals einen Sterbenden vorerst entzogen, und dafür entschädigt sich der Tod jetzt, indem er dem Arzt das Leben nimmt: einer von den keineswegs erkrankten jungen Leuten gegen die ihm vorenthaltene junge Todkranke? Aber welchen Sinn ergäbe dieser vermeintliche Tausch, da doch der Tod alle holen wird – früher oder später? Welches Interesse sollte der Tod an einer Ökonomie der Zeit haben? Hat *dieser* Tod überhaupt Einfluß auf den Tod? Gehört sein Handeln zum Naturgesetz des Sterbens?

In der ersten Ausgabe des Märchens von 1812 war allerdings, wie bemerkt, von ‚Rache' noch keineswegs die Rede gewesen. Der Tod zeigt dem Arzt dessen Lebenslicht, das am Ausbrennen war, und sprach: ‚Hüte dich!' – Womit das Märchen endete. Doch hüten wovor? Worauf noch achtgeben? Sollte damit doch noch ein Ausweg, die Möglichkeit eines Aufschubs angedeutet werden?

Wie Heinz Rölleke (2000, 251) erwähnt, entstammt das Motiv des absichtlichen Versehens beim Umstecken des Lebenslicht der Publikation *Neue Abendgenossen* eines gewissen Schilling, ein Zeitgenosse der Grimms. Indem die Brüder Grimm in den folgenden Ausgaben dieses Motiv übernehmen, mußte die Absichtlichkeit auch motiviert werden: durch Rache. Dem jedoch widerspricht zugleich entschieden, daß der Tod vortäuscht, er würde den Wunsch des Arztes erfüllen, indem er nach einem ‚frischen, großen Licht' langt. Denn was könnte Rache schon bedeuten, wenn sie derjenige, den sie treffen soll, weder verspürt noch auch nur zu wissen bekommt?! Eher also müßte man sagen, gerade der Tod ‚betrüge' den Arzt um seinen Tod, indem er ihm weismache, er werde ihm sein Leben verlängern. Doch um was für einen Betrug sollte es da gehen? Einen Schaden erlitte der Arzt doch nur, wenn ihm *im Leben* der Genuß desselben und sein Glück vorenthalten oder genommen würde. Oder will man etwa sagen, der Tod ‚betrüge' den Arzt um die Erfahrung einer Todesangst? Doch gerade diese hatte er bereits erlebt angesichts seines ausgehenden Lebenslichts! Geht man mit den Märchen und der Psychoanalytik davon aus, daß – im Unterschied zur Befriedigung von Bedürfnissen – Wünsche sich imaginär erfüllen; dann ist es hier Gevatter Tod, der dem Patenkind einen – wenn auch ihm selbst noch verborgenen – unmöglichen Wunsch erfüllt, nämlich einmal schmerz- und angstlos von Anderen und von sich selbst Abschied zu nehmen. – Betrachten wir die Schlußszene genau, so zeigt sie eine auffällige Uneindeutigkeit, die sich mit dem Motiv der Rache wenig verträgt. Zum einen scheint der Tod – als wär's ein Zufall aus Ungeschicklichkeit – zu veranlassen, daß das Lebenslicht erlöscht, was sich doch zugleich erübrigt, da es von sich her am Erlöschen ist. Und ebenso uneindeutig heißt es, der Arzt sei nun selbst in die Hand des Todes geraten, so als hätte dieser ihn gewaltsam ergriffen, niedergerungen und getötet. Doch zugleich sinkt dieser nur zu Boden. Diese großartige Uneindeutigkeit zwischen ‚gewaltsamem' und ‚natürlichem' Tod verträgt sich nicht gut mit dem Bild jener, die ihn lieber als unüberwindlich herrschende Macht sehen, zudem grausam genug, um mit dem angeblich um sein Leben ‚flehenden' und ‚wimmernden' Patenkind zu ‚spielen' (Drewermann 1990, 52).

Wer um sein Leben und um Gnade fleht, beteuert der nicht gewöhnlich, ob reuevoll oder nicht, umzukehren, Buße zu tun, folgsam zu werden, Entschädigung zu leisten? Die erfrischende Art des jungen Arztes ist jedoch, daß er sich nach seinem Erschrecken nicht dadurch wieder zu fassen sucht, daß er voll echter oder geheuchelter Schuldgefühle irgendein Geschäft durch Rückvergütung vorschlägt oder sich seinem Schicksal ergibt. Er bittet unumwunden um einen Aufschub, um sein Leben genießen zu können, und macht zugleich einen Vorschlag, was da gemacht werden könnte: der Tod möge ihm ein neues Lebenslicht anzünden. –

Der Tod sagt dazu nicht, daß er nicht wolle, sondern daß er nicht könne. Das Eingeständnis seiner Machtlosigkeit ist weniger erstaunlich. Denn was hat dieser Tod, der weder eine numinose Macht ist, noch im Dienst einer solchen steht, mit dem ‚Anzünden', mit dem Erzeugen von Leben, dem Fortleben oder Wiedergeborenwerden zu tun? Ja, gemäß dem Bilde unaufhaltsam abbrennender Lebenslichter ist, wie bemerkt, nicht einmal sicher, ob er es ist, der die Dauer des Lebens und den Zeitpunkt des Sterbens noch bestimmt. Aber welchem Gesetz unterstellt er sich, wenn er dem Arzt erklärt, erst müsse ein Lebenslicht erlöschen, ehe ein neues anbrenne? Er wird wohl kaum sagen wollen, die Menge der Geburten und Todesfälle müßten sich die Waage halten, damit stets gleichviel Menschen lebten. Denn dann gäbe es seit Adam und Eva stets nur zwei lebende Menschen. Handelt es sich, wie manche meinen, um ein moralisches Gesetz, demzufolge durch die Metapher gesagt werde, niemand solle auf Kosten des Lebens Anderer leben? Aber es geht hier ja nicht darum, den eigenen ‚Kerzenstummel' auf eine andere, schon brennende Kerze zu verpflanzen. Die moralistische Deutung müßte daher schon von einer mythischen Voraussetzung ausgehen und das Bestehen einer göttlicher Vorsehung unterstellen, der zufolge in jeder noch unentzündeten Kerze schon ein künftiges Leben vorentworfen sei.

Dagegen läßt der Tod – von dem wir nicht wissen, ob er wirklich dazu fähig ist oder ob er solches Können nur simuliert – sein Patenkind wissen, daß er selber eben das vermöge, was der Arzt verbotenerweise praktiziert hatte: ein Leben gegen den *vorgesehenen* Tod zu verlängern, indem er ein brennendes auf ein nicht-brennendes Lebenslicht transplantiert. (Dabei bliebe immerhin noch das Prinzip der Identität einer Person gewahrt. Einer Umfrage zufolge würden dagegen angeblich über 70% der Deutschen – wenn anders ‚ihr' Leben nicht zu retten wäre – einer Gehirntransplantation zustimmen, auch wenn dadurch ihre eigene Persönlichkeit vollständig durch eine andere ersetzt würde!)

Versuchen wir abschließend, das Charakteristische des Gevatters Tod zu verstehen, so zeigt sich zunächst, daß es ein Tod ist, der mitten im Leben steht. Er ist geradezu ein bestimmtes *Medium* des Lebens.

Durch den Tod gelangt der Jüngling aus der familiären in eine verwirrend grenzenlos scheinende Welt, die ihn vereinzelt, indem sie ihn ‚aussetzt'. Mag er auch vielleicht an der Sterblichkeit selbst erkranken, so lernt er doch zugleich durch einen heilsamen Tod, daß Krankheit und Leiden nicht allein durch Gesundheit und Wohlleben, sondern vor allem durch den Tod zu verstehen sind. Desweiteren erfährt er durch den Tod, daß jedes Zusammenleben auch auf Verträgen beruht, deren Verletzung mit dem Tode bedroht sein kann. Und durch den Tod, gegen den er sich stellt, erfährt er, daß man ihn aufschieben und das Leben verlängern kann. Durch den drohenden Tod der Geliebten, den er abwendet, zeigt sich ihm erstmals die häßliche Fratze des Todes, zornig und doch so gesichtslos wie der Totenschädel. Und durch den Tod ergriffen und geführt, fühlt er sich dem Dunkel und Unbekannten ausgesetzt, bis er vielmehr durch den Tod über das Leben aufgeklärt wird und durch den Tod den Aufschub seines Todes zu erreichen sucht. Es ist also ein Tod, der allgegenwärtig im Leben steht, es bestimmt und erleuchtet.

Als Iwan Iljitsch sich erstmals eingesteht, daß es nicht mehr um seine Krankheit, sondern um seinen Tod geht, stellt er betroffen fest: „Einst war ein Licht da, jetzt ist es ringsum dunkel" (Tolstoi, 54). Zuletzt aber beginnt er zu verstehen, daß dies nicht die Dunkelheit des Todes, sondern die des Lebens hinsichtlich des Todes war, eine Dunkelheit, die sich im letzten Augenblick des Lebens lichten kann: „An Stelle des Todes war ein Licht da" (92). Ein Licht des Lebens hinsichtlich des Todes? – Welche religiösen Hoffnungen Tolstoi damit auch verbunden habe mochte: das, was man gewöhnlich den äußersten Gegensatz von Licht und Dunkel, Leben und Tod, Immanenz und Transzendenz nennt, fällt in ein Leben, das doch gleichwohl selbst nicht restlos in sich fällt. Im Märchen ist das auf großartige Weise ausgedrückt: Gevatter Tod scheint dem Arzt den Wunsch weiterzuleben zu erfüllen, indem er ein noch nicht flammendes Lebenslicht nimmt, als wolle er das alte darauf setzen, damit es sich an diesem so unmittelbar entzünde, als gäbe es keinen Bruch. Lassen wir die kleinliche und gedankenlose Deutung beiseite, der Tod wolle sich nur rächen und er täusche den Arzt. Die entscheidende Aussage hier ist, daß der Sterbende, solange er denkt, zumal auch denkt zu sterben, weiterlebt. Seinen eigenen Tod aber wird er versäumt haben „Denn nah am Tod sieht man den Tod nicht mehr" (Rilke 1993, 207). Heidegger meinte zu Recht, daß dem Dasein der eigene Tod niemals zu einem Ereignis werden könne, das sich dem Dasein verwirkliche, und er folgerte daraus, daß der eigene Tod dem Dasein als eine ‚Möglichkeit' erscheine, die nicht immer schon von einer vorausgesetzten Wirklichkeit eingenommen sei.

Andrerseits gehört zum Dasein – im Unterschied zu Hegels Auffassung – eine zugleich unaufhebbare ‚Äußerlichkeit' auch sich selbst gegenüber, welche Heidegger ‚Geworfenheit' und deren ‚Faktizität' nannte. Von daher wäre es konsequent gewesen zu sagen, daß auch eine von aller Verwirklichbarkeit abgeschnittene Möglichkeit, wie es der eigene Tod ist, ihren Ernst erst durch den erfahrbaren wirklichen Tod, der stets der Tod des Anderen ist, erhält. Nur: von dieser Wirklichkeit her ist der Tod ebenso gewiß wie ungewiß; ungewiß, solange man lebt und zudem der Tod aufschiebbar scheint, gewiß, wenn er vorfällt. Ist nicht der Tod des Geliebten, zu dem sie errötend aus ihrer tödlichen Krankheit erwacht war, für die Königstochter der Beweis der Verzweiflung, daß es mit diesem ganzen gewonnenen Leben nichts ist, gerade weil es in seiner Leere weitergeht und die Leidende zurückläßt?

Um welchen Tod inmitten des Lebens handelt es sich? Wird der Glaube, man habe den Anderen durch dessen Tod unwiederbringlich verloren, durch eine Übertragung auf das eigene Dasein verabsolutiert, indem man sich selbst in diesen Glauben einbezieht, mit dem Tod sei alles verloren; und wird dieser Glaube, wie es gegenwärtig zu geschehen scheint, zur Grundhaltung einer ganzen Epoche: dann wird das ‚Nichts' des Todes als *absoluter Mangel* ausgelegt, als dasjenige, was man mit Nietzsches Worten den *Tod Gottes* nennen könnte – ein Tod, der selbst nicht zu sterben vermag und der durch das Leben geistert. – Bisher war ich der Frage nachgegangen, ob dieser Tod im Märchen nicht nur die Maske eines Gottes oder Halbgottes, eines Geistes oder Dämons sei. Aber ist derjenige, der die absolute Macht über das Leben, das nichtig ist, hat, nicht vielmehr ein toter Gott, die absolute Macht des ‚Nichts', ein Tod, der zugleich – nach der Weise der Gottheit – nicht sterblich ist – nicht deshalb, weil er ewig lebe, sondern weil er sein Leben schon hinter sich hat. Spricht der tote Gott nicht von seiner neuen Art der Ewigkeit, die mit dem Leben der Sterblichen fortwährt? Doch was geschieht mit ihm, wenn diese ihren Tod zu vertagen beginnen?

In der Rede vom toten Gott geht es nicht um die platt gewordenen, vergangenen Glaubens- oder Unglaubensgewißheiten, daß Gott existiere, daß Gott nicht existiere. Aber von welchem Gott ist dann die Rede? Und warum konnte Nietzsche (1906, VI, Aph. 125) den ‚tollen Menschen', der schon am Tag mit einer Laterne Gott sucht, sagen lassen: „Wir haben ihn getötet – ihr und ich! Wir alle sind seine Mörder! Aber wie haben wir dies gemacht? Wie vermochten wir das Meer auszutrinken? Wer gab uns den Schwamm, um den ganzen Horizont wegzuwischen? Was taten wir, als wir diese Erde von ihrer Sonne loskettteten? … Irren wir nicht wie durch ein unendliches Nichts?"

Die Götter Homers mögen sich an der Verehrung durch die Sterblichen, an deren Opferfeiern und Gebeten erfreuen. Doch so wie sie an sich ohne die Sterblichen leben könnten, so könnten umgekehrt diese auch einem gottlosen Schicksal überlassen sein. Nach Ansicht der Epikureer kümmern sich die Götter ohnehin nicht um die Menschen, so daß ein Tod der Götter kaum Bedeutung für die Sterblichen hätte. Ein Band zwischen dem unsterblichen Gott und den Sterblichen begann sich erst zu knüpfen, als Denker wie Platon und Aristoteles ihn als Demiurgen verstanden, und fester wurde dieses Band, als er, wie im mosaischen Glauben, als Schöpfer der Weltordnung und schließlich, wie in der Lehre der Kirchenväter, als Schöpfer der Welt ‚ex nihilo' gilt. Denn nun ist nicht mehr nur das Schicksal der Menschen, sondern deren Dasein selbst von Gott abhängig. Dennoch: betont man, wie noch Thomas von Aquin, daß Gott am siebten Tage ruhte und so den Gang der Schöpfung – von Wundern abgesehen – sich selbst überließ, um ihr gegenüber ganz selbständig aus sich zu existieren: dann bleibt sein Tod zumindest denkbar hinsichtlich einer wie auch trostlos sich selbst überlassenen Welt.

Das aber ändert sich grundsätzlich mit dem *Gott der neuzeitlichen Metaphysik*. Wie Walter Schulz (1957) an Denkern – von Nicolaus von Kues bis Nietzsche und Heidegger – großartig darlegte, wird nun der Mensch derart in eine Abhängigkeit zu Gott hineinverwoben, daß ein Tod Gottes gar nicht mehr möglich wäre ohne den *Tod des Menschen*.

(Angesichts des verächtlich machenden Geschwätzes gegen die ‚Postmoderne' will ich die Scham über die banale Bemerkung in Kauf nehmen, daß es sich weder um das Aussterben der menschlichen Gattung handelt noch um das Verschwinden oder um die Abschaffung von Menschlichkeit!) Der Mensch ist nun nicht mehr nur ein von Gott privilegiertes Geschöpf, er wird vielmehr selbst ein unabtrennbarer Teil der Totalität Gottes, der nämlich erst durch den Menschen den bedeutsamsten Aspekt seiner eigenen Schöpfung begreift: deren Begrenztheit, so wie nur umgekehrt durch die Göttlichkeit im Menschen die Unbegrenztheit Gottes von diesem erfaßt werden kann. In dieser Verflechtung von Gott und Mensch liegt an sich schon die Möglichkeit bloßer Umkehrung des Verhältnisses, wie Feuerbach sie vollzog, indem er die Anthropologie aus dem Atheismus begründete: der Mensch setzt sich an die Stelle Gottes und erschafft diesen aus sich heraus. Doch damit wird eine entscheidende Verschiebung möglich, die Kant bereits durch die Kritik der reinen theoretischen Vernunft vorbereitet hatte.

Das Wesen dieses metaphysischen Gottes liegt nicht – wie beim mythischen Gott der Religionen – darin, daß da eine unsichtbare, übersinnliche und übermächtige Person unbegreifliche numinose Eingriffe aus seiner Hinterwelt heraus in die Natur tätigt, um heilige Furcht und schaurige Bewunderung auszulösen. Dieser Gott ist vielmehr durch und durch *Vernunft* in ihrer logischen und praktischen Notwendigkeit, und als göttliche begreift sie sich durch den Menschen – ob nur eingeschränkt oder vollständig. Man konnte darüber streiten, ob und wie Gott Urgrund und erste Ursache, Idee und Einheit in der Vielheit, Natur oder Gesetz, Subjekt, Geist, Wille oder Sein schlechthin sei. Aber einig scheint die Neuzeit darin, daß die Attribute Gottes, die seine reine Tätigkeit sind, von *unendlicher Vollkommenheit* sind – eine Vollkommenheit, die sich nicht in Erfüllungen erschöpfe, sondern unvermindernder Überfluß ist. In seiner Allmächtigkeit und Allwissenheit, in seiner grenzenlosen Liebe, Güte, Gerechtigkeit, in seiner Funktion als absoluter Schöpfer, Regent, Gesetzgeber und Richter – niemals aber als ein Spieler! – wurde er zum absoluten Maß, von dem aus nicht nur alles Bestehende ‚kritisch' bewertbar wurde, sondern durch das jede Tätigkeit und das Begehren schlechthin seine Ausrichtung fand.

Der Glaube an das absoute Maß als höchster Wert wurde in dem Augenblick erschüttert, als ‚der' Mensch der atheistischen Anthropologie, der sich an die Stelle Gottes gesetzt hatte, seinerseits in seine unüberschreitbare geschichtliche Beschränktheit zurückgenommen wurde (vgl. Kamper/Wulf 1994). Liegt darin die Ungeheuerlichkeit des Mordes, von dem Nietzsche spricht – eine Tat, die ihren Täter nicht findet?

Man entdeckt die *Ökonomie der Vernunft*, durch welche der alte Widersacher (der Teufel) dem Tod (dem Entzug) den Vorrang scheint überlassen zu müssen: der Gedanke der Verteilung beherrscht nun die alte Dialektik von Produktion und Destruktion, so daß nun jedem Gewinn unausweichlich ein Verlust entsprechen wird. Steht der noch Ideale setzende und erstrebende Mensch ganz in der Spannung zwischen dem lebendigen und toten Gott, glaubend daß der eine nicht ohne den andern zu haben ist: keine Erlösung ohne Tod, kein Tod ohne Erlösung. So verlieren die Menschen im Zeitalter des Nihilismus beide aus dem Blick. Zunächst setzt man das Leben an Stelle des Menschen, vergöttert und vernichtet es in der Ahnung des Dilemmas, daß der an sich selbst festhaltende Mensch am unerbittlichsten daran arbeitet, mit seinen Unvollkommenheiten sich selbst biotechnisch zu beseitigen. Doch in dem Maße, wie man sich in dieses unvermeidliche Schicksal ergibt, scheint ‚das' Leben nur noch die Steigerung seiner Selbstermächtigung zu betreiben. So deutete Heidegger (1980, 230) Nietzsches ‚Wille zur Macht'. Indem das Leben nichts mehr außer sich, nur noch sich selbst will, scheint es sich selbst zu genügen. Indem ihm nichts mehr zu fehlen scheint, erstrebt es nichts mehr. In diesem metaphysischen Leben fallen der lebendige und der tote Gott in eins, um zum leblosen und untoten Gespenst zu werden. Indem es gleichermaßen den Mangel wie die Vollkommenheit flieht, ist es selbst zum absoluten Mangel geworden, zu dem, was die Moderne ‚Nichts' oder leeres Sein nannte: der letzte große Mythos.

Doch schon arbeiten die ‚Ärzte' daran, auch dieses Gespenst noch zu töten – nicht dadurch, daß sie dieses Leben gegen den Tod zu verlängern suchen. Von allen Seiten her bahnt sich die Überholtheit dieses Lebens an – nicht nur biotechnisch, sondern auch in den wissenschaftlichen Erkenntnissen, daß das irdische Leben – mag es bisher auch noch das Komplexeste sein, das sich zu begreifen vermag – doch nur eine der unzähligen Weisen von spontanen Selbstorganisationen aus dem Chaos heraus darstellt (vgl. Varela 1992).

Wie ist diesem ‚Nichts' ein Verständnis von Nichts abzuringen, das *nicht ist*, kein absoluter Mangel, kein Sein? Vermögen wir ein Verständnis zu erreichen von dem Tod, der nicht in das Leben fällt, auch nicht als dessen Finale und äußerste Grenze oder als dessen Vernichtung oder Abwandlung?

3 Der Tod und das Nichts

Es geht darum, den Tod zu denken und nicht nur zu bedenken, als wäre an sich klar, um was es ginge. Mag auch das Denken des Todes bedeuten können, sich der Undenkbarkeit seines Nichts auszusetzen …

3.1 Der nichtige Tod und der Mangel

Von einem Glauben, der sich ausbreitet, werde ich ausgehen: daß der Tod eines Lebewesens in der Vernichtung seines ganzen Lebens und nicht nur eines Teils desselben bestehe – um zu fragen, was hier überhaupt unter *Nichts* verstanden wird.

Mit der vermeintlich aufgeklärten Ansicht, das Leben des Einzelnen sei mit dessen Tod restlos aus, meint man, jede metaphysische Spekulation um ein ‚Fortleben danach' zurückgewiesen zu haben. Doch man ersetzte sie durch den nicht minder metaphysischen Glauben, durch den Tod vergehe das einzelne Leben zu Nichts und dies gleichwohl im Unterschied zu jenen unvertilgbaren, substrathaften Resten – materiellen wie symbolischen –, die der Verstorbene hinterläßt und die ihrerseits grundlegenden Änderungen unterworfen sind. – Was scheint hier zu Nichts werden zu können?

Soweit ich sehe, spricht auch nach Nietzsche keine philosophische Mythenauslegung von einem gleichwertig zyklischen Verhältnis zwischen *‚Entstehlichkeit'* und *Vergänglichkeit*. Und in einem bestimmten Sinne ist die Auffassung, alles Seiende vergehe ewig in Nichts und kehre daraus wieder hervor, selbst dem heraklitischen Denken fremd gewesen.

Die theologische Deutung der mosaischen Schöpfungsgeschichte erhob die *creatio ex nihilo* zu einem einmaligen Akt Gottes, dem an sich zwar die Möglichkeit restloser Vernichtung entspreche, die aber von Gott nicht ergriffen werde. Das Leben dagegen entstünde nicht unmittelbar aus Nichts, sondern aus Anderem, aus Erde und göttlichem Hauch, um sich dann aus sich selber fortzupflanzen. Unter empirischer

Sichtweise wirkte diese Auffassung weiter: der metaphysische Gedanke einer Weltentstehung aus Nichts wirkt entfernt noch in der These vom ‚Urknall‘ weiter; der Einzelne dagegen verdanke sein Leben zunächst anderem Leben, fernerhin allerdings anorganischer Materie. Der Glaube an eine Urzeugung des Lebens aus Nichts kam nie auf, und man schwieg über die Frage, ob der lebendige Einzelne aus dem Nichts auftauche oder nicht. – Dem steht nun allerdings die verbreitete Ansicht gegenüber, durch den Tod würde das einzelne Leben in Nichts vergehen und dieses Schicksal könne der ganzen Gattung des Lebens bevorstehen, vielleicht der Welt überhaupt.

In diesem neuzeitlichen Vorrang restloser Vergänglichkeit vor der ‚Entstehlichkeit‘ haust, so möchte ich sagen, der *tote Gott*, der absolute Mangel, den man verdeckend mit dem Problem des Nichts gleichsetzte.

Diese vorrangige Ausrichtung auf den Tod bewirkte, daß nicht die Grenzen des eigenen Lebens, Erzeugung und Tod, als äußerste Gegensätze bestimmt wurden, sondern Leben und Tod selbst und schließlich Sein und Nichts. Dieser, wie ich noch darlegen werde: Scheingegensatz wurde derart zum herrschenden Maßstab, daß man schließlich alles, was nicht dem Leben angehörte, abwertend für tot und leblos erklärte. Auch wenn sie nie lebendig gewesen, hätte diese tote Materie – und das ist ihr grundsätzlicher Mangel – doch besser lebendig sein sollen. Das Tote ist überhaupt jener mangelhafte Rest, den der Tod zurückläßt und der vom vernichteten Leben übrigbleibt. – Doch um welches ‚Nichts‘ geht es, wenn vom Tod die Rede ist?

Bekanntlich kann Hegel nur deshalb von einem Umschlagen von ‚Nichts‘ in Sein und umgekehrt sprechen, weil dieses ‚Nichts‘, wie auch unmittelbar und unbestimmt, schon *ist*. Ausdrücklich weist Hegel (1969, V, 98) jenes parmenidessche Nichts zurück, das nicht sei. Doch bezüglich des Todes des Einzelnen kommt Hegel gar nicht umhin, stillschweigend ein absolut seinsloses ‚Nichts‘ einzuräumen: es ist der Einzelne als dieser, der restlos in Nichts vergehe, ohne weitere Bestimmung und schlechthin ohne ‚Aufhebung‘. Gleichwohl wird dieses ‚Nichts‘ noch als Resultat eines Werdens, einer Vernichtung, angesehen, als müsse erst noch das *Sein* des ‚Nichts‘ vernichtet werden, damit dieses Nichts nicht ist.

Diese seltsame Gedankenbewegung finden wir sehr verdichtet in einem frühen Text von Ludwig Feuerbach (1960, 84), worin es heißt: „Der Tod ist aber keine positive Vernichtung, sondern eine sich selbst vernichtende Vernichtung, eine Vernichtung, die selbst nichtig, Nichts ist; der Tod ist selbst der Tod des Todes; indem es Leben endet, endet es selbst, stirbt es an seiner Gehalt- und Inhaltslosigkeit.“ – Zweifellos will Feuerbach nicht sagen, daß der Tod überhaupt nicht ‚sei'. Was aber besagt dann der Tod des Todes? Er spricht die Differenz an zwischen einem Tod, der *ist*, und einem Tod, der *nicht* ist, und zwar in der Weise, daß das Bestehen des Todes erst selbst noch zu ‚Nichts' werden, zu Tode kommen muß. Daß allerdings zu ‚Nichts' nur werden kann, was als dieses ‚Nichts' noch ergebnishaft *ist*, spürt Feuerbach freilich, glaubt allerdings, dieser Falle des Seins durch eine Vernichtung der Vernichtung entgehen zu können. Vergeblich versucht er damit zu einem Ende zu kommen, dem kein Sein mehr folgt. Doch so folgt nur wieder jenes ‚Nichts', das nicht Nichts ist. – Was anderes aber ist dieses inständige Sein des ‚Nichts', des Todes, der nicht sein soll und zugleich Nichts (nicht) sein soll, als der *absolute Mangel*, der tote Gott, dessen Wiederauferstehung Hegel sich noch verschrieben hatte?

Der Tod wird also als das schlechthin *fehlende Leben* gedacht, und wenn nach Feuerbach dieser Mangel selbst noch zu Nichts vergehen soll, dann, so scheint mir, geht es ihm darum, die Toten, deren Leben uns fehlt, endlich vergessen zu können. Er spürt, daß nicht das Nichts des Todes, sondern der Mangel des Lebens die Lebenden angeht. Darin beruht die Wesenlosigkeit des Todes, die den Lebenden nicht unwesentlich sein kann; denn seine Substanzlosigkeit wird ihnen von schrecklichem Belang, wenn der Verstorbene bei ihnen eine Lücke und Leere hinterläßt. Das ‚Nichts', in welchem das Sterben endet, ist jener Mangel, den man zu einer grenzenlosen, erhabenen Größe steigern konnte: der Tod Gottes, von dem der neuzeitliche Atheist vergeblich loszukommen und der zu verdrängen sucht, wie sehr ihm das Leben dieses verstorbenen Gottes fehlt.

Diese Nichtigkeit des Todes, die den Lebenden angeht, indem er den Mangel an Leben nicht los wird, wurde in der scholastischen Tradition als *malum metaphysicum* gedeutet: im Unterschied zu einem sinnlich-leibhaftig sich aufdrängenden und Schmerz verursachenden Übel gilt der Tod als ein an sich unaufhebbarer Mangel, so daß das Leiden an ihm selbst nur mit dem eigenen Tod enden kann. Als bloßer Mangel kann der Tod kein Übel zufügen, und doch löst er – malum meta-physicum – Leid aus.

Der bestimmte Mangel, als Entbehrung durch Vorenthaltung oder durch Entzug, steht notwendigerweise zu dem in Beziehung, was ist, aber nicht sein soll: das schmerzliche Bedrängnis der Bedürfnisse, die Qual des Begehrens, die Kümmernis des Wünschens. Und was kann leidvoller erlebt werden als der Tod eines geliebten Menschen, der uns im eigenen Leben nie wieder mit seiner Gegenwart erfüllen wird. – Der Mangel liegt nicht darin, daß wir selbst unser Leben verloren haben werden; denn wie sollte es den Toten fehlen können! Unwiederbringlich verloren hat vielmehr der Lebende das Leben des Anderen, und im Gefühl, dieser wäre ihm gewaltsam entrissen worden, deutet er den Tod als Mangel nicht einer Vorenthaltung, sondern als Folge einer unwiderruflichen *Beraubung*. Man versteht den Tod als ein *nihil privativum*.

Wenn wir nun, die Erfahrung des Todes Anderer vorwegnehmend, diese auf uns selbst übertragen, sprechen wir davon, der Tod werde ‚schuld' sein an unserem bevorstehenden Ende; er werde uns das Leben nehmen. Ungeachtet der mythischen Personifizierung ist damit zumeist gemeint, der eigene Tod werde zu früh kommen und *uns* – nämlich nicht nur mir selbst, sondern auch Anderen – eine künftige Zeit vorenthalten, die wir bräuchten, um noch bestimmte Lebensmöglichkeiten zu ergreifen, zu verwirklichen, zu genießen. Wir sprechen weniger dem Leben überhaupt als vielmehr einer zur Verfügung stehenden Zeit einen positiven Wert zu und entsprechend dem eigenen Tod einen negativen. Doch da wir damit kaum behaupten wollen, tot würden wir uns selber fehlen und auf ein Lebensdefizit zurückblicken, so folgt daraus, daß niemals wir uns selbst, sondern wir stets nur den *Anderen*, *den wir virtuell an unsere Stelle setzen*, *als tot denken* können. Nicht aber versetzen wir selbst uns an die Stelle des toten Anderen. Nur so scheint mir erklärlich, warum wir auch den eigenen Tod als unaufhebbaren Mangel auslegen.

In Heideggers (1969, 34) Verschiebung von einem (widersinnigen) ‚Sein *des* Todes' zu einem ‚Sein *zum* Tode' liegt eine Berechtigung, sofern damit die Hegelsche Identifizierung von Sein und Nichts vermieden wird. Doch unklar bleibt, wie die Intentionalität in der ‚Angst vor Nichts' soll die Richtung verkehren können, da in der Angst ein ‚Zurückweichen vor … liege, das seinen Ausgang vom Nichts nehme'. Ist damit die herrschende Identifizierung von Seins-Mangel und Nichts wirklich umgangen?

Der Mangel kennzeichnet ein bestimmtes Verhältnis eines Anwesenden zu dem Abwesenden, das ihm fehlt. Er verweist auf ein Nicht-Da, das nicht sein soll, und insofern *ist* dem Anwesenden das Abwesende in der Weise des Mangels, ob dieser nun vorstellungslos erlitten oder ob das Fehlende zudem irgendwie repräsentiert wird. Das, was fehlt, kann momentan weg, weit entfernt oder schlechthin unerreichbar und unzugänglich sein, oder es ist nicht mehr oder überhaupt nicht. Schon wegen dieser möglichen Unentschiedenheit, ob das Fehlende Seiendes oder Nichtseiendes ist, taugt der Begriff des Mangels nicht dazu, das Nichts des Todes zu verstehen. Anders, als die Gleichsetzung von Mangel und Nichts suggeriert, liegt der Mangel nicht allein im Abwesenden, sondern ebenso in der Unvollkommenheit des Gegenwärtigen, in der Mangelhaftigkeit des Anwesenden, dem etwas fehlt. Was aber das ‚Nichts' meint, das im ‚Nicht-Seienden' angesprochen ist, ist noch keineswegs verständlicher geworden.

Der Mangel drückt sich nicht nur in einer Leere und im Fehlen aus, sondern ebenso in dem, was andrängt und keine Lücke läßt. Und dem Überdruß an Überladungen, Übersättigungen, Überfüllungen, dem Ekel vor bedrängenden und bedrückenden Präsenzen, dem Leiden an lückenlosen Besetzungen wird nicht ein Wunsch nach etwas Anderem, sondern nach ersatzloser *Erlösung* von jenen entgegengesetzt. Was in solchem Mangel fehlt, sind nicht Erfüllungen, sondern Lücken und Abstände, freie Räume und Zeiten. Und verschwinden das Beschwerende und die Enge nicht, können Menschen sich selbst oder das, was sie belastet, abwenden, entfernen, beseitigen, zerstören, töten. Die Erlösung vom bedrängenden Mangel liegt nicht in Erfüllungen, sondern in Entladungen, Räumungen, Befreiungen.

Der Tod des Anderen – des Unterdrückers oder Verderbers, des Feindes oder beneideten Rivalen – kann zweifellos als *Befreiung* erfahren werden, selbst wenn man sich des Gegners zugleich beraubt sähe. Denn sein Tod kann dem Lebenden Möglichkeiten eröffnen, nicht nur verschließen. Solche Befreiung kann allerdings herabsinken zu einem bloßen *Loswerden* des Anderen, wenn durch dessen Tod nur eine durch ihn drohende Gefahr oder ein Hindernis beseitigt, gar ein Vorteil errungen wird. Aggressoren und Mörder schließlich, sofern sie sich überhaupt noch unter einem Rechtfertigungsdruck fühlen, werden selten ohne eine aktiv betriebene Entwertung ihrer Opfer auskommen, deren Leben nichts wert gewesen sei. Sie setzen sich gerne an die Stelle des Henkers, der ‚nur' eine ‚Todesstrafe' ausführt.

Unter Umständen kann jemand, ohne es zu entwerten, auf sein eigenes Leben verzichten, um einen Anderen zu retten oder Schaden von ihm abzuwehren, vielleicht sogar, um diesen von der eigenen Präsenz zu befreien. Wer sein Leben für Andere opfert, gibt einen Anspruch auf, einen Anspruch nicht auf ihm Fehlendes oder auf Erlösung, sondern auf sich selbst. Sein Tod ist nur die Folge seines Verzichts. – Wem dagegen das eigene Leben – sei es durch Andere, durch Umstände, durch sich selbst – schlechthin unerträglich und wertlos geworden ist, dem kann der Tod als Befreiung gelten, auch wenn er nicht glauben sollte, tot in den Genuß solcher Freiheit zu kommen (Löwith 1992, Illich 1992, Ahrens 2000). Der eigene Tod eröffnet ihm keine Möglichkeiten, aber er erlöst ihn von den Leiden und Unmöglichkeiten seines Lebens. An die Stelle des unwerten Lebens setzt er den Tod. Aber es gibt auch ekstatische Formen der Selbsttötung, in welchen man im Nichts des Todes glaubt, das Freie schlechthin erreichen zu können.

Im Tod des Anderen kann immer nur ein bestimmtes Loswerden, eine beschränkte Erlösung, eine begrenzte Befreiung erlebt werden. Die ‚Befreiung' vom eigenen Leben ist in dem Sinne ‚absolut', daß mit dem eigenen Tod weder Freiheit noch ihr Gegenteil sein wird. Der Tod wird angezielt, als würde man ihn als Freisein in das eigene Leben hineinziehen können, das er beendet. Doch so wenig, wie das Nichts des Todes als absoluter Mangel zu verstehen ist, so wenig als absolutes Freisein, wenn auch durchaus am Phänomen des Mangels oder Freisein ein ‚Nichts' bemerkbar und zum Problem wird.

Der Mangel, wie gesagt, läßt sich nicht mit Nichts identifizieren, weil er eine Beziehung ist zwischen Seiendem und leerem Sein, und zwar in doppelter Form: zum einen kann uns das Genüge, die Ruhe, die Lust, die Freude fehlen, die uns jene Dinge, Zustände, Personen bereiten würden, die nicht da oder überhaupt nicht sind. Dagegen scheint uns in der Vorwegnahme des eigenen Todes das ganze Leben fehlen zu können, obgleich wir nicht mehr diejenigen sein werden, denen etwas fehlen könnte. Fehlen kann uns aber auch das Freisein von eigener Unlust, eigenem Leid, welche jene bedrängenden Dinge, Zustände, Personen bewirken, die uns keinen freien Raum von Entfaltungsmöglichkeiten lassen. Und hier scheint der in Selbsttötungsabsicht vorweggenommene Tod uns vom unerträglichen Leben überhaupt befreien zu können, obgleich wir dieses Freisein nicht mehr werden genießen können. – Die ganze Beziehung des Mangels besteht also in etwas, was ist und nicht sein soll, und in etwas, was nicht ist und sein soll. Doch verstehen wir das Nichts nicht durch den *Un*wert, sondern umgekehrt diesen durch jenen.

Der eigene Tod, das Nichts unser selbst, auf das wir uns daseiend beziehen, kann nur dann entweder als absoluter Mangel an Leben oder als absolute Befreiung vom Leben gedeutet werden, wenn das Nichts des Todes schon in ein *Sein* zu Nichts verkehrt wurde. Doch damit ist nicht klarer geworden, was sich unter ‚Nichts' verstehen läßt.

3.2 Das Nein und das Nichts

Die Moderne, so denke ich, konstituiert sich in einer äußersten Entgegensetzung von Leben und Tod und betont zugleich die unumkehrbare

Drift des Lebens zum Tod, die Endlichkeit, Vergänglichkeit, Sterblichkeit. Und selbst der Glaube an einen Fortschritt in der Geschichte, der künftig Lebenden zugute kommen soll, sieht in den jetzt Lebenden vorrangig die Absterbenden. So drängte sich das Problem des Mangels in den Vordergrund. Ob das vermeintliche Nichts des Todes als nihil privativum oder als nihil ‚liberativum' bewertet wird: der negative oder positive Wert des Todes gibt keine Auskunft über ihn. Werte erweisen sich in Akten des Befürwortens oder Verwerfens, des Vorziehens oder Nachsetzens als derjenige *Sinn*, den Gegenstände, Sachverhalte, Personen nicht nur überhaupt, sondern vor allem in ihrem Zu- oder Vorhandensein oder Fehlen für uns annehmen können. Aber läßt sich denn das Nichts bewerten, ohne nur nichts zu bewerten?

Ebenso müssen wir fragen: Wie können denn Leben und Tod überhaupt in einem Gegensatz stehen, der doch nur im Leben möglich scheint? Oder glauben wir, Positionen überhalb von Leben und Tod einnehmen zu können, als wäre der Tod, wie das Leben, nicht Nichts, sondern Seiendes?

Es gibt vieles, was nicht lebt, ohne deshalb in einem Gegensatz zum Lebendigen zu stehen, und selbst die Toten unterscheiden sich zunächst nur darin von dem Lebenden, daß sie still daliegen und in Verwesung übergehen. Es reicht nicht einmal aus, sie durch Verneinungen allein – daß sie sich nicht regen, in keinen Austausch mit uns treten (Macho 1987) – in einen Gegensatz zu den Lebenden bringen. ‚Bestimmt' und ‚entgegengesetzt' kann etwas nur in bezug auf anderes sein, das mir eigen oder von mir unabhängig ist. In diesem Sinne gilt gewöhnlich dasjenige, was verneint wird, das Verneinte, als Entgegengesetztes zu dem, was zuvor gesetzt wurde. Doch Nichts kann nicht als *Gegensatz* zu Seiendem noch zu Sein überhaupt gelten, weil es zunächst vielmehr durch ein *Aussetzen* allen Setzens zugänglich scheint. Selbst wenn wir verstünden, wie die Lebenden sich selbst in einen Gegensatz zu den Toten setzen: wie soll der Tod überhaupt einen Gegensatz zum Leben bilden können? Der Tod ist in keiner Weise als eine ‚Opposition' gegen die Position des Lebens zu verstehen. Wir verstehen ihn vielmehr als Aussetzen aller Setzungen des Lebens.

Das *Nein*, durch das Etwas Anderem entgegengesetzt wird, und das *Nicht*, durch das Etwas ausgesetzt wird, erfüllen gänzlich verschiedene Funktionen, die verwirrenderweise beide durch den gleichen Ausdruck ‚Verneinung' bezeichnet werden. Da zudem Entgegensetzungen, wenn sie zu Widersprüchen führen, auf das Aussetzen dessen zielen, dem sie sich entgegensetzen, meint man oft, es gälte auch umgekehrt, daß jedes Aussetzen motiviert sei durch Entgegensetzungen. So etwa Fichte in seiner *Wissenschaftslehre* (1922, I, 295, ebenso: Sartre 1952, Fink 1969, Berlinger 1980, vgl. dagegen: Bachelard 1980 und Deleuze 1972, 256 und 297). Gestützt wird die Verwischung einer so wesentlichen Differenz durch den Gebrauch des Wortes ‚Vernichtung', bei dem eher an die Zerstörung von Etwas, das dadurch – wie die Leiche – zu Anderem von negativem Wert wird, gedacht ist, so daß auf Grund des Entgegensetzens nicht mehr in den Blick kommt, daß solches nur möglich ist, wenn zuvor Etwas genichtet, getilgt, ausgesetzt wird. Doch dem Sein des Seienden ‚Nichts entgegensetzen' kann nur heißen, ihm nichts entgegenzusetzen, also das Entgegensetzen selbst auszusetzen. Allerdings ist auch die Rede vom ‚Aussetzen' verfänglich, als wäre es menschenmöglich, ‚Nichts' irgendwie herzustellen oder herbeizurufen. Doch sind die Akte des Nichtens, Tilgens, Aussetzens selber nur Weisen, sich der Frage nach *dem* Nichts zu stellen, das nicht mit ‚leerem Sein' identifiziert wird.

Das *Verneinen*, im Unterschied zum ‚Nichten' (als Verwendung des Ausdrucks *nicht*, um das Nichts zu bedeuten), ist eine zumeist kommunikative Verhaltensweise, sprachlich das Neinsagen zu einer Behauptung, Frage oder Aufforderung, allgemein das Ablehnen von etwas (Freud, XIV, 9; Hyppolite, III, 88). Die Ablehnung wird in verschiedensten Graden eines passiven oder aktiven Verhaltens ausgedrückt, und diese reichen vom bloßen Nicht-zur-Kenntnis-Nehmen hin zum Sich-Abwenden und -Entziehen, vom Entgegnen, Widersprechen, Bestreiten zum Mißbilligen und Anfechten, Verweigern und Widerstehen, Abweisen und Abwehren, vom Verwerfen und Verachten, Schädigen und Verderben zum Vertilgen, Zerstören, Vernichten und Töten. Stets nimmt solches Verneinen und Ablehnen schon eine Richtung ein gegen bereits Vorgegebenes, ob es um Dinge, Zustände oder Personen, deren Meinungen, Einrichtungen oder Tätigkeiten geht. Indem es sich dem zuvor ‚Gesetzten' entgegensetzt, ist das Verneinen selbst als Töten noch schlechthin anknüpfend und reaktiv. Die Gegnerschaft, die so zum Ausdruck kommt, wird zumeist ohne weiteres öffentlich anerkannt und gerechtfertigt, wenn sie sich gegen die richtet, die nicht dazugehören und ausgeschlossen werden. Die Hostilität und sogar der Kampf gegen Andere und Fremde können bekanntlich zu ‚Tugenden' hochstilisiert werden. Anders ist die Situation im Innern vor allem solcher Gruppen, deren Zusammenhang labil ist und die, ohne Risiko zu zerfallen, keine Konflikte austragen können: in diesen kann jede Weise der Verneinens zur Bedrohung werden, und sie nimmt daher selbst einen negativen Wert an, da kollektive Einverständnisse wichtiger werden als Differenzierungen und Wahrheiten, wenn sie zu Unstimmigkeit und Zwiespalt führen. Der Neinsager und Verneiner wird seinerseits verneint und abgelehnt und als Verweigerer, Kritiker, Rebell, als Leugner und Lügner, kurz als Zersetzer abgestempelt und verfolgt. Mythisiert in der Gestalt des von Gott abgefallenen Satans, kann der Neinsager seinerseits verteufelt werden. Solches Verneinen des Verneinens, dieses Verwerfen des verneinenden, zersetzenden Geistes verwenden Gruppen, um sich selbst zu bejahen durch Selbstzustimmungen und Selbstbestätigungen, durch Selbstversicherungen, Selbstbezeugungen, Selbstbeschwörungen – alles Formen rückbezüglicher Affirmationen von Positionen.

In dieses Schema der Entgegensetzungen zwängte man nun das Verhältnis von Leben und Tod: der Tod ausgelegt als der große Verneiner und Widersacher das Lebens (Fuchs 1992) gleichsam an der Seite des Teufels und doch, wie es schien, ohne dem Leben eigene ‚Interessen' entgegenzusetzen. Zwar ringe das Leben nicht selten mit dem Tod, um doch am Ende stets zu verlieren. Dennoch kann dem Tod gerade dort, wo er nicht mehr als Strafe eines Gottes angesehen wird, das Leben als Verneinung des Verneiners entgegengesetzt werden: als Lebensbejahung.

Unschwer ist zu bemerken, daß die Auslegung des ‚Nicht' durch die Entgegensetzung der Sphäre des Mangels und ihrer Wertigkeit angehört: es ist der Tod, der auf das Dasein zuzukommen scheint, um es auszulöschen, und dem sich das Leben entgegensetzt. Der Tod soll nicht sein, so wie sein ‚Bestehen' umgekehrt zu besagen scheint: das Leben soll nicht sein. So schließen sie sich gegenseitig aus, aber nicht in der Weise, wie Epikur meinte, als gingen sie sich nichts an. Im Unterschied zum ‚Rest', dem Toten, ‚ist' der Tod nicht, es ‚ist' nur das Dasein zum Nichts. Wem also sollte sich das Leben entgegensetzen können wenn nicht seinen eigenen Phantasmen, die das Nichts auszufüllen scheinen?

Auf mehrere Weisen beherrscht die Entgegensetzung das sprachliche Feld, um das Nicht durch das Nein zu kodifizieren, so daß man selbst dann von ‚Verneinung' spricht, wenn es nur um die Aussage über das Nicht-Bestehen eines Sachverhaltes geht. Viele der zum Bestand gewordenen *Wortverneinungen*, die vielleicht früher nur das Nicht-Bestehen des ‚Verneinten' auszudrücken hatten, sind in der Tat reine Oppositionsbegriffe geworden, anstatt ein Feld möglicher Bedeutungen offenzulegen. Das Begehren herrscht vor, etwas seiner Mannigfaltigkeit zu entreißen, um es als eindeutig zu identifizieren. In Ausdrücken wie *Nicht*einmischung, *nichts*ahnend, *Un*schuld, *Un*glück, glück*los*, schad*los* und anderen steht der Gegensatz derart im Vordergrund, daß die Voraussetzung kaum mehr in den Blick gerät: das Nichtsein von Glück im Unglück etc. Im Falle von ‚Leben–Tod' ist die Opposition aus verschiedenen Wortstämmen gebildet, so daß gerade deren Wortverneinungen die Funktion des Nicht wieder kenntlich machen können: Das Nicht-Lebende kann zwar auch das Tote sein, aber ebenso kann es besagen, daß es gar nicht zur Klasse des Lebenden gehört. Hierin liegt – worauf ich noch eingehen werde – einer der Gründe, warum man glaubt, Nichts mit Leere gleichsetzen zu können: das Nicht scheint hier die Funktion zu übernehmen, nur eine ‚Leerstelle' für mögliche Ein- und Ersetzungen zu kennzeichnen. – Der ‚Gegensatz' von Leben und Tod ist zweifellos die Projektion eines wahrlich entscheidenden Unterschieds: ‚entweder lebendig oder tot', der bekanntlich im biologischen Sinn derzeit in eine gewaltige Krise geriet angesichts der ‚zerstückelten Tode': Herz-Tod, Hirn-Tod und andere (Sass 1999). Doch nicht erst sie brachten ‚Verneinungen' ins Spiel wie ‚unlebendig, leblos', durch welche nicht das Nichtsein des einzelnen Lebens überhaupt gemeint wird. Ebenso unterlaufen Ausdrücke wie ‚totlos, untot' die große Entgegensetzung.

Was die *Satzverneinungen* betrifft, so kommen sie oft insgesamt als Erwiderungen ins Spiel, die sich irgendwelchen Behauptungen entgegensetzen. Ein Satz wie ‚X ist nicht lebendig' wird dann als Entgegensetzung zu ‚X ist lebendig' aufgefaßt, weil er unterschwellig bereits von einem widersprechenden Nein her gedeutet wird: ‚Nein, X ist nicht lebendig'. Gestützt wird diese Deutung durch die Axiome der Urteilslogik. Urteile, die Ansprüche erheben, entweder wahr oder falsch zu sein, sind genaugenommen keine einfachen, sie sind vielmehr Gliedersätze, in deren Hauptsatz, gemäß der zweiwertigen Logik, uneingeschränkt ausschließende Gegensätze aufgestellt wurden, denen die Aussage des Nebensatzes unterworfen ist: ‚Es ist entweder wahr oder falsch, daß X nicht lebendig ist'. Die bloße Wortverneinung ‚nicht-wahr' würde zur Entgegensetzung nicht ausreichen, weil dann außer ‚falsch' auch ‚unentschieden, uneindeutig' und anderes gemeint sein könnte.

Man glaubt oft, daß nur die Entgegensetzung dem Nicht eine bestimmte Funktion zuschreiben könnte, da es andernfalls einzig zu wenig fruchtbaren ‚unendlichen Urteilen' tauge. Selbst Hegels Ausdruck der ‚bestimmten Negation' konnte zu der Verwirrung beitragen. Sprachlich wird natürlich dasjenige bestimmterweise genannt, was verneint wird. Das heißt jedoch nicht, daß das ‚Nicht' bestimmt sei. Etwas kann auf uneingeschränkte Weise ‚Nicht' sein, nämlich Nicht-Seiendes. Wie aber soll dieses Nicht von sich her *sein* können, zudem bestimmt?

Das Verneinte ist allemal bestimmt, nicht aber das ‚Nicht', auch dann nicht, wenn es nicht von Allem überhaupt, sondern nur von Einigem oder einem Einzigen ausgesagt wird. Man müßte vielleicht einen Neologismus wie *Ernichten* prägen, um die Differenz zu ‚Verneinen' so zu betonen, so daß damit nicht ‚Vernichten' gemeint sein kann. Dann ließe sich sagen, daß zwar der Akt des ‚Ernichtens' je bestimmt ist, nicht aber das, was mit ‚Nicht' gemeint ist. Doch – ich komme darauf zurück – daraus folgt keineswegs, daß das Nichts ‚abstrakt, unbestimmt, unmittelbar' sei – Ausdrücke, die das Nichts bereits dem entgegensetzenden Nein unterwerfen.

Weder ein Nein zum Leben noch ein Nein zum Tod ermöglichen uns, den Tod zu verstehen. Und impliziert das nicht, daß uns Bejahungen ebensowenig zu seinem Verständnis bringen?

3.3 Abwesenheit, Leere, Keinssein

Kehren wir zu der Frage zurück, wie wir jenes Nichts verstehen können, das wir *Tod* nennen.

Auf mannigfaltige Weise verhalten sich Lebende zu den Toten und erleben den Tod. Der Tote mag, wie bemerkt, einen Mangel, eine Lücke im Leben Anderer hinterlassen oder ein Gefühl der Befreiung auslösen. Die Lebenden können aber auch angesichts der Toten gleichgültig bleiben, sei es, weil sie unbeteiligt sind, da ihnen der Verstorbene nicht nahestand, sei es, weil sie Distanz nehmen oder an den Umgang mit Toten gewöhnt sind wie die Ärzte, Wissenschaftler, Priester, sei es, weil sie, wie die Erschöpften auf den Schlachtfeldern, teilnahmslos geworden oder weil sie abgestumpft und gefühllos sind wie die Vollstrecker von Massenmorden. – Doch unabhängig davon, wie Lebende zu den Toten und zum Tod überhaupt stehen: werden nicht alle auf die gleiche Weise bemerken, wahrnehmen und erfahren, daß ein zuvor lebendes Wesen sich nicht mehr regt, nicht mehr blickt, spricht, atmet, keine Zeichen mehr gibt? Wie verschieden die Gefühle, Einstellungen, Wertungen, Umgangsweisen sein mögen, werden nicht alle Lebenden gleichermaßen den Tod als bestimmte *Abwesenheit* von Lebenszeichen und -äußerungen erfahren?

Nun kann abwesend ein Leben nur bezüglich eines sich selbst gegenwärtigen und anderen anwesenden Lebens sein. Jede Erinnerung an das Leben des Verstorbenen ist natürlich notwendigerweise vom Wissen um seine Abwesenheit begleitet. Dieses Leben ist weg, ist nicht mehr da. Die Abwesenheit selbst muß also durch den Anwesenden repräsentiert sein. – Doch wie ist ‚Abwesenheit' zu verstehen? Gehört sie, etwa in der Weise eines ‚Nichthaften' (Guzzoni 1999), einer Erfahrung der Einbildung an, auf die sich die Bedeutung des Wortes ‚nicht' bezieht?

Die Abwesenheit eines empirischen Gegenstandes – Kant (1956, III, 306) nennt sie verfänglicherweise ‚Mangel' – bezieht dieser auf dasjenige, was einer Empfindung *nicht* gegeben sei, wie der Schatten, die Finsternis. Der Blick richtet sich zwar mit einer, wie Husserl sagen wird: ‚unerfüllten Wahrnehmungsintention' auf die Schwärze, der ihm durchaus ein Gegenstand zu sein scheint (etwa im Unterschied zum Unertastbaren oder Geschmacklosen), dennoch sei ihm kein empirisches Datum gegeben. Um den Schatten also, wie Kant es tat, als ein ‚abwesendes Licht' deuten zu können, muß eine Wahrnehmung von Licht, die verging, imaginativ oder symbolisch erinnert werden können. Denn ein Blinder hat so wenig eine Vorstellung von Dunkelheit, so wenig er Licht wahrnehmen kann.

Ähnlich verhalten sich Erinnerungen an einen Verstorbenen zu dessen abwesendem Leben, das deshalb als ‚vergangen' bezeichnet wird, weil sich keine an sich erfüllbaren Wahrnehmungsintentionen mehr auf es richten werden. Solches gälte allenfalls im Glauben, man werde sich im Jenseits wiedersehen. Hätten wir dagegen das vergangene Leben gänzlich vergessen oder gar nichts von ihm erfahren, dann könnten wir auch von seiner Abwesenheit nichts wissen. Bezüglich eines restlosen Vergessens kann Rainer Marten (1987, 124) daher sagen, daß der Verstorbene nicht immer tot, nicht ständig abwesend sein wird.

Auch wenn man nicht mehr glaubt, der Verstorbene sei nur irgendwo anders oder er könnte vielleicht zu anderer Zeit zu den Lebenden zurückkehren, so bewahrt doch gerade die Vorstellung seiner Abwesenheit noch Spuren eines Aufschubs: wer nur nicht da, wer nur weg ist, kann der denn schlechthin nicht mehr sein? – Gerade ein Denken der Abwesenheit läßt ein uneingeschränktes Nichts nicht zu und kommt doch nicht ohne es aus.

Angesichts eines Toten hört man wohl manchmal sagen, sein Leichnam sei einmal von Leben erfüllt gewesen – so, als sei die Leiche eine Art leeres Gefäß. Und sehr oft wurde das Nichts des Todes mit *Leere* gleichgesetzt. *Leer* scheint etwas nur hinsichtlich der Grenze zu einem Seienden *sein* zu können, das anwesend ist. Das muß nicht die ‚körperliche Hülle' des Toten sein. Auch wenn diese aufgelöst und verschwunden ist, glaubt man noch die *leeren Orte und Zeiten* sich einbilden zu können, die einst von Leben erfüllt gewesen sind. Metonymisch repräsentieren Plätze und Orte, Wege und Richtungen in bestimmten ‚geometrischen' Grenzen Momente des vergangenen Lebens. Doch solche ‚Leerstellen' und ‚Leerrichtungen' eines vergangenen Lebens sind zugleich ‚erfüllt' von den Räumen und Zeiten, durch deren Schemata sie repräsentiert werden, selbst wenn vom Nirgendwo- und Nimmersein der Toten die Rede wäre. Diese imaginäre ‚Fülle' entspricht der indifferenzierten ‚Leere' der Wahrnehmung. Wir finden daher auch im philosophischen Denken Auffassungen, die dem Nichts keine andere Funktion zugestehen wollen als die einer Ersetzbarkeit von Seiendem schlechthin. – Doch damit ist das *Nicht*, das auch im ‚Leeren' angesprochen bleibt, keineswegs erklärt.

Abwesenheit und Leere sind das, worauf sich nur derjenige beziehen kann, der selber anwesend bleibt. Dort, wo dieser seine Selbstgegenwart verliert – beim Einschlafen oder im Moment des Sterbens – geht es gerade nicht um ein Verhältnis zu Abwesenheit und Leere. Der Einschlafende oder Sterbende ist nicht derjenige, der in die Dunkelheit späht, in die Leere tastet, in die Stille lauscht, um schließlich ‚Licht' zu sehen. Mit den Empfindungen verdämmert vielmehr auch das Lauern der Sinne in die Abwesenheit und Leere. Wohl können wir noch das Nachlassen von Intensitäten erleben, aber der Augenblick der *Entgegenwärtigung* unser selbst entgeht uns. Daß sie stattgefunden haben muß, darauf schließen wir bei unserer Wiedervergegenwärtigung im Moment des Aufwachens. Wer traumlos schläft, sich in Ohnmacht, Narkose oder im Koma befindet, kann nur von einem wachbleibenden Anderen, der mit jenem in keinem Austausch mehr steht, als ‚abwesend' beurteilt werden, als einer, der von sich ging und, wenn er nicht stirbt, wieder zu sich kommen wird.

Wären Leben und Tod wechselseitig Gegensätze, wie ohne Bedenken angenommen wurde, als wären wir die stets überlebenden Götter, die das Treiben und Enden der Sterblichen beobachteten, dann könnten wir vielleicht sagen, der Tod sei die bestimmte Grenze des Lebens (und umgekehrt). Doch für uns selber als Lebende und Sterbende ist das so wenig der Fall, so wenig für den Wachenden der Schlaf eine bestimmte, objektiv bestimmbare Grenze ist; denn es gibt für uns keine erreichbare oder gar überschreitbare Grenzlinie zwischen Wachheit und Schlaf. Gerade an der Grenze sind wir für uns selber nie; sie ist für uns nur ein nie erreichbarer Horizont. Der eigene Tod ist nicht unser abwesendes Leben, keine Leerstelle unseres Lebens. Er ist in *keiner* Weise vom Leben her bestimmt – so befremdlich diese Behauptung zunächst klingen mag. Doch so wenig das Leben verstanden werden kann als eine Art ‚positiver Zusatz' zum Tod, ein ‚Plus' im Vergleich zum Tod, so wenig wird der Tod verständlich als ein ‚Minus', ein ‚negativer Abzug' an Leben, als hätten beide im Nullpunkt ihre gemeinsame Grenze. – Gewiß gibt es im eigenen Leben eine Richtung auf dessen Grenze als uns unerreichbaren Horizont, an der es dann nicht für uns, aber für lebende Andere abbricht, aus sich heraus oder durch äußere Umstände. Doch wenn auch das eigene Leben zum Tod hin verstanden wird, so doch keineswegs umgekehrt, wie es erforderlich wäre, handelte es sich um Gegensätze. Vom Tod her verstehen wir weder den Tod noch das Leben. Nur ein Weiterlebender vermag vom Tod des Anderen her eine Richtung zurück auf dessen vergangenes Leben einzuschlagen. Doch solche Umkehr gibt es nicht vom eigenen Tod her.

Das eigene Leben, soweit wir es selber erleben und vollziehen, ist bestimmt und begrenzt sowohl durch äußere Umstände und durch Andere, die ihm ein Maß setzen, als auch durch die eigene Leiblichkeit und die eigenen Fähigkeiten, wodurch es ein inneres Maß enthält und sich schafft. Aber außer in einer äußeren Beobachtung durch einen überlebenden Anderen – eine Rolle, die wir natürlich auch uns selbst gegenüber spielen können – ist der Tod keine bestimmte Grenze des eigenen Lebensvollzugs. Solche ‚Grenze' zum Tod ist nur das Objekt einer gedanklichen Reflexion des Lebenden, sofern er den eigenen Todesfall, den er nicht erlebt, als den eines Anderen vorwegnimmt. Darin, *im Gedanken* an den Tod, begrenzt sich das Leben selber, gleichsam um dem Schluß, der ihm entgeht, zuvorzukommen. (Wogegen auch Heidegger in *Sein und Zeit* zu keiner klaren Unterscheidung zwischen solcher Selbstbegrenzung und der eigenen Endlichkeit kommt.) Gerade weil der Schluß des Lebens *jederzeit* möglich ist und die Todesstunde ungewiß, *ist* dieses für den Lebenden nie wirklich begrenzt, sondern er nimmt seine Begrenztheit in der Vorstellung des Todes immer nur vorweg. Insofern sind wir zum eigenen Tod nur, solange wir nicht tot sind. – Diese Differenz zwischen Grenze und Ende gilt es zu denken.

Aber heißt das nicht, daß der eigene Todesfall, dem die Selbstentgegenwärtigung vorhergeht, sich nur dort als Nichts meiner selbst ‚offenbaren' wird, wo ‚mir' jede Offenbarung entzogen sein wird? Muß ich nicht sagen, daß ‚mein' Tod *keiner* für mich ist? Doch wenn ich keine Vorstellung vom eigenen Tod gewinnen kann: was meinen wir dann überhaupt mit diesem *reinen Gedanken*, der eigene Tod sei das uneingeschränkte, beziehungslose Nichts unser selbst? Ergibt solches Reden überhaupt einen Sinn?

Wie auch immer: Dieses ‚Keinessein' des eigenen Todes, seine Unvorstellbarkeit als Grenze scheint doch die Voraussetzung dafür geworden zu sein, den Tod als das Tor zum Reich unbegrenzter *Möglich-*

keiten und Denkbarkeiten auffassen zu können: himmlische, höllische, irdische oder inhaltsleere, ein Gewimmel von Phantasmen, weil der Tod als ‚keiner' – als epistemisch gegenstandslos – offen scheint ‚für alles'.

In diesem *Keinessein* des Todes, das man ebenfalls mit dem ‚Nichts' gleichgesetzt hat, läßt sich unschwer der Grund für die angebliche Paradoxie eines ‚Seins des Nichts' erkennen.

Man glaubt den eigenen Tod zu verstehen, wenn man schließlich auch noch das Leersein, das man sich in der Weise empfindungsloser Raum- und Zeitschemata zu denken versucht, in den intuierbaren Ordnungen des Neben- und Nacheinanderseins, nochmals zur Raum- und Zeitlosigkeit schlechthin durchstreicht, um beim reinen Gedanken des Keinsseins anzugelangen. (Man setze ‚Raum' gedanklich in Anführungsstriche, weil man gemeinhin darunter nur einen (begrenzt oder unbegrenzt großen) Ort versteht. Daß jedoch der *offene Raum*, im Unterschied zu Plätzen und Wegen, Orten und Richtungen, die frei oder besetzt, leer oder erfüllt sein können, aber auch im Unterschied zur Zeit *unverneinbar* ist, habe ich anderswo auszuführen versucht (Bahr 1994, 369 f.))

Demnach ist der Tod nicht zu verstehen als ‚Kein-Leben'; er ist nicht dem Leben als mysteriöse räumliche und zeitliche Leere entgegengesetzt, als ob man sagen könnte, der Tod sei ‚nirgendwo und nie'. – Sagen wir jedoch, der Tod sei überhaupt nicht: wie wäre dann solches *Nichtsein* zu verstehen? Ist damit – wie in der herrschenden philosophischen Tradition – Nicht-*Sein* gemeint, also das Sein des Nicht; dann hat man damit das Sein von Nicht*seiendem* im Blick, soweit das Nichtseiende durch Andersseiendes repräsentiert wird. Und dieses Nichtseiende kann – anstatt unter der Perspektive von Mangel oder Freisein – unter der seiner Seins*möglichkeit* thematisiert sein. Darin liegt zugleich der Verweis auf das Problem einer ‚Zeitigung' von Seiendem, sofern es noch *nicht* oder *nicht* mehr ist, die jedoch erst verständlicher werden könnte, wenn solches ‚nicht' aus dem Bann der Verneinung gelöst wäre.

Versteht man dagegen *Nicht*-Sein als ein Aussetzen von Sein schlechthin, ist man bereits von einer Unhintergehbarkeit des Seins eingeholt. Denn Ausdrücke wie ‚Aussetzen, Tilgen, Löschen, Nichten' sind bereits als seiende Geschehensweisen vorausgesetzt. Die traditionelle Redeweise von ‚Entstehen *aus* Nichts' und ‚Vergehen *in* Nichts' begreifen von vornherein ‚Sein und Nichts' nur als zwei Sphären des Seienden (zumeist eben ‚Fülle und Leere'), die sich zueinander in der Weise von innen und außen verhalten. Wir werden also zurückverwiesen auf die Frage, was das Sein des ‚Nichts' bedeuten soll, wenn damit nicht nur das Sein von Nicht-Seiendem gemeint sein soll. Sowohl das Reden von ‚Seinsmangel' wie das von ‚Seinsmöglichkeit' meint bei genauerem Hinsehen stets Sein des Mangels an Seiendem und Sein der Möglichkeit von Seiendem. – Welchen Sinn und ob es überhaupt einen Sinn haben könnte, nach der Möglichkeit von Sein schlechthin zu fragen: setzte das nicht voraus, wir könnten das Nichts vom Nichts her, den Tod vom Tod her verstehen? Müssen wir nicht einräumen, daß wir von vornherein vor diesem Problem kapituliert haben?

Wir sagen zumeist, daß das Nichtsein des Todes bedeutet, daß er für das Dasein in der Weise des Nicht ist. Aber hat das Nicht überhaupt einen Modus? – Der eigene Tod entzieht sich als Ereignis jeder möglichen Erfahrung, und ihn als ‚Leere' vorzustellen kennzeichnet eher ein Lauern der Wahrnehmung in die Abwesenheit von Seiendem. Doch nicht zu entziehen scheint sich der Tod dem Denken, er sei ‚Nichts' im Sinne des Nichtseins eines bestimmten Seienden: das Nichtsein des eigenen Daseins, welchen dem Dasein zeigt, *was es selbst sein kann:* anderes, als es jetzt ist. In der traditionellen Metaphysik ist dieses ‚Nichts' nur zum Synonym geworden für eine *unbestimmte Seinsmöglichkeit von Seiendem.* – Liegt darin nicht die äußerste Weise, das Nichts des Todes zu verneinen?

Das ist ein Gedanke Ernst Blochs (1959, 1390): Wenn der Wesenskern unseres eigenen Daseins in der Weise eines ‚Dunkels des nur daßhaft gelebten, noch nicht erlebten Augenblicks' noch gar nicht geworden und entstanden sei, dann könne es freilich auch nicht vergehen. Das Noch-Nicht-Sein unseres Selbst sei so dem Tod entzogen. „Der Kern des Existierens ist, als noch ungeworden, allemal exterritorial zum Werden und Vergehen, von welchen beiden unser Kern eben noch gar nicht erfaßt ist." Dennoch, so wird auch Bloch einräumen, könne dieses Ungewordene, sollte es überhaupt zum Werden aufbrechen können, ebenso im absoluten Tod, im kosmischen Nichts, in der Erstarrung im Unveränderlichen ankommen. All dieses *ist* möglich – Möglichkeiten, denen aber die Hoffnung ihren Traum vom Ende des fressenden Kronosreiches, von einem Novum ohne Vergänglichkeit oder Korrumpierbarkeit entgegensetzen kann … während der metaphysische Nihilist glaubt, das schrankenlose Nicht-Sein werde durch Hoffnungslosigkeit überzeugender wirken. Auch das ist möglich. Es gehört selbst zur Seinsmöglichkeit, ob es Sein für jemanden ‚geben' wird oder nicht. Nur: was hat ein ungegebenes Sein mit dem Nichts zu tun, dem *zu* sich unser Dasein öffnet, wenn wir die Seinsmöglichkeit des eigenen Nichtseins zu denken versuchen? Läßt sich eine Differenz von Nicht-*Sein* und Nichts überhaupt noch denken?

3.4 Der Tod und Ich

Was genau ist es, das an einem Lebewesen als sterblich und vergänglich gelten kann? Was soll mit seinem Tode an ihm derart zunichte werden können, daß es keine Spur hinterläßt, nicht die metonymische eines leeren Ortes, einer Zeit, die es nicht mehr erfüllt, und nicht einmal die Spur einer Seinsmöglichkeit überhaupt?

Man mag mit der Stoa und anderen Denkern (Benz 1929) der Ansicht sein: wie gewaltig auch die Veränderungen sein werden, die ein Lebewesen nach seinem Tode erleide, in der Weise der Abstammung trage doch das Veränderte unauslöschlich dessen Spur weiter. Man mag sogar mit den Atomisten glauben, auch ein Lebewesen bestehe aus letzten, unzerstörbaren Elementen, so daß keineswegs unumstößlich auszuschließen sei, daß nicht nach seinem Zerfall sich ein Lebewesen als das gleiche wieder zusammensetze. Selbst dann wird man die Frage stellen können: was ist es, das mit seinem Tode nicht mehr möglich ist? – Heute wird man zumeist darauf antworten: *dieser Einzelne* ist es, der nicht mehr möglich ist. Zwar sprechen wir auch vom ‚Tod' einer Art oder Gattung. Doch entweder ist damit metaphorisch gemeint, daß auch eine bestimmte individuierte Klasse oder Ganzheit (ein Volk, die Menschheit) entstehen und vergehen kann, oder man meint damit konkret den Tod jedes Einzelnen, der dieser Klasse angehört.

Wie aber ist dieser eigenartige *Bezug der Einzelheit zum Tod* zu verstehen?

Das philosophische Denken des Todes nahm zwischen Leibniz und Hegel, zwischen Mendelssohn und Schopenhauer eine seltsame Wende, deren Drehpunkt wohl in Kants *Paralogismen der reinen Vernunft* liegt: was vor Kants Kritik gerade als Garant der Unsterblichkeit der Einzelseele galt, wird nach ihr zum eigentlichen Kriterium ihrer Sterblichkeit: was allein sich in Nichts scheint auflösen zu können, ist diese Einzelheit, und *Ich* bin als der Einzelne ausgezeichnet, der sich seiner Einzelheit bewußt ist.

3.4.1 Monade

Nach Leibniz (1982, 27) sind bekanntlich gerade umgekehrt die Monaden und als solche die unbewußten oder bewußten Einzelseelen, die weder vergehen noch entstanden sein können, weil sie nicht zusammengesetzt und daher nicht teilbar seien. Schlechthin unausgedehnt (und nicht bloße ‚Kleinstheiten' wie die Atome), seien sie einfache und somit unzerstörbare einzelne Substanzen. Jede Monade sei einzig und absolut verschieden von jeder anderen, und sie stünden in keinem Austausch und in keiner Wechselwirkung zueinander.

Daß die einzelne Monade ‚keine Fenster' (29) habe, diese These hat zunächst nichts, wie oft behauptet, mit ‚Solipsismus' zu tun. Einmal abgesehen von Leibnizens Idee der prästabilierten Harmonie, ist die Fensterlosigkeit der Monade zunächst nur die Konsequenz ihrer Bestimmung, *einfach*, nämlich ununterschieden, *einzeln*, anstatt eine Menge bildend, und *einzig*, das heißt unvergleichlich und unersetzbar zu sein. Daß nichts von außen in sie und nichts von innen nach außen dringen könne, schließt an sich aus, daß die Monade durch eine Innerlichkeit und deren ‚qualités' bestimmt werden kann.

Doch in Leibnizens Argumentation ist bereits eine folgenreiche Verschiebung am Werk, die bis in die gegenwärtigen Debatten über das angebliche Verschwinden oder Nichtverschwinden des Subjekts nachwirkt: unterschwellig deutet Leibniz das schlechthin nicht-zahlenmäßige, *a-numerisch Eine*, das weder eine Größe, eine Menge mit einem Element, noch ein Erstes bezüglich eines Nachfolgers ist, um in ein *synthetisch Eines*, das analysierbar ist. Nun wird mittels allgemeiner Reflexionsbestimmungen die Monade als eine Form aufgefaßt, die einheitlich einen Inhalt umfaßt und vollkommen nach außen abschließt. Dieses Innere entfaltet sich zu einer Vielheit, deren Elemente einig oder uneins sein können, womit die Monade der Bewahrung und Veränderung fähig wird. Indem sie sich bewußt werdend auf sich selbst (identifizierend und unterscheidend) beziehen kann, vermag sie sich selbst als der Grund (Substanz – Subjekt) aller Aufnahmefähigkeit und Tätigkeit zu verstehen. – Diese allgemeinen Wesensbestimmungen der Monade, durch welche nicht nur die Einfachheit, sondern auch die Einzigkeit des Einzelnen aufgelöst wird, findet man auch noch in Edmund Husserls *Cartesianischen Meditationen* (1963) wieder. Leibniz benötigt sie, um den Bezug von Zeugung und Tod zum Nichts zu verneinen: „Was wir Zeugungen nennen, sind Entwicklungen und Wachstum, wie das, was wir Tod nennen, Rückbildungen und Verminderungen" (61). In der Natur komme weder eine Schöpfung aus Nichts noch eine restlose Vernichtung vor, allenfalls Dekompositionen zu einfachen Elementen. Nicht nur entwickelten sich komplexere Lebewesen aus ‚Samentierchen' – das Theorem der ‚Zelle' als kleinstem lebendem Bauteil stand erst kurz vor seinem Auftauchen –, sie veränderten sich auch im Tode nur zu diesen zurück.

Aus großer Ferne allerdings winkt der meta-physisch gewordene

Tod wieder zurück: Leibniz räumt ein, daß auf *übernatürliche*, göttliche Weise ‚die Monaden mit einem Schlage entstehen oder vergehen können durch Schöpfung aus Nichts und durch Vernichtung' (27). Ebenso betonte Moses Mendelssohn (1979, 3): „Der Tod ist keine wirkliche Zernichtung, denn alle Kräfte in der Natur reichen nicht zu, ein Ding zu zernichten, indem kein Übergang vom Seyn zum Nichtseyn möglich ist, also ein wahrer Sprung geschehen müßte." Einen solchen Ur-Sprung zu inszenieren vermag nur Gott. – Wenn jedoch das *Sein* Gottes, als höchste, all-eine Monade, schon vorausgesetzt ist, wird das Problem eines solchen Sprunges vom Nichts zum Sein und vom Sein zum Nichts nicht ernsthaft gestellt. Von vornherein wird unterstellt, daß ‚Nichts' das *ist*, *woraus* Seiendes entstehe und *worin* Seiendes zugrunde gehe. ‚Nichts' ist hier nur verstanden als einfältiges, besser: unfältiges, indifferentes Sein, imaginierbar als absolute Leere.

Unter den Titeln ‚Schlag, unmittelbarer Umschlag, Sprung, Ursprung' wird eine weitere Bestimmung des a-numerisch Einen kenntlich: seine *Einmaligkeit* im Sinne seiner unteilbaren wie unergänzbaren, *voll-endeten Augenblicklichkeit*. Doch auch diese Bestimmung erfährt zugleich eine Umdeutung nach zwei entgegengesetzten Richtungen. Legt man das Einmalige aus als *Moment* oder Wendepunkt eines Werdens, dann scheint sich das Auftauchen und Verschwinden seiner über-raschenden Plötzlichkeit wegen jeder Anschaulichkeit eines Geschehens zu entziehen. Denn man will an der Idee festhalten, von Nichts zu Sein und umgekehrt sei ein wie auch unmittelbarer Übergang möglich, als handle es sich um entgegengesetzte Sphären. Legt man das Einmalige dagegen als *nunc stans* aus, dann gilt der Augenblick als jener Bruch mit jedem Geschehen, in welchem er – wie Goethe und Nietzsche in der Tradition der Mystiker meinen – sich mit der ‚Ewigkeit' berührt, wenn nicht gar eins mit ihr ist.

Wird die Einmaligkeit als Moment eines Werdens verstanden, der als dieser vergehe und niemals wiederkehre, dann gilt die Monade als schlechthin sterblich. Wird sie dagegen als zeitloser Augenblick aufgefaßt, der sich jedem Werden entzieht, scheint man die Monade als unsterblich bestimmen zu können.

3.4.2 Entropie

Mit der Entwicklung der biologischen Wissenschaften sowie der Erfindung des Mikroskops brach – wie François Jacob in *Die Logik des Lebendigen* (1972) darlegte – nicht nur die Leibnizsche Annahme zusammen, die organische Materie toter Lebewesen bestünde aus kleinsten Lebewesen, sondern auch die aristotelische Hypothese, daß fortwährend außergeschlechtliche Urzeugungen geschähen. – Dennoch leben die Wissenschaften bis heute in der Spannung, die Möglichkeit eines absoluten Todes (wie einer absoluten Zeugung) des Einzelnen zu verwerfen und doch nicht leugnen zu können.

Einerseits halten die Wissenschaften zumindest heuristisch am metaphysisch regulativen Prinzip einer Erhaltung von Materie und Energie fest und schließen die Möglichkeit eines Entstehens aus und Vergehens in Nichts aus. Demzufolge mag es vielleicht in der Wirklichkeit nicht sehr wahrscheinlich sein, daß ein verstorbenes Individuum dereinst wieder aus dem Zusammentreffen genau gleicher Bedingungen hervorgehe. Doch die ‚geringe Wahrscheinlichkeit' eines solchen Ereignisses ist vielleicht selbst nur eine Größe, die von einer zu kurz bemessenen Frist abhängig gemacht wurde. Jedenfalls der Möglichkeit nach, die ja selbst von Datierungen unabhängig ist, besteht diese Monade nach ihrem wirklichen Totsein fort.

Stellt man dagegen die Entropie, die den Zerfall eines organischen Systems in nur chemisch-physikalische Wirkungsketten beschreibt, unter ein unumstößliches Gesetz der Unumkehrbarkeit, das keine Ausnahme zuläßt; dann kommt man nicht umhin, das Vergehen dieses einzelnen, einzigen, einmaligen Individuums zu Nichts anzunehmen. Denn was auch immer weiterwirkt, dieses ist nicht mehr und wird nie wieder sein. (Gegner wie Befürworter des Klonens bezeugen gleichermaßen, was sie von der Einmaligkeit des Individuums halten, dessen Vervielfachung und Ersetzbarkeit sie glauben verhindern zu müssen oder herstellen zu können.)

Die Vorstellungen vom Tod als einem an sich reversiblen oder als uneingeschränkt irreversiblen Zerfall eines komplexen organischen Systems deuten auf die Doppelsinnigkeit einer alten Mythe zurück. Da die von Gott erschaffenen (oder von der Natur hervorgebrachten) Lebewesen nicht zu Nichts, sondern zu dem werden, woraus sie erzeugt (oder entstanden) sind, nämlich zu Staub und Erde: warum sollten sie nicht, anstatt endgültig tot zu sein, daraus wieder erschaffen werden können? – Mit Heraklit von der Idee des Kreislaufes ausgehend, wird noch Schopenhauer (1938, III, 539) sagen: „Diese Materie, die jetzt als Staub und Asche daliegt, wird bald, im Wasser aufgelöst, als Krystall anschießen", schließlich wieder Metall, Pflanze, Tier, Mensch werden. Damit wird zum einen eine Entwicklung vom angeblich ‚Einfacheren' zum ‚Komplexeren' behauptet, die zugleich als Gang vom vermeintlich niederen Wert des Ärmlichen und Unfertigen oder gar vom Unwert des

Primitiven zum höheren Wert des Reichhaltigen, Ausgereiften oder gar zum höchsten Wert göttlicher Glückseligkeit ausgelegt wird. Doch diese Entwicklung kehrt entweder an einem bestimmten Punkt um in einen Niedergang und Zerfall, oder sie gilt *zugleich* als die Gegenläufigkeit der Dekadenz. Dann allerdings, im Unterschied zur Nichtgleichzeitigkeit von Fortschritt und Rückschritt, stellte sich die Frage, ob Entwicklungen zu komplexeren Systemen nichts stets zugleich auf gewaltsamen Reduzierungen zu indifferenzierten Gebilden beruhen? Vermutlich wird kein Atomphysiker Staub für ein primitives entropisches Gemenge halten, für das er durchaus zugleich die Masse, als welche Menschen sich verhalten können, ansehen könnte. (Daß die Möglichkeit dieser Sichtweise die Hierarchie der Werte, das heißt den heiligen Wert ihrer Ordnung selber zusammenbrechen läßt, ist wie gesagt, von Nietzsche bemerkt und als Tod Gottes verstanden worden.)

3.4.3 Vereinzelung

Doch nur durch einen unumkehrbaren, endgültigen Tod scheint sich das Eine als wahrhaft einzeln und einzig, einfach und einmalig erweisen zu können, sofern der Tod es von jeder möglichen Beziehung abschneidet. Darin läge zugleich seine höchste Würde und seine gänzliche Nichtigkeit. Diese Würde vermag das Eine nach Hegel nur zu erreichen, sofern es sich zum Fürsichsein und letztlich zum absoluten Subjekt entfaltet. Das geschehe jedoch nur dadurch, daß das Eine zugleich in der absoluten Zufälligkeit, dieser Einzelne zu sein, zunichte werde (VI, 486), und zwar nicht nur als natürlich Einzelnes des Lebendigen (IX, 534), sondern ebenso als a-logisch Einzelnes. Dagegen in der Bestimmung *als* Einzelheit sei ununterschieden ein Subjekt wie das andere, und diese abstrakte, differenz- und beziehungslose Allgemeinheit der Einzelheit, als von allem anderen abgesondert, müsse konkrete Besonderheit und differenzierte Allgemeinheit werden. Das zufällig Einzelne ist an sich bereits tot und *im Begriff* der Einzelheit in der abstrakten Allgemeinheit aufgelöst. Der Tote als ‚leere Einzelheit' (III, 333) haust bereits in diesem einen, einzelnen Leben, und dieses Gespenst wird erst dann nicht mehr geistern, wenn der Tote zur Ruhe einfacher Allgemeinheit zurückfindet, indem er ‚dem Schoß der Erde vermählt', das heißt: bestattet wird. „Diese Allgemeinheit, zu der der Einzelne als solcher gelangt, ist das reine Sein, der Tod " (III, 332).

Wir spüren in diesen Gedanken nicht nur die Nähe eines Anaximandros, sondern auch die der Paulinischen Auffassung des Sündenfalls

(Bahr 2000, 59), die noch in allem Verwerfen des ‚Solipsismus' weiterspukt: Das Individuum ersteht demzufolge aus einem *Bruch* mit dem, worin es angeblich eingebunden war: Bruch mit dem Gebot Gottes, mit dem Gesetz der Natur, durch die Abnabelung vom Mutterleib. Sofern dieser Bruch aus einer frevelhaften Überheblichkeit heraus geschieht, wird das Individuum – wie nicht nur Schopenhauer (1938, III, 581) meint – mit dem Tode *bestraft*. Sofern der Bruch nur wie ein Unfall, ein Irrtum, ein Fehltritt erscheint (der mit dem Verlangen nach Unsterblichkeit nur ins Unendliche perpetuiert werden solle (III, 563)), *befreie* der Tod von der Einseitigkeit der Individualität (III, 582). Die Auffassung Schopenhauers, daß wir als Individuen im Grunde etwas seien, das nicht sein sollte, und wir deshalb aufhörten zu sein (III, 581) – dieser Gedanke reicht vielleicht, mit dem des Sündenfalls, weit zurück in die tief verdrängte Region der Menschenopfer: die gewaltsam inszenierte *Vereinzelung* des Individuums, mit dem Versuch der sozialen Allgemeinheit, das zu beherrschen, dem man ausgeliefert ist, indem man es der Allgemeinheit opfert (Bataille 1994). – Und läßt sich dieser tödlich-isolierenden Praxis des Sozialen nicht Trotz bieten, indem man ihr – im äußersten Fall durch Selbsttötung (Ahrens, II, 2000) – zuvorkommt? Fast Stolz spricht aus dem letzten Satz Max Stirners (1968, 225): „Stell Ich auf Mich, den Einzigen, meine Sache, dann steht sie auf dem Vergänglichen, dem sterblichen Schöpfer seiner, der sich selbst verzehrt, und Ich darf sagen: Ich hab' mein' Sach' auf Nichts gestellt."

Doch wie sollte auf solche Weise der Tod dieses Einen denkbar werden? Was nur wie ein durch Vereinzelung entstandenes Element in einem allgemeinen Medium wieder aufgehen soll, sei es im Göttlichen, im Natürlichen, im Sein oder Nicht-Sein überhaupt: das konnte von vornherein nie in den Bestimmungen der Einzelheit und Einzigkeit, der Einfachheit und Einmaligkeit gedacht gewesen sein. So wie das Element erst aus der Unterscheidung gegen anderes hervortreten konnte, so beruht sein vermeintlicher Tod auf seiner Indifferenzierung gegen anderes. Aber darin ist es nur ‚aufgehoben', wie Ich im Tiefschlaf, aus dem Ich wieder erwachen könnte. Selbst wenn er grenzenlos währte, so ist der Tod nur als Schlaf gedacht. – Doch die uneingeschränkte Unterschiedenheit des Einen, wie sie in dessen Bestimmungen ausgesprochen wird: wie sollte sie dem Werden unterworfen werden können? Ist es da nicht schon logisch überzeugender, mit Leibniz an diesen Bestimmungen festzuhalten und das Eine von vornherein dem Tod zu entziehen?

3.4.4 Sein-zum-Tode

Oder schlägt uns Heidegger ein unerbittlicheres Verständnis des Todes vor? – Bekanntlich deutet er die Allgemeinheit, die Hegel als ‚abstrakte' gekennzeichnet hätte, als alltägliches, nivellierendes Man, aus dem sich das einzelne Dasein zur eigentlichen Existenz zu erheben vermag. Damit bleibt der Einzelne dem verpflichtet, von dem er sich abhebt. Doch anstatt ihn als nichtig zu verwerfen oder als höchsten Wert zu bejahen, bestimmt Heidegger die Einzelheit des Daseins aus einer zurückgehaltenen Heroik, von der er – anders als Jaspers oder Sartre – das Tragische mehr als das Siegreiche fernzuhalten sucht.

Unschwer ist zu bemerken, daß die Bestimmungen des Einen in dem bekannten Satz Heideggers aus *Sein und Zeit* (1960, 358/259) enthalten sind: „Der Tod als Ende des Daseins ist die eigenste, unbezügliche, gewisse und als solche unbestimmte, unüberholbare Möglichkeit des Daseins."

Man kann mit Günter Figal (1991, 233) daran zweifeln, ob der Tod überhaupt als eine reine Möglichkeit, im Gegensatz zum wirklichen Todesfall, denkbar ist, so wie man wohl Heideggers Bestimmung, der Tod sei ein ‚Phänomen des Lebens' (1960, 246) durch diejenige Epikurs (o. J., 68) einschränken sollte, der Tod gehe weder die Lebenden noch die Gestorbenen an. („Für die einen ist er ja nicht vorhanden, die anderen aber sind für ihn nicht mehr vorhanden.") Die Sterblichkeit jedoch, als Sein-zum-Tode, bezieht Heidegger auf dieselben Bestimmungen des Einen, die einem Cartesianer wie Leibniz zuvor als Garanten der Unsterblichkeit galten.

Indem Heidegger allerdings bemerkt, der Tod beziehe sich einzig auf das Dasein, ‚das ich selbst bin' (265), bringt er von vornherein ein ‚Wissen', ein Verstehen im Sinne des ‚Gewissen', mit ins Spiel, ohne welches das Sterben nur ein Ableben oder Verenden wäre. Insofern wird entscheidend, daß das Dasein bei seinem möglichen Tod ist. Daß dieser dem Dasein das ‚eigenste' ist – diese Steigerungsform von ‚eigen' soll wohl ausdrücken, daß der Tod nicht etwas ist, das mir nur wie ein Attribut zugeschrieben wäre, sondern unabtrennbar und ohne weiteres *einfach* zu meinem Dasein gehört. Daß sich der Tod auf die *Einzigkeit* bezieht, liegt in Sätzen wie: „Keiner kann dem Andern sein Sterben abnehmen" (240) oder: „Das Zu-Ende-Kommen beschließt in sich einen für das jeweilige Dasein schlechthin unvertretbaren Seinsmodus" (242). Weiter ist in seinem Ausdruck ‚Unbezüglichkeit' von vornherein die *Einzelheit* mitbedacht: „Die im Vorlaufen verstandene Unbezüglichkeit des Todes vereinzelt das Dasein auf es selbst" (263). Daß der Tod eine ‚unüberholbare' Möglichkeit (250) sei, kann ich nur in dem Sinne verstehen, daß sich das Dasein zu seinem Ende als unerreichbarem, unüberschreitbarem Horizont verhalte, nicht als eine wirkliche Grenze. Und ob der Tod als ‚unbestimmte' Möglichkeit mehr besagen soll als banalerweise, daß er mich (und doch nur als Ereignis für Andere) jederzeit treffen kann, muß ich unentschieden lassen. Will Heidegger jedoch an der Einzigkeit des Sterbens festhalten, impliziert dies auch die Unwiederholbarkeit des Todes und somit die *Einmaligkeit* des Daseins. Doch läßt er sich auf eine solche Konsequenz ausdrücklich nicht ein. Eher denkt er wohl an den Charakter der Augenblicklichkeit, in der wir der Möglichkeit des eigenen Todes inne werden, des Nicht-Seins, dem wir ausgesetzt scheinen – wogegen wir alltäglich so weiterleben, als schöbe sich das eigene Ende endlos vor uns her. (Ich lasse dahingestellt, ob wir diesen Augenblick nur in der Enge der Angst und nicht ebenso in der Weite eines Glücks erfassen können.)

Es scheint, als brächte Heidegger das Problem des Todes, indem er ihn vom Sein her zu denken versucht, in eine gewisse Unentschiedenheit und Schwebe, wenn er den Tod vom Sterben-*Können*, vom Verhalten zu ihm als einer äußersten Möglichkeit des Daseins her deutet, die doch gleichwohl ihren Ernst nur aus jenem wirklichen ‚Verenden' und ‚Ableben' des einzelnen Daseins beziehen könnte, dem bezüglich sich wieder die Frage stellen ließe, ob denn das Dasein überhaupt zu Nichts werden könne (vgl. Schulz 1975).

3.4.5 Ich weder sterblich noch unsterblich

Doch die meisten Polemiken gegen Heidegger zielten seit der Jean-Paul Sartres (1952, 151 f.) zunächst gegen den angeblichen ‚Solipsismus' in dessen Denken, der zudem bedenkenlos, wie bei Hans Ebeling (1992, 24 und 31) mit ‚Monadologie des Seins-zum-Tode' gleichgesetzt wurde. Doch der Vereinzelte, den man dabei im Blick zu glauben meint, ist nun gerade derjenige, der im Wissen seiner Einsamkeit, Verlassenheit, Ausgeschlossenheit alles andere als beziehungslos ist. Der Vereinzelte ist von vornherein *bei* dem (eigenen oder von ihm unabhängigen) Anderen, mit dem zu sein er nicht vermag oder nicht erträgt. Wer andrerseits mit anderen teilt oder kämpft, verkehrt, tauscht oder kommuniziert, könnte das niemals ohne das Wissen, dieser Eine zu sein. Denn ein Tausch findet nur statt, wenn der Tauschende in dieser seiner Einzelheit und Einzigkeit von ihm selbst wie vom Anderen als derjenige verstanden wird, der sich – selbst wenn er sich als Sklave verkaufte – weder mitveräußert, um ein alter ego zu werden, noch sich nur in einer unveräußerlichen Innerlichkeit zurückhält, das heißt weder ein beziehungsloser Punkt ist noch in einer Wechselwirkung aufgeht. Dieser Eine, den wir im Ich aussprechen, ist weder als passiver Empfänger und Behälter von Gegebenheiten zu verstehen noch als der große Akteur, der ständig unsere Einheit gegen unseren Zerfall zu garantieren hätte. Welche Vermögen der Zerstreuung und der Synthesen wir auch immer der eigenen Person zuschreiben: Ich bin dieser Eine, der auf bestimmte Weise *dabei* ist.

Nach Kant hatte man versucht, dem transzendentalen Subjekt den wenig klärenden Ausdruck ‚empirisches Subjekt' zur Seite zu stellen, in der Meinung, damit ein erkennbares Ich-bin zu thematisieren. Kant selber hatte dagegen bemerkt, daß die Bestimmungen, mit denen wir dieses eine Ich zu begreifen versuchen, keine Kategorien sein können, die auf eine mögliche Anschauung zielen. Da die Bestimmungen dieses einen Ich, seine Einfachheit, Einzelheit, Einzigkeit und Einmaligkeit, durch Raum- und Zeitformen nicht schematisierbar sind, kann von ihnen weder das Beharren noch ein Entstehen und Vergehen ausgesagt werden.

Dennoch nahmen viele nicht so richtig zur Kenntnis, daß Kants Kritik der vermeintlichen Beweisbarkeit einer Unsterblichkeit der Einzelseele keineswegs darauf hinauslief, damit die Sterblichkeit der Einzelseele bewiesen zu haben. Bekanntlich hatte Kant dargelegt, daß nicht die Erfahrung darüber zu entscheiden vermag, ob Ich sterblich oder unsterblich sei, wohl aber die Vernunft meine Unsterblichkeit als regulative Idee postuliere, damit meine Verantwortlichkeit durch keine empirische Bedingung als eingeschränkt gelten kann. Doch damit kommt eine metaphysische Bestimmtheit des Subjekts ins Spiel, die – wenn auch nur im Reich an sich seiender, noumenaler Möglichkeiten – durchaus wieder dem Beharren und Werden unterworfen wird.

Doch bietet Kants Kritik der *Paralogismen* (1956, A, 362 f.) argumentative Möglichkeiten, die von ihm nur teilweise ergriffen wurden. Es ist für die Zusammenhänge, die ich darlegen möchte, nicht erforderlich, im Detail auf seine recht uneinheitlichen Argumente einzugehen. Bedeutsam ist der Status der Bestimmungen, die dem Ich zugeschrieben werden.

Die *transzendentale Analytik* endet nicht nur mit einer Kritik der Reflexionsbestimmungen, die einen Erkenntniswert nur haben, sofern ihnen erfahrungsbezogene Vorstellungen zugrunde gelegt werden; sondern mit einer scheinbar nicht ‚sonderlich erheblichen' Beifügung über verschiedene Bestimmungen des Nichts. In der *transzendentalen Dialek-*

tik nun ordnet er die möglichen Bestimmungen des Ich, wenn auch in einer veränderten Reihenfolge, den Kategorien zu:

Die Kritik an der *Substanzialität* (oder Akzidenzialität) des Ich bezieht sich auf die Grundkategorie der Relation. Wenn das Ich weder als beharrendes (unsterbliches) Wesen noch als ein veränderliches (sterbliches) Attribut eines solchen erfahren werden kann, dann deshalb, weil wir dieses eine Ich nicht von Beziehungen her deuten, sondern als Einzelheit. Darin ist bereits die Kritik der *Simplizität* (364) enthalten, die sich auf die Kategorie der Qualität bezieht. Da wir keine Anschauung davon gewinnen können, *was* das Ich ist, können wir auch nicht sagen, was es nicht ist, oder gar, aus was es geworden und zu was es werden könnte. Es ist *Einfachheit*, ohne weiteres, ohne ein Ganzes von Teilen oder Teil eines Ganzen zu sein. Kants Kritik an einem Verständnis von *Personalität*, dem zufolge die Person durch den Wechsel der Zeiten hindurch als dieselbe beharre, bezieht sich auf die Kategorie der Quantität. Dieser Auffassung setzt Kant die Denkmöglichkeit entgegen, Ich könne ja in jedem Augenblick ein anderes Ich geworden sein, das jeweils alle vorhergehenden Personenmerkmale auf sich als seine eigenen beziehe, um so meinen zu können, es bliebe in allen Veränderungen dasselbe. Allerdings erschwert sein Ausdruck der ‚numerischen Identität' den Blick auf die *Einzigkeit* des Ich, das ja weder nur Element einer Menge ist (geschweige denn ein Bündel aus mehreren, wie Denker von Hume bis Mach annahmen), noch eine Position einnimmt bezüglich eines Nachfolgenden oder Vorgehenden. Die Kritik des vierten Paralogismus, der vermeintlichen Idealität aller äußeren Verhältnisse, wird, wie mir scheint, verständlicher, wenn man sie auf die Kategorie der Modalität bezieht, und zwar in dem Sinne, daß wir unser Verständnis der Wirklichkeit des Ich davon abhängig machen, ob wir uns dieses Ich nicht nur zeitlich, sondern auch räumlich vorstellen können. Doch eben diese Möglichkeit einer Schematisierung ist uns bezüglich des Ich, das sich jeder Vergegenständlichung entzieht, nicht gegeben.

Nun sieht Kant zwar sehr deutlich, daß keine der möglichen Bestimmungen dieses einen Ich unter eine Kategorie und damit unter eine mögliche Anschauung fällt. Dennoch fällt die ‚Berührung' mit ihnen auf, die sich in der Weise einer Verneinung auf die begreifbare Anschauung bezieht: die Einzelheit als Nicht-Beziehung, die Einfachheit als weder so- noch andersseiend, die Einzigkeit als weder teilbar noch ergänzbar, noch ersetzbar. Und schließlich die *Einmaligkeit* in dem Sinne, als in ihr mit der raum-zeitlichen Ausdehnung die anschauliche Gegebenheit schlechthin verneint ist und dennoch in Hinsicht auf sie verstanden wird, wenn man versucht, das Ich durch die

Grenzbegriffe Punktualität und Originalität, Einschnitt und Ursprung zu bestimmen.

3.4.6 Der nämliche Begleiter

Daß dieses Ich, als a-numerisch Eines, nur durch ‚Verneinungen' (im Sinne des Aussetzens von Bestimmungen) und doch sinnvoll nur in Hinsicht auf seine Berührung mit Erfahrung zu bestimmen ist, wurde vor allem dann bemerkt, wenn auf seine Funktion als *Begleiter*, als Gast, als Dabeisein geachtet wurde, anstatt es ins Zentrum irgendwelcher Einheiten zu setzen. Die Versuche, dieses Ich auf phantasmatische Weise zu seiner vermeintlichen ‚Selbstgegebenheit' zu bringen, kommen ohne Reflexionsbestimmungen nicht aus: Ich soll, sich von sich unterscheidend, zugleich identisch mit sich sein, und zwar auf eine einstimmige Weise, die alles damit Unverträgliche außer sich setzt, um Form seiner Inhalte sein zu können. – Doch woher kommt dieses seltsame Begehren, das Ich, das ich bin, *zudem* als mir zugehörig vor mich zu setzen, um es wieder mit mir zusammenfallen zu lassen? Versucht man da einen Doppelgänger von sich herzustellen, um eine Distanz zu sich zu gewinnen, die zugleich wieder zusammenbrechen und ‚in Eins' fallen soll? Ich denke nicht, daß diese Aufspaltung und gleichzeitige Indifferenzierung nur der halluzinatorische Effekt einer Verwendung von Reflexivpronomen ist. – Ich versuchte zu zeigen, daß wir mittels der Bestimmungen eines a-numerisch Einen schlechthin alles, was wir zu erleben und zu denken vermögen, individuieren können, ohne jeder Individualität gleich ein Ich-Sein unterstellen zu müssen. Fragen wir nach dem Grund dieser Möglichkeit, sind wir auf das einzige Eine verwiesen, von dem wir sprechen, wenn wir Ich sagen. Doch anstatt damit irgendeine Einkapselung (solus ipse) vorzunehmen, meinen wir damit umgekehrt: Ich bin – Ich bin da – Ich bin dabei, nämlich beim Anderen, ob wir dieses Anderssein nun uns selbst, der eigenen Person, oder anderen Personen oder Dingen zuschreiben. Aber offensichtlich ist dieses *Ich-Sein so wenig gewiß*, daß wir uns zu vergewissern suchen über eine Spiegelung, im Glauben, daß sich durch eine Übereinstimmung des Spiegelnden und Gespiegelten so etwas wie eine Bewahrheitung vollzöge, durch die wir uns selbst einfingen. Und obwohl Denker wie Kant oder Gilbert Ryle (1969, 251) durchaus bemerken, daß Ich solchen Versuchen entgleite, schreibt ersterer dem Ich manchmal ‚logische Einheit' zu und letzterer meint, Ich sei wie mein eigener Schatten – begleitet von einem Gefühl der Unentrinnbarkeit (269). Eine große Tradition erschwert uns, im begleitenden Ich diejenige Einzigkeit des Gesichtspunkts – wie P. F. Strawson schreibt (1972, 156) – anzuerkennen, von der aus Verständigung nicht als selbstverständlich gelten kann (Apel 1992).

Vor all diesen Ich-Gespenstern bewahrt uns vielleicht die alte Redeweise, wonach Ich der *Nämliche* bin, unabhängig von allen Spekulationen darüber, ob Ich stets derselbe bin oder etwas oder nichts werden kann. In der Ansprechbarkeit meiner Einzelheit durch den Eigennamen erweise Ich mich von vornherein beim Anderen, ob ich mich explizit darauf beziehe oder nicht. Und diese Ansprechbarkeit scheint erst durch den Tod der Person sich auf bloße Nennbarkeit zurückzuziehen. Doch selbst dann noch durchkreuzt der Eigenname dieses Einzelnen und Einzigen jene abstrakte, indifferente Allgemeinheit, der zufolge *jeder* unterschiedslos Ich und Einer sei.

3.4.7 Bedingungen

Daß Ich da bin und dabei, das scheint vorauszusetzen, daß Ich – wie beim Erwachen – ‚zu mir komme', und umgekehrt scheine Ich von meiner Gegenwart deshalb wissen zu können, weil Ich – wie beim Einschlafen – ‚von mir gehe'. Im Tiefschlaf – falls Lebewesen überhaupt zu einer vollständigen Empfindungslosigkeit fähig sein sollten – scheine Ich nicht da zu sein. Erfahren wir nicht so ständig schon jenes Entstehen und Vergehen des Ich, nachdem wir uns überhaupt unsere Erzeugung und unseren Tod denken, auch wenn wir letztere als einmalige Ereignisse ansehen? Oder verwechseln wir hier nicht die wechselnden Intensitäten unserer *Vorstellungskräfte* – zu denen auch jene gehört, durch welche Ich ‚mich', nämlich meine Person vorstelle – mit einem vermeintlichen Entstehen und Vergehen, aber auch mit einem vermeintlichen Beharren des Ich gleichsam jenseits unserer Bewußtheit? – Zweifellos ist unser Wissen, daß Ich bin, von leiblich eingebundenen Bewußtseinszuständen abhängig. Wir sind nicht unberechtigterweise der Ansicht, daß unser Bewußtsein, dieses eine Ich zu sein, wesentlich von leiblich-psychischen Bedingungen unserer Person und auch von den Menschen und Dingen der Welt abhängen, in der wir leben, und wenn wir sterben, scheint sich mit dem lebenden Organismus auch dieses Bewußtsein aufzulösen. Gleichwohl ist es uns unmöglich, dieses Eine, das Ich bin, auf irgendeine Weise als aufhebbare Wirkung einer Ursache zu verstehen. Man kann aus vielen Gründen mehr oder weniger oder kein Selbstbewußtsein oder Selbstwertgefühl haben. Aber niemand kann mehr oder weniger oder gar nicht Ich sein. Als dieser Eine bin Ich nicht nur absolut zufällig, sondern zugleich voll-endet. Man hat diese Vollendung des Einen, dem nichts entnommen noch zugefügt werden kann (aber natürlich nichts mit dem Wert der Vollkommenheit zu tun hat), als Unabhängigkeit und Freiheit der Person gefeiert. Aber seien wir vorsichtig: zunächst scheint mir das nur zu bedeuten, daß einzig Ich dem vollkommenen, uneingeschränkten Ende ausgesetzt bin und daß mir ein Nichts eröffnet ist, auf das Ich – als wäre es der Ort meines Todes – zuzugehen glaube.

Sieht man ab von der Haltung zum Tod als einem absoluten Mangel seiner selbst oder als erwünschte Befreiung von sich selbst und versucht ihn empirisch vom Sterben her zu begreifen, dann ergeben sich zwei Weisen der Beschreibung.

Nur ein äußerer Beobachter des Sterbenden kann, außer den Anzeichen für das Schwinden seines Bewußtseins, auch den endgültigen Zusammenbruch des biologischen Systems und jene Veränderungen feststellen, die der lebende und der tote Organismus bis zur Auflösung des Körpers durchmacht. Doch was oder ob überhaupt etwas durch den Tod zu ‚Nichts' werde, darüber kann er nichts sagen. – Sicher können manche Sterbenden den Zerfall ihres Organismus bis zu einem bestimmten Grad auch beobachten. Vor allem aber sind manche in der Lage, das Schwinden ihrer körperlichen, seelischen, geistigen Fähigkeiten zu erleben, ehe solches Erleben und Sichbeobachten seinerseits wegzudämmern beginnt. Selbst wenn solches Sterben ohne Schmerzen verläuft, wird das Schwinden unserer Aufnahmefähigkeiten und Aktivitäten als Zwang zu einer wachsenden Passivität, zum Erleiden erlebt und im Gefühl sich steigernden Ausgeliefertseins vorweggenommen. Angstvoll stellen wir uns das eigene Totsein in der Leiche als schrankenloses Ausgeliefertsein vor, selbst wenn wir uns denken können, daß mit dem Tod doch auch das antwortloseste Dulden- und Erleidenmüssen getilgt sei. Andrerseits kann durch starke Schmerzen, aber auch durch Lust, durch äußerste Erschöpfung oder Anstrengung – was bekanntlich das Sterben im Kampf so leicht macht – jeder Gedanke an den eigenen Tod zumindest in einen fernen Hintergrund zurücktreten. Wie Blaise Pascal in den *Gedanken* (Aph. 188) sagte: „Der Tod, wenn man nicht an ihn denkt, ist leichter zu ertragen als der Gedanke an den Tod, wenn man gar nicht in Gefahr ist." – Auch das ‚Sein-zum-Tode', als Wissenkönnen um die Möglichkeit des eigenen Todes, ist an bestimmte Bedingungen unseres Daseins gebunden. Dennoch können durch diese niemals erklärt werden, was sich uns unter dem Titel ‚Nichts' zu eröffnen scheint.

Wohl können wir uns ohne Widerspruch zumindest vorstellen, daß alles, was und wie Ich als Person bin und erlebe, unterschiedslos auch auf einen Doppelgänger zutrifft, der zudem nach meinem Tod derart meine Stelle einnehmen könnte, daß niemand mein Verschwinden bemerkte. Aber unmöglich können wir denken, daß ein Anderer, anstatt für sich vielmehr für mich Ich sei, während Ich, dieser nämlich Eine, nicht mehr bin.

Dieser Eine, der Ich bin – so legte uns Kant einleuchtend dar –, kann weder der Veränderung noch der Dauer unterworfen gedacht werden, und insofern entzieht sich die Rede von seiner Sterblichkeit oder Unsterblichkeit jeder möglichen Erfahrung. Andrerseits scheint, wenn je etwas überhaupt in ‚Nicht-Sein', in reine Seinsmöglichkeit, umschlagen könnte, solches einzig auf das Ich in seiner Voll-Endlichkeit zutreffen zu können. – Wie ist zu verstehen, *daß einzig mich mein Tod nichts-sagend anspricht?*

3.5 Die Nichtheit des Todes

3.5.1 Das Un-Denkbare

Die Antinomie, der zufolge nur Ich, dieser Eine, es bin, von dem wir vernünftigerweise sagen können, es könne sich in Nichtsein überhaupt auflösen, weil es nichts Empirisches ist, und doch eben deshalb von ihm sagen müssen, daß Ich jedem erfahrbaren Sinn von Werden entzogen bin – diese Antinomie scheint uns keine befriedigende Wahrheit auszudrücken. Aber was haben Wahrheiten schon mit Bedürfnissen zu tun, denen Genüge getan wird oder nicht? – Gleichwohl können wir fragen, ob nicht die Antinomie selber auf einer bestimmten Auffassung von ‚Nichts' beruht, die über die Vorstellung nicht hinausgeht, Nichts *sei* die indifferente Leere, die wir uns im Schema der Raumanschauung imaginieren – eine Auffassung, die nicht über den Gedanken bloßer Seinsmöglichkeit hinauskommt.

Nun läßt sich freilich, so wie der Lebende und nicht der Tote vom Tod spricht, nur vom Sein her sagen, *Nichts ist nicht.* Aber es ist den Verlockungen der Verneinung zu verdanken, wenn man gedankenlos Sein und Nichts als unmittelbaren Gegensatz glaubt bestimmen zu können wie zwei Sphären, von denen eine voll des Seienden und die andere leer oder ‚voll' reiner Möglichkeiten ist und die sich wechselseitig ausschließen und begrenzen. Vermutlich trug die Nominalisierung und Substantivierung der ‚Negationspartikel' *nicht* zu *das Nichts* zur Suggestion bei, wonach es ‚Nichts' gäbe, wie es Sein gebe. Von solchen Voraussetzungen aus hätte dann Hegel allemal recht, wenn er das dritte Gemeinsame, den Umschlag selbst von Sein und Nichts als das ‚wahre-re' Sein bezeichnet.

Letztlich war Parmenides diesem Gedanken weniger fern, als Hegel glaubte, wenn jener das Unmögliche, daß Nichts *sein* könne, ausschließt: Nichts kann nicht sein. Denn unter dem Gestus der Verneinung, die das Problem der Nichtheit des Nichts nur verwirft, ist nur Sein. Und dieses Sein selbst ist jene Leere oder reine Möglichkeit, aus der heraus es sich in Seiendes unterscheiden kann. Nur durch diese Verwerfung des Nichts als unmöglich konnte sich das logische Axiom etablieren, wonach eine doppelte Verneinung – ‚Das Nichts ist nicht'– nur eine einfache Bejahung – ‚Ausschließlich Sein ist' – ergebe. Worin aber beruht solches Ausschließen des Nichts, wenn es kein Nichts ‚gibt', also Sein nichts auszuschließen hat? Andrerseits: welchen Sinn ergibt es, von ‚Sein' zu sprechen, wenn es nur differenzlos ‚nichts' besagte?

Sartre (1952, 74) hatte gegen Heideggers Versuch, dem Nichts die Weise des ‚Nichtens' zuzuschreiben, eingewandt, daß solche Verbalisierungen stets nur auf Seinsgeschehnisse verweisen können. Daraus folgerte er, daß das, was wir mit ‚Nichts' meinen, allemal im Nein, als dem Seinsgeschehen des Verneinens, liegen müsse. Das Sein nichte sich selbst. Sartre bleibt also jener Metaphysik verhaftet, die von der Leugnung des Nichts lebt. Freilich, das Ausschließen des Nichts in der Aussage ‚Nichts ist nicht' verbleibt gerade beim Nicht-*Sein* des Nichts, als Seinsmöglichkeit, ohne doch die Frage nach der Seinslosigkeit, im Sinne einer *Endlichkeit des Seins*, die durch jede Verneinung ins Spiel gebracht wird, loszuwerden.

Doch die Unmöglichkeit, die sich in der unvermeidlich scheinenden Unterstellung zeigt, Nichts sei *nicht* und *sei* doch möglich – sie bleibt ihrerseits im Bereich des Denkbaren. Im *Er-gebnis* erweist sich Widersprechendes als haltlos und löst sich auf, nicht aber im Denken, durch das es ‚besteht' und wodurch auch das Unmögliche selbst möglich ist. Das Unmögliche, im nur logischen Sinne der verneinten Möglichkeit, ist also nicht der geheimnisvolle Ort, an welchem sich die Nichtheit des Nichts vernehmen ließe. Widerspruch und Widerstreit sind Weisen des Seinsgeschehens.

Wohl aber setzen wir uns denkend unentwegt dem *Un-Denkbaren* aus, nämlich im Versuch, die *Nichtheit ‚vom Nichts her'*, anstatt vom Sein her, zu denken. Freilich hat das Undenkbare nichts mit Gedankenlosigkeit zu tun; es zeigt sich uns zunächst vielmehr im Zu-Denkenden, das sich nicht denken läßt. Wenn wir daher sagen können: *das Denken hört nicht auf, das Nichts nicht denken zu können*; dann werden wir mit der Unleugbarkeit und Unverneinbarkeit des Nichts konfrontiert, ohne vom ‚Sein des Nichts' zu sprechen. Denn hier läßt sich die doppelte Verneinung nicht in eine einfache Bejahung verkehren. Die Aussage meint gerade nicht, wir hörten auf, Nichts zu denken, da dies nun einmal unmöglich sei.

Nun wird man vielleicht einwenden, diese Insistenz des Denkens, nicht aufhören zu können, das Undenkbare nicht zu denken, verweise uns halt auf die Grenzen unserer Denkmöglichkeiten, deren Unüberschreitbarkeit wir schmerzlich als Mangel erfahren. Wir begehrten nur das Unmögliche, nämlich die Nichtheit von ihr selbst her, den Tod vom Tod her zu denken.Töricht sei ein solch vergebliches Bemühen. Vernünftigerweise habe man vor dem unlösbaren Rätsel des Nichts zu schweigen. – Aber sollen wir annehmen, wir verwendeten ohne Unterlaß das Wort ‚Nichts', ohne zu verstehen, welchen Sinn es hat?

Doch selbst wenn wir hier auf ein Begehren des Unmöglichen stießen, würden wir wohl nach der Unmöglichkeit dieses Begehrens fragen – einer *Un*-Möglichkeit, die als absolute Grenze, als Mangel, so wenig schon verstanden ist wie überhaupt durch eine ausschließende Verneinung. Die versuchte Verneinung des Nichts war wohl der gewaltigste Machtgestus, der je in der Geschichte der Menschen zum Tragen kam, um der Tendenz nach die Totalität der Seinsmöglichkeiten in den Griff zu bekommen. Indem es sich selbst zu begrenzen vermag, entgrenzt sich das Denken zur Herrschaft über sich selbst. Im Nein scheint das Denken das Nichts auf den Begriff bringen zu können, um es als Leere zugleich zu verwerfen, als absolute Seinsmöglichkeit aber zu gewinnen. So wird das Wort ‚Nichts', das angeblich nichts bezeichnet, allenfalls zum Trugbild eines Signifikanten, hinter dem bloße Wort- und Sprachlosigkeit lauere. Doch solcher Negativismus breitet sich nur aus, wenn man nicht darauf achtet, daß das Wort *Nichts* nicht aufhört, Nichts nicht bezeichnen zu können. Im Unterschied zum Nicht-Sein – nämlich zum toten Gott, in dem doch noch alle Möglichkeiten stecken könnten – ist ‚Nichts' kein Begriff, der in sich irgendwelche Verneintheiten und Möglichkeiten versammelte. Das Un-Denkbare, dem das Denken ausgesetzt ist, ist kein Gegensatz zu ihm, ist nicht die Verneinung seiner Möglichkeiten, sondern seine *Eröffnung zur Nichtheit*. Damit soll nicht gesagt sein, daß dem Denken im Un-Denkbaren das Nichts sich eröffne. ‚Eröffnen' ist, wie das Verb schon ausdrückt, ein mögliches Seinsgeschehen, aber kein Mysterium des ‚Nichts', in dem immer noch der tote Gott geistere.

Es liegt nicht an den ungenügenden Fähigkeiten einzelner Denker, wenn man angesichts der Probleme, Nichtheit zu verstehen, ins Stottern gerät. Wir können nicht einfach davon absehen, daß unsere Sprachen, und namentlich die Sprachen von Wissenschaft und Philosophie, darauf aus sind, nach *Etwas* zu greifen. Es geht ihnen um dieses Ergreifen und zusammenschließende Begreifen. Aber Nichts ist weder Gegenstand noch Begriff, und verständlicher kann es uns eher durch die Haltung eines vorsichtigen Loslassens, durch das Aufgeben alter, verhärteter Besetzungen werden.

Das Eröffnet*sein* von Nichtheit im Un-Denkbaren ist zugleich wie ein Einbruch in das Indifferentsein auslegbar, denn es ermöglicht allererst eine Unterschiedenheit des Seins an ihm selbst. Von daher bestimmen wir die Funktion des Wortes ‚nicht' im Sprechen – und zwar gegen allen Negativismus vielmehr als Eröffnung von Seinsmöglichkeiten durch das Aussetzen bestimmter Setzungen. So wenig wie auf Unterscheidungen können wir auf Entgegensetzungen verzichten. Doch nun geht es darum, in diesen selbst das Moment der Un-Denkbarkeit zu bemerken, nicht um jede Begrifflichkeit zu beseitigen, sondern um deren totalitären Herrschaftsanspruch aufzulösen. Denn erst im Undenkbaren der Nichtheit zeigt sich die Unmöglichkeit einer Seiendheit als Seinsmöglichkeit jedes Seienden. So ist auch die Abwesenheit und Leere nicht ‚einfach' der Anwesenheit und Vielfältigkeit entgegengesetzt, als ginge es nur um die Verteilung von und um die Kämpfe um bestimmte Territorien. Daß sie *sind*, besagt vielmehr, daß die Abwesenheit nicht aufhören kann, nicht Anwesenheit zu sein, daß Kälte und Dunkelheit nicht aufhören, nicht Wärme und Licht zu sein, daß Sterblichkeit nicht aufzuhören vermag, nicht Unsterblichkeit zu sein. Es kann also nicht darum gehen, vom Entgegensetzen nur zu einem gleichgültigen Unterscheiden von Vielheiten zurückzukehren, so wenig wie es darum gehen kann, einem absoluten Gedächtnis des Seins die ‚Aufhebung' aller Widersprüche anzulasten. Glaubt man wirklich, es gäbe außer Streit und Gleichgültigkeit keine Weisen der Auseinandersetzung?

Was weiter dem Denken zu überlassen ist, das stellt sich ihm in den Benennungen, wenn ich sage: Das a-numerische, nicht-reflexive, nämliche Eines-Sein, wie es uns im Ich-bin zu Wissen kommt, ist die Seinsweise, in welcher die Endlichkeit des Seins eröffnet ist. Dennoch suggeriert das ‚Eröffnen' unvermeidlich die Metapher eines Weges, einer Richtung, durch die wir genauer sagen müßten, was zur Nichtheit hin ende, beginne zugleich von der Nichtheit her. Aber das Nichts hat weder einen bestimmten Ort, noch ist es ‚überall'. Doch wenn nur das Un-

Denkbare uns Nichtheit eröffnet in der Weise seiner Unverneinbarkeit: was könnte das noch bezüglich des Todes bedeuten? Ergibt das Wort *Nicht-Ich* überhaupt noch einen Sinn, wenn damit nicht mehr bloß die Tilgung des Ich-bin zu verstehen ist? *Ich höre nicht auf, nicht Nichts zu sein.*

3.5.2 Endlichkeit

Es scheint mir das Verdienst Martin Heideggers, kritisch aufgewiesen zu haben, daß man unter *Sein* nur dann das Bestehen von Seiendem und das Bestehen seines unbegrenzten Werdens selbst verstehen konnte, wenn mit dem Tod das Nichts verneint wird. Denn nur in einem Seinsgeschehen als ewigem Sosein und Anderswerden hat der Tod keinen Ort. – Dennoch ist der Tod nicht als eine Lücke zu verstehen, die das ‚Nichts' ins Sein und Dasein schlägt.

Wie auch immer wir Sein zu verstehen suchen: im Geschehen des An- und Abwesens von Seiendem, im Aufbrechen oder Verwischen von Unterschieden und Grenzen – als *endlich* ist es nur erfaßbar, wenn Seinsgeschehnisse an ein *letztes Ende* geraten, das unmöglich als Grenze zu erreichen ist: im Ich bin. Was auch immer wir an einer lebenden Person unterscheiden und beziehen, aus- oder ineinandersetzen: es findet sein Ende an der Seinsweise des Ich. Man kann es nicht in ein proprio ego und alter ego zerlegen und wieder in eins verschmelzen. Denn beim ‚Ich bin' enden die Seinsgeschehnisse des Beharrens oder Wandels. Die Person, auch die eigene, kann uns vertraut oder plötzlich bestürzend unvertraut, heimlich und unheimlich sein – aber nicht dieser Eine, der Ich bin. *Insofern ist das Ich-Sein die einzige Seinsweise absoluten Endens und darin Offenheit zur Nichtheit, ohne welche Offenheit Ich keine Beziehungen zu Andersseiendem haben könnte.*

Es ergibt also keinen Sinn, Sein so zu verstehen, als sei es entweder unbegrenzt oder durch ‚Nichts' begrenzt. Denn alles Grenzensetzen und -überschreiten ist nur als Seinsgeschehen begreiflich. Darüber hinaus würde gerade die vermeintliche ‚*Un*-Begrenztheit' wieder auf die *zur Nichtheit offene Endlichkeit des Seins* verweisen, wie sie sich einzig im Ich eröffnet. Versucht man allerdings, sich das Ende nur als Grenze zu Andersseiendem vorzustellen, ist es, wie Hegel richtig bemerkte, immer schon überschritten. Doch solche ‚Un-Endlichkeit' verbirgt nur die Verneinung des Nichts, die in sich das Nicht nicht leugnen kann, das sie verwirft. Der Ausdruck fällt nur zurück in den der ‚Un-Begrenztheit'. Der Versuch, die Nichtheit restlos zu verneinen, damit die Vernunft das Sein als ausschließlich Göttliches feiern kann, verweist selbst auf das Undenkbare, daß jenseits seiner Grenze das ‚Nichts' als der tote Gott lauert. Dem entspricht jenes paranoische Verständnis des ‚Subjekts', das mal für sich, mal für Andere entweder alles ist oder nur ein nichtiger Punkt.

Von der zur Nichtheit offenen Endlichkeit her kann man nun in einem wohlverstandenen Sinne durchaus sagen, die Person, die Ich bin, ‚werde' zu Nichts, wenn dabei klar bleibt, daß nicht ‚Nichts' an meine Stelle tritt. Die Endlichkeit, die Ich bin, drückt sich nicht in der grausigen Möglichkeit aus, daß Ich jederzeit von einem abgründigen, schwarzen, ungeheuren Schlund namens ‚Nichts' verschlungen und vernichtet werden könnte, der dann als Tod meine Stelle und die aller Toten einnähme. Im Unterschied zu dieser letzten großen Mythe des Abendlandes, der zufolge uns einst der tote Gott zu sich hole in sein stinkendes, moderndes, grenzenloses Grab ‚in den Lüften' – spreche ich hier von einem Werden *zu* Nichts, von der am Ende hin geschehenen Eröffnung zur Nichtheit, dessen Namenlosigkeit das nämliche Ich nicht aufhört, nicht aussprechen zu können.

Zu Recht also wiesen Epikur und andere Denker die Vorstellung zurück, Ich würde von ‚Nichts' bedroht sein, das mich mit Gewißheit letztlich verschlingen werde. Gefährdet erfahren wir uns einzig von Seinsmöglichkeiten her, die sich zudem mit dem Wuchern der Techniken grenzenlos zu erweitern scheinen. Die Todesangst, als vermeintliche Angst vor Nichts, ist vielmehr die *Angst vor anderen Seinsmöglichkeiten*, als sie in meinem persönlichen Dasein, in das Ich zufälligerweise geworfen zu sein scheine, verkörpert wurden. Ebenso aber kann sie umschlagen in eine freudige Todeserwartung, dereinst von sich selbst frei zu sein und in einem Gott, in der Natur, im leeren Sein, im Spiel der Möglichkeiten aufzugehen, oder auf andere Weise doch wieder bei mir und bei Anderen zu sein, und so fort. Aus dieser Seinsmöglichkeit – nicht aber von der Nichtheit her – verstehen wir die Mannigfaltigkeit der Todeskulte und all jene paradoxen kulturellen und wissenschaftlichen Deutungsversuche, das Mysterium eines Soseins und Anderssein-Könnens zugleich zu hüten wie zu verraten.

Doch wenn von einem Seinsgeschehen die Rede ist, das in diesem nämlichen Ichsein seine Endlichkeit zur Nichtheit offenbare, besteht dann nicht ebenso die Möglichkeit eines Verschließens jener Offenheit und damit einer vollkommenen Indifferenzierung dieses Einen im unterschiedslosen Medium des Seins? – In dieser Frage drängt sich bereits wieder das Bild des Ich als eines unteilbaren Elements auf, das so, wie es ist, nur als ‚ganzes' nicht-seiend sein könne, als ob doch zugleich der ‚Wassertropfen' als virtueller im ‚Meer' weitergeistere. Man gesteht vielleicht noch zu, daß Ich nicht im Zentrum stehe, weder in dem der Welt noch in dem meines organischen Systems oder meiner eigenen Person. Aber ‚dezentriert' ist das Subjekt nicht dadurch, daß es entweder als Souverän im Hintergrund die Fäden zieht oder als bedeutungslos ins Abseits gestellt wird – ständig vom ‚Nichts' bedroht und schließlich von ihm verschlungen.

Das Problem des *Verschließens* stellt sich uns nur vom Tod des Anderen her. Wenn wir so tun, als könnten wir uns selbst an die Stelle des Toten versetzen, erwecken wir ihn bloß als ‚Ich selbst' wieder zum Leben, mag ich mir seine und meine leibhaftige Person auch ausgetauscht denken. Der Tote gibt uns kein Zeichen mehr, für sich dieser Eine zu sein. – Nun können wir uns das Eine, das im Ich-bin Bewußtheit ist, nicht als etwas ‚Materielles' vorstellen, das sich irgendwie beobachten ließe, aber ebensowenig als etwas ‚Immaterielles', als könne man es sich unabhängig von der leibhaftigen Person denken. Daraus resultiert wohl die Zwiespältigkeit: der Tote ist nicht zu ‚Nichts' geworden, er ist vielmehr der Beginn andersverlaufender Veränderungen. Was aber, wie das Ich-bin, nicht als materiell zu verstehen ist, hinterläßt auch nach dem Tod nicht die geringste Spur seiner selbst. Das Ich-bin verändert sich nicht mit dem Tod, es scheint sich vielmehr in ‚Nichts' aufzulösen. Und diese Vorstellung scheint gerade vom Schlaf her plausibel zu werden: ohne physische Auflösung meines lebenden Organismus scheine Ich mit dem Einschlafen spurlos in meine Seinsmöglichkeit abzutauchen und mit dem Aufwachen wieder aus dieser aufzutauchen. Entspricht mein Sterben nicht nur einem Einschlafen ohne Aufwachen? – Diese Auffassung herrscht heute zumindest vor als ein Rest des Unsterblichkeitsglaubens, der sich vor sich selbst verbirgt.

Gemeinhin heißt es, die Möglichkeit, nach dem Tode als Ich weiter zu bestehen, entzöge sich jeder Erfahrung. Doch entzieht sich dieser ebenso die Möglichkeit, als Ich vernichtet zu sein – was nunmehr ohnehin nur noch besagen könnte, Ich sei Nicht-Ich geworden, im Sinne einer anderen Seinsmöglichkeit. Der so schwer in Frage zu stellende nihilistische Glaube der Moderne, mit ‚meinem' Tod träte das ‚Nichts' an meine Stelle, ist vielleicht nur ein letzter, unüberbietbar größenwahnhafter Versuch: Ich bin Nichts geworden, aber Nichts *ist* – und sei es in der Weise des toten Gottes. Wie könnte da mit dem Tod ‚alles' aus sein?!

Die metaphysischen Erzählungen werden nicht aufhören, sich über die Frage zu zerfleischen, ob der Tod ‚für mich' eine Passage ins ‚Nichts' oder in diese oder jene konkretere Seinsmöglichkeit ist. Und vermutlich werden die Religionskriege darüber noch lange geführt.

Aufgrund der Abhängigkeit unseres Ich-Seins von unserer leibhaftigen Person glaubt man sagen zu können, nach meinem leibhaftigen Tod werde Ich unmöglich sein – oder doch? Man will nicht einräumen, daß die Kategorien des Entstehens, Bestehens, Vergehens hinsichtlich des a-numerisch Einen jede Anwendungsmöglichkeit verlieren. Das heißt nun keineswegs, daß wir von der großen ‚Unbegreiflichkeit' des eigenen Todes faseln müssen. Kann Ich auch nicht sagen, daß Ich mit dem Tode zu etwas Anderem oder zu Nichts geworden sein werde, so doch sehr wohl, daß ich vor dem Tode *zu* Nichts bin und mir Nichtheit eröffnet ist. Und anstatt Angst vor Nichts zu haben, könnte uns eher der metaphysische Gedanke ängstigen, mit dem leiblichen Tode vielleicht vom Nichts Abschied nehmen zu müssen …

Es geht nicht um ein unbegreifliches Mysterium, sondern um die Struktur des Un-Denkbaren im Denken, durch welche uns Nichtheit eröffnet ist: Ich höre nicht auf, Nichts weder zu sein noch nicht zu sein. Und wenn ich sage, mein Tod sei mir durch seine Un-Denkbarkeit eröffnet, dann wird man das wohl nicht mehr in dem irren Sinn verstehen wollen, der Tod des Ich sei unmöglich; dem man dann wieder den irren Sinn entgegenwirft, der Tod des Ich sei möglich. Durch Denken zur *Un*-Denkbarkeit des Todes zu gelangen ist die Weise, die dadurch eröffnete Endlichkeit des eigenen Seins zu verstehen. Der Ernst solchen Verstehens ist uns durch den Tod des Anderen gegeben. Und Ich kann wissen, daß Ich der Andere des Anderen bin …

Literatur

Adorno, Theodor W.: *Sterben heute*, in: Negative Dialektik (S. 361–366), Frankfurt a. M. 1975

Ahrens, Jörn: *Selbstmord und Unsterblichkeit*, in: Zeitschrift für Religions- und Geistesgeschichte, H. 3, Leiden, Boston, Köln 2000

Ders.: *Ein Tod wider das Gesetz*. Überlegungen zu einer Soziologie des Selbstmords. In: Handlungen – Kultur – Interpretation, H. 1. Zeitschrift für Sozial- und Kulturwissenschaften,Tübingen 2000

Alkmaion von Kroto: *Das Gehirn als Sitz der Seele*, in: Antike Geisteswelt I. Eine Sammlung klassischer Texte, (S. 235–237). Hrsg. von W. Rüegg, München 1967

Apel, Karl-Otto: *Ist der Tod eine Bedingung der Möglichkeit von Bedeutung?* In: Der Tod in der Moderne (226–235), hrsg. von H. Ebeling, Frankfurt a. M. 1992

Appolodor: *Mythische Bibliothek*. Die griechische Sagenwelt. Übers. von Ch. G. Moser und D.Vollbach, Leipzig 1992

Ariès, Philippe: *Geschichte des Todes*, übers. von H.-H. Henschen und U. Pfau. München, Wien 1980

Ders.: *Bilder zur Geschichte des Todes*, München 1984

Aristoteles: *De anima – Über die Seele*, übers. von E. Rolfes, Bonn 1901

Ders.: *Texte zur Logik*, übers. von Adolf Trendelenburg, Reinbeck 1967

Ders.: *Poetik*, übers. von O. Gigon, Stuttgart 1961

Ders.: *Kleine naturwissenschaftliche Schriften*, übers. von E. Dönt, Stuttgart 1997

Assmann, Jan: *Der Tod als Thema der Kulturtheorie*, Frankfurt a. M. 2000

Ayrer, Jakob: *Der Baur mit seim Gefatter Todt*. Ein Fassnachtspil. In: Ayrers Dramen, hrsg. von A. V. Keller, Stuttgart 1865

Bachelard, Gaston *Poetik des Raumes*, Frankfurt a. M. 1975

Ders.: *Die Philosophie des Nein*, Frankfurt a. M. 1980

Bacon, Francis: *Neues Organon*. Übers. von J. H. v. Kischmann, Berlin 1870

Bahr, Hans-Dieter: *Der lichte Raum*, in: Licht. Katalog zur Ausstellung (S. 19–25). Museum für Gestaltung, Basel 1991

Ders.: *Die Sprache des Gastes*, Leipzig 1994

Ders.: *Die selbstverschuldete Sterblichkeit*, in: Schuld (S. 59–75), hrsg. von Treusch-Dieter,Tübingen 2000

Bataille, Georges: *Die Erotik*, München 1994

Bechstein, Ludwig: *Deutsches Märchenbuch*, Stuttgart 1996

Benz, Ernst: *Das Todesproblem in der stoischen Philosophie*, Stuttgart 1929

Berlinger, Rudolf: *Das Nichts und der Tod*, Dettelbach 1996

Bernhardt, Jean: *Das vorsokratische Denken*. In: Geschichte der Philosophie, Bd. I. Hrsg. von F. Châtelet, übers. von E. Brückner-Pfaffenberger u. a., Frankfurt a. M. 1972

Die Bibel oder die ganze *Heilige Schrift* des Alten und des Neuen Testaments, übers. von M. Luther, Stuttgart 1964

Bibellexikon, Reclams, hrsg. von K. Koch, E. Otto, J. Roloff, H. Schmoldt, Stuttgart 1992
Bloch, Ernst: *Das Prinzip Hoffnung*, Frankfurt a. M. 1959
Bochénski, J. M.: *Formale Logik*, Freiburg, München 1970
Bollnow, Otto F.: *Menschen und Raum*, Stuttgart 1963
Baudrillard, Jean: *Der symbolische Tausch und der Tod*, München 1982
Brant, Sebastian: *Sich des Todes nicht versehen.* In: Das Narrenschiff (1494) (S. 313–319). Stuttgart 1980
Brasch, B.: *Dreimal Schwarzer Kater.* Aberglaube, Sitten und Gewohnheiten und ihre merkwürdigen Ursprünge. München 1973
Bubenheimer, Ulrich: *Gevatter Tod.* Gott und Tod in einem religionskritischen Märchen, hrsg. von J. Janning u. a., Kassel 1982
Burckhardt, Titus (Hrsg.): *Die Jagd.* Aus alten Jagdbüchern, Olten und Freiburg i. B. 1964
Carolina: *Die Peinliche Gerichtsordnung Kaiser Karl V. von 1532*, hrsg. von G. Radbruch und A. Kaufmann, Stuttgart 1980
Choron, Jacques: *Der Tod im abendländischen Denken*, Stuttgart 1967
Claudius, Matthias: *Sämmtliche Werke des Wandsbecker Bothen* (Hamburg 1775), in: Ausgewählte Werke, hrsg. von W. Münz, Stuttgart 1990
Cramer, Friedrich: *Alterungsprozesse*, in: Altern braucht Zukunft. Hrsg. von B. Hoppe und Ch. Wolf (S. 59–76), Hamburg 1996
Dante Alighieri: *Die göttliche Kommödie*, 3 Bde., übers. von H. Gmelin, Stuttgart o. J.
Deleuze,Gilles: *Differenz und Wiederholung*, übers. von J. Vogl, München 1992
Derrida, Jacques: *Den Tod geben.* In: Gewalt und Gerechtigkeit. Derrida–Benjamin, (S. 331–445). Übers. von H.-D. Gondek, hrsg. von A. Haverkamp,Frankfurt a. M. 1994
Ders.: *Das Pharmakon*, in: Dissemination (106 f.), Wien 1995
Descartes, René: *Meditationen über die Grundlagen der Philosophie*, hrsg. von L. Gäbe, Hamburg 1960
Ders.: *Die Erforschung der Wahrheit durch das natürliche Licht*, Hamburg 1959
Ders.: *Traité des passions de l'âme*, Paris 1955
Diels, Hermann: *Die Fragmente der Vorsokratiker*, Hamburg 1957
Drewermann, Eugen: *Der Herr Gevatter. Der Gevatter Tod. Fundevogel.* Arzt und Tod im Märchen, Freiburg i. Br. 1990
Ebeling, Hans (Hrsg.): *Der Tod in der Moderne*, Frankfurt a. M. 1992
Meister Eckhart: *Vom Wunder der Seele.* Auswahl, hrsg. von Schmid-Noerr, Stuttgart 1998
Endres, Franz Carl und Schimmel, Annemarie: *Das Mysterium der Zahl.* Zahlensymbolik im Kulturvergleich, München 1998
Epikur: *Brief an Menoikeus.* In: Schriften, übers. von P. M. Laskowsky, München o. J.
Euripides: *Alkestis.* Übers. von K. Steinmann, Stuttgart 1981
Fehse, Wilhelm: *Der Ursprung der Totentänze*, Halle 1907
Feuerbach, Ludwig: *Gedanken über Tod und Unsterblichkeit.* In: Sämtliche Werke, Bd. 1, hrsg. von W. Bolin und F. Jodl, Stuttgart-Bad Cannstatt 1960
Fichte, Johann G.: *Grundlage der gesamten Wissenschaftslehre* (1794). In: Fichtes Werke, Bd. 1, hrsg. von F. Medicus, Leipzig 1922

Figal, Günter: *Martin Heidegger. Phänomenologie der Freiheit*, Frankfurt a. M. 1991
Fink, Eugen: *Metaphysik und Tod*, Stuttgart 1969
Frazer, Sir James G.: *Der goldene Zweig*, Leipzig 1928
Freud, Sigmund: *Gesammelte Werke*, hrsg. von Anna Freud, Frankfurt a. M. 1972, Bd. XIII, Jenseits des Lustprinzips, Bd. XIV, Die Verneinung
Fuchs, Werner: *Todesbilder in der modernen Gesellschaft*, Frankfurt a. M. 1969
Gadamer, Hans-Georg: *Die Aktualität des Schönen*, Stuttgart 1983
Galen: ‚*Der richtige Arzt ist Philosoph*'. In: Antike Geisteswelt I. Eine Sammlung klassischer Texte (S. 261–278), hrsg. von W. Rüegg, München 1967
Gesner, Conrad: Thierbuch, Frankfurt a. M. 1669 (Nachdruck: Hannover 1983)
Gesta Romanorum: *Das älteste Mährchen- und Legendenbuch des christlichen Mittelalters*, übers. von J. G. Th. Gräße, Leipzig 1905
Gladigow, Burkhard: *Naturae deus humanae mortalis.* Zur sozialen Konstruktion des Todes in Römischer Zeit. In: Leben und Tod in den Religionen. Symbol und Wirklichkeit (S. 119–133), hrsg. von G. Stephenson, Darmstadt 1980
Grimm, Brüder: *Kinder- und Hausmärchen* (1857) (mit Holzstichen von Ludwig Richter), München o. J.
Guzzoni, Ute: *Nichts – Bilder und Beispiele*, Düsseldorf 1999
Hark, Helmut: *Der Gevatter Tod.* Ein Pate fürs Leben, Zürich 1986
Hegel, Georg Wilhelm Friedrich: *Werke in 20 Bdn.*, hrsg. von E. Moldenhauer und K. M. Michel, Frankfurt a. M. 1970. Bd. 5 und 6: Wissenschaft der Logik, Bd. 8 bis 10: Enzyklopädie der Philosophischen Wissenschaften im Grundrisse, Bd. 9: Die Naturphilosophie, Bd. 12: Vorlesungen über die Philosophie der Geschichte
Heidegger,Martin: *Einführung in die Metaphysik*, Tübingen 1957
Ders.: *Sein und Zeit*, Tübingen 1960
Ders.: *Holzwege*, Frankfurt a. M. 1980
Ders.: *Was ist Metaphysik*, Frankfurt a. M. 1969
Ders.: *Vorträge und Aufsätze*, Pfullingen 1978
Heinrich von Melk: *Mahnrede über den Tod* (1160). übers. von Th. Bein u. a., Stuttgart 1994
Heinz-Mohr, Gerd: *Lexikon der Symbole.* Bilder und Zeichen der christlichen Kunst, Düsseldorf, Köln 1979
Hesiod: *Theogonia*, in: Sämtliche Gedichte, übers. von W. Marg, Zürich, Stuttgart 1970
Hippokrates: ‚*Der Berufseid des Arztes*', *Von der heiligen Krankheit.* In: Antike Geisteswelt I. Eine Sammlung klassischer Texte (S. 245–246 und S. 246–261), hrsg. von W. Rüegg, München 1967
Hobbes, Thomas: *Vom Menschen*, hrsg. von G. Gawlick, Hamburg 1994
Homer: *Ilias*, übers. von J. H. Voss, München o. J.
Ders.: Die Odyssee, übers. von W. Schadewaldt, Hamburg 1958
Husserl, Edmund: *Logische Untersuchungen*, Halle 1913
Ders.: *Cartesianische Meditationen*, Haag 1963
Illich, Iwan: *Tod kontra Tod*, in: Der Tod in der Moderne (184–209), hrsg. von H. Ebeling, Frankfurt a. M. 1992
Jacob, François: *Die Logik des Lebenden*, Frankfurt a. M. 1972
Kamlah, Wilhelm: *Meditatio mortis.* Kann man den Tod ‚verstehen', und gibt es ein ‚Recht

auf den eigenen Tod'?, in: Der Tod in der Moderne (210–225), hrsg. von H. Ebeling, Frankfurt a. M. 1992

Kamper, Dietmar und Wulf, Christoph (Hrsg.): *Anthropologie nach dem Tode des Menschen*, Frankfurt a. M. 1994

Kant, Immanuel: *Werke in 12 Bdn.*, hrsg. von W. Weischedel,Wiesbaden 1956. Bd. IV, Kritik der reinen Vernunft, Bd. VI, Logik, Bd.VIII, Die Metaphysik der Sitten, Bd. XI, Der Streit der Fakultäten

Kerènyi, Karl: *Der göttliche Arzt*. Studien über Asklepios und seine Kultstätten, Darmstadt 1956

Kierkegaard, Søren: *Die Krankheit zum Tode*, Stuttgart 1997

Kirchhof, Hans W.: *Wendunmuth*, hrsg. von H. Österley, Stuttgart, Tübingen 1869

Kojève, Alexandre: *Hegel. Eine Vergegenwärtigung seines Denkens* (Paris 1947), Stuttgart 1958

Lacan, Jacques: *Schriften III*, übers. von N. Haas u. a., Olten 1986

Ders.: *Das Seminar II:* Das Begehren, das Leben und der Tod, Olten und Freiburg i. Br. 1980

Lehmann, Hedi: *Volksbrauch im Jahreslauf*, München 1964

Leibniz, Gottfried Wilhelm: *Monadologie*, übers. von A. Buchenau, Hamburg 1982

Ders.: *Neue Abhandlung über den menschlichen Verstand*, Leipzig 1912

Lenau, Nikolaus: *Sämtliche Werke in zwei Bänden*, Leipzig o. J.

Lessing, Gotthold Ephraim: *Wie die Alten den Tod gebildet*, in: Werke, Bd. 5, hrsg. von F. Fischer, Köln 1965

Lévinas, Emmanuel: *Gott, der Tod und die Zeit*, hrsg. von P. Engelmann, Wien 1996

Lob der Vergänglichkeit: Gedichte, Geschichten, Gedanken (von Homer bis Celan), hrsg. von K.-H. Hartmann, Stuttgart 1993

Löwith, Karl: *Die Freiheit zum Tode*, in: Der Tod in der Moderne (132–145), hrsg. von H. Ebeling, Frankfurt a. M. 1992

Lukian: *Gespräche der Götter und Meergötter, der Toten und Hetären*, übers. von O. Seel, Stuttgart 1967

Macho, Thomas: *Todesmetaphern*, Frankfurt a. M. 1987

Marten, Rainer: *Der menschliche Tod*. Eine philosophische Revision. Paderborn 1987

Mendelssohn, Moses: *Phädon oder über die Unsterblichkeit der Seele*, Hamburg 1979

Montaigne, Michel de: *Essais*, Zürich 1992

Morin, Edgar: *L'homme et la mort dans l'histoire*, Paris 1951

Nietzsche, Friedrich: *Werke*, Leipzig 1906, Bd. VI, Die fröhliche Wissenschaft, Bd. VIII, Zur Genealogie der Moral

Ortega y Gasset, José: *Über die Jagd*, Hamburg 1957

Otto, Walter: *Die Manen oder von den Urformen des Totenglaubens*, Darmstadt 1958

Ovidius, Publius, Naso: *Metamorphosen*. Übers. von H. Breitenbach, Zürich 1964

Panofsky, Erwin: *Grabplastik*. Vier Vorlesungen über ihren Bedeutungswandel von Alt-Ägypten bis Bernini, übers. von L. L. Müller, Köln 1993

Paracelsus: *Vom Licht der Natur und des Geistes*. – Eine Auswahl. Hrsg. von K. Goldammer, Stuttgart 1984

Parsons,Talcott: *Sozialstruktur und Persönlichkeit*, Frankfurt 1968

Pascal, Blaise: *Gedanken*. Übers. von W. Rüttenauer, Birsfelden-Basel, o. J.

Paul, Hermann: *Deutsches Wörterbuch*, Tübingen 1992

Pauly, der kleine: *Lexikon der Antike* in 5 Bdn., München 1979

Pfänder, Alexander: *Logik*, Tübingen 1963

Pindar: *Die dritte pythische Ode*, in: Oden, übers. von L. Wolde, München 1958

Platon: *Sämtliche Werke*, übers. von F. Schleiermacher, Hamburg 1958, Bd. I, Apologia, Bd. II, Symposion, Bd. III, Phaidon, Bd. IV, Politeia

Plessner, Helmut: *Die Stufen des Organischen und der Mensch*, Berlin, New York 1975

C. Plinius S. d. Ä.: *Naturkunde*, Buch VIII, Zoologie: Landtiere, hrsg. und übers. von R. König, Kempten 1976

Plotin: *Auswahl*. Übers. von R. Harder, Frankfurt a. M. 1958

Ranke-Graves, R. von: *Griechische Mythologie*. Quellen und Deutung, 2 Bde., Reinbek 1982

Ders.: *Die weiße Göttin*. Sprache des Mythos, Reinbek 1985

Rilke, Rainer Maria: *Duineser Elegie 8*, in: Lob der Vergänglichkeit, hrsg. von K.-H. Hartmann, (206–209), Stuttgart 1993

Röhrich, Lutz: *Der Tod in Sage und Märchen*, in: Leben und Tod in den Religionen. Symbol und Wirklichkeit (S. 165–183), hrsg. von G. Stephenson, Darmstadt 1980

Rölleke, Heinz: *Die Märchen der Brüder Grimm*. Quellen und Studien, Trier 2000

Ryle, Gilbert: *Der Begriff des Geistes*, übers. von K. Baier, Stuttgart 1969

Sachs, Hans: *Zeitgedichte und Schwänke*, Leipzig 1953

Sälzle, Karl: *Kulturgeschichte der Jagd*, in: José Ortega y Gasset: Über die Jagd (S. 91 f.), Hamburg 1957

Sass, Hans-Martin: Medizin und Ethik, Stuttgart 1999

Sartre, Jean-Paul: *Das Sein und das Nichts*, übers. von J. Streller, Hamburg 1952

Scheler, Max: *Gesammelte Werke*, Bern, München 1973. Bd. 2. Der Formalismus in der Ethik und die materiale Wertethik, Bd. 7. Wesen und Formen der Sympathie, Bd. 10. Tod und Fortleben

Schopenhauer, Arthur: *Die Welt als Wille und Vorstellung*, 2 Bde, in: Sämtliche Werke, Bd. 2 und 3, Leipzig 1938

Schulz, Walter: *Der Gott der neuzeitlichen Metaphysik*, Pfullingen 1957,

Ders.: *Zum Problem des Todes*. In: Denken im Schatten des Nihilismus. Festschrift für W. Weischedel (313–333), Darmstadt 1975

Seligmann, Kurt: *Das Weltreich der Magie*. 5000 Jahre Geheime Kunst, Wiesbaden o. J.

Seneca, L. Annaeus: *Von der Kürze des Lebens*, übers. von J. Felix, Stuttgart 1977

Sigwart, Christoph: *Logik*. 2 Bde., Freiburg i. Br. 1889

Simmel, Georg: *Tod und Unsterblichkeit*, in: Lebensanschauung. Vier metaphysische Kapitel (96–149), München, Leipzig 1922

Stammler,Wolfgang: *Der Totentanz*. Entstehung und Deutung, München 1948

Stirner, Max: *Der Einzige und sein Eigentum* und andere Schriften, hrsg. von H. G. Helms, München 1968

Strawson, Peter F.: *Einzelding und logisches Subjekt*, übers. von F. Scholz, Stuttgart 1972

Tacitus, Publius C.: *Germania*, hrsg. von G. Dorminger, München 1957

Tepl, Johannes von: *Der Ackermann und der Tod*, Stuttgart 1984

Theunissen, Michael: *Negative Theologie der Zeit*, Frankfurt a. M. 1991

Thomas von Aquin: *Fünf Fragen über die intellektuelle Erkenntnis* (Quaestio 84–88 des 1. Teils der Summa de theologia), übers. von E. Rolfes, Hamburg 1977

Tolstoi, Leo: *Der Tod des Iwan Iljitsch*, übers. von J. v. Guenther, Stuttgart 1981

Uhde, Bernhard: *Psyche – ein Symbol?* Zum Verständnis von Leben und Tod im frühgriechischen Denken. In: Leben und Tod in den Religionen. Symbol und Wirklichkeit (S. 103–118), hrsg. von G. Stephenson, Darmstadt 1980

Varela, Francisco J., Thompson, Eva und Rosch, Eleonor: *Der mittlere Weg der Erkenntnis*, Berlin, München, Wien 1992

Publius Vergilius Maro: *Aeneis*, übers. von W. Plankl, Stuttgart 2000

Vernant, Jean-Pierre: *La mort dans les yeux*, Paris 1985

Die Vorsokratiker: 2 Bde., übers. von J. Mansfeld, Stuttgart 1999

Warning, Albrecht: *Alt werden und doch jung bleiben*. Prozesse des Alterns. In: Ethik und Unterricht (S. 20–23), H. 4, Frankfurt a. M. 1997

Wendorff, Rudolf: *Zeit und Kultur*. Geschichte des Zeitbewußtseins in Europa, Opladen 1980

Namenregister